走向新时代的
教学管理

高俊 著

华东师范大学出版社
·上海·

图书在版编目(CIP)数据

走向新时代的教学管理/高俊著. —上海:华东师范大学出版社,2022
 ISBN 978-7-5760-2918-5

 Ⅰ.①走… Ⅱ.①高… Ⅲ.①教学管理-研究 Ⅳ.①G42

中国版本图书馆 CIP 数据核字(2022)第 100742 号

走向新时代的教学管理

著　　者　高　俊
责任编辑　朱小钗
特约审读　郑　月
责任校对　陈梦雅　时东明
装帧设计　刘怡霖

出版发行　华东师范大学出版社
社　　址　上海市中山北路 3663 号　邮编 200062
网　　址　www.ecnupress.com.cn
电　　话　021-60821666　行政传真 021-62572105
客服电话　021-62865537　门市(邮购)电话 021-62869887
地　　址　上海市中山北路 3663 号华东师范大学校内先锋路口
网　　店　http://hdsdcbs.tmall.com

印 刷 者　上海锦佳印刷有限公司
开　　本　787 毫米×1092 毫米　1/16
印　　张　18
字　　数　300 千字
版　　次　2022 年 7 月第 1 版
印　　次　2024 年 9 月第 4 次
书　　号　ISBN 978-7-5760-2918-5
定　　价　68.00 元

出版人　王　焰

(如发现本版图书有印订质量问题,请寄回本社客服中心调换或电话 021-62865537 联系)

自序

教学工作是学校的中心工作,教学管理在学校管理中居于中心地位。高质量地进行教学管理工作不仅是各级教育行政部门的主业,更是学校始终坚守并发力的关键所在。学校教学质量好坏,主要看教学管理水平的高低,一个好校长就是一所好学校,很大程度上取决于校长在教学管理中发挥的作用独特且重要。教育要贯彻党的教育方针,落实立德树人根本任务,培养德智体美劳全面发展的社会主义建设者和接班人,归根到底要通过教学及管理来实现。学生的思想道德教育,要通过教学来进行;向学生传授知识、培养学生能力、发展学生核心素养,要通过教学来实现;增强学生体质,使学生具有健康的体魄,也离不开教学;提高学生的美育素养,要通过教学得以实现;对学生进行劳动教育,也要通过教学组织得以践行和加强。

面向新时代,面对新机遇、新挑战,教学管理要树立以学生为中心的理念,牢牢依靠教师,关注目标、关注细节、关注过程、关注方法、关注评价、关注合作、关注素养、关注质量。新课程改革进入深水区,教学管理如何变革才能适应新时代的要求,如何通过有效的教学管理全面提高育人质量,这是教育行政部门和学校管理者必须面对的重要命题。教学实践告诉我们,要切实转变教育教学观念,规范教育教学行为,落实"双减"政策,强化手机、睡眠、作业、读物、体质等管理,发展学生核心素养,提升内涵发展,提高教学质量,培养学生德智体美劳全面发展。教学实践告诉我们,要关注教育细节,学校无小事,处处是教育;教学无小事,处处是质量;管理无小事,处处是智慧;学生无小事,处处是契机。教学实践告诉我们,要关注过程管理,从教学计划开始,到教学进程、教学制度、教师的教、学生的学、课后服务、课外阅读、教务管理、教学评价、教学质量管理等,每个过程都需要精细管理、精心设计、精心谋划、精心实施、精心评价、精心改进,以期达到精益求精。教学实践告诉我们,要关注教学关键环节,从教师的教到学生的学,从课堂教学到课后服务,从国家课程落实到校本课程的开发,充分调动教师的教、学生的学及课程实施主体的积极性、主动性和创造性。教学实践告诉我们,要加强教学研究,秉承教而不研则浅、研而不教则空的理念,注重学法研究,改进教学方法,优化教学内容，及时解决教学中的热点、难点、痛点问题，赋能教育教学质量提升、教师专业发展、学生全面发展和教育管理决策。教学实践告诉我们，要整合资源，调动一切可以调动的因素，充分发挥家庭、学校、社会协同育人的作用，增强学校内各部门和全体教职工的凝聚力和向心力，提高教学管理的执行力和落实力，助力学生健康成长和学校高质量永续发展。教学实践告诉我们，要充分发挥评价指挥棒作用，树立正确评价观和质量观，优化评价内容，完善评价方式，改进结果评价，强化过程评价，探索增值评价，健全综合评价，切实减轻学校、教师和学生过重的负担。

  天下难事必作于易，天下大事必作于细。教育是大事，又是难事，需要教育管理者精耕细作，精准施策，用心用情用力。教学管理既要仰望星空，锁定目标，不偏离教育正确轨道，又要借助他山之石，汲取有益的内容为管理所用，有效地提高管理效能，更要脚踏实地，做到爱心、潜心、静心、细心、用心、耐心、恒心，不为现实浮华所动，坚守教育初心，解决教育根本问题，回归教育本真。本书正是基于上述思考来专门论述教学管理，是我数十载从事教育教学管理的理论与实践的探索，也是我一直以来用心用情用力矢志不渝做的一件大事和难事。本书面向新时代，根据党和国家教育方针政策及教育教学管理规律，遵循理论与实际相结合的原则，探讨教学管理及相关因素的管理，从教学管理概说开始，深入研究教学管理的原则、教学管理过程、教学管理系统、教学常规管理、课程管理、教学相关因素管理及教学管理若干问题，尤其是对教师教的管理和学生学的管理做了重点探讨，对教育教学管理中热点、难点和痛点问题进行深度思考，并提出合理化建议。所探讨的教学管理以常态化的管理为主，辅之以现代信息技术手段和大数据分析，语言通俗易懂，措施务求实效，注重普遍性、实用性和可操作性，尽可能在笔下杜绝华而不实、空中楼阁、纯粹搬砖式的"高大上"管理的内容。

  本书适合教育管理者、教师、教研人员、参加教师招考的考生、有兴趣了解教与学管理的学生家长和有识之士阅读。限于水平，本书肯定存在这样或那样的不足，还请读者批评指正！

高 俊
2021 年 10 月 25 日

目 录

第一章　教学管理概说 / 1

一、教学管理的含义 / 1
二、教学管理的主要任务和基本要求 / 3
三、教学管理遵循的教学原则 / 4
四、教学管理要正确处理好五种关系 / 7

第二章　教学管理过程 / 10

一、制定计划 / 10
二、组织执行 / 11
三、督促检查 / 12
四、总结改进 / 13

第三章　教学管理系统 / 14

一、构建教学管理系统 / 14
二、校长参与教学管理 / 25

第四章　教学常规管理 / 38

一、教学计划管理 / 38

二、教学进程管理 / 40

三、教学制度管理 / 42

四、教师教的管理 / 45

五、学生学的管理 / 96

六、课外阅读管理 / 125

七、课外活动管理 / 127

八、教学组织形式管理 / 133

九、教务管理 / 138

十、教学质量管理 / 141

十一、教学评价管理 / 145

第五章　学校课程管理 / 153

一、课程管理概说 / 153

二、我国的课程管理 / 155

三、我国课程改革的目标和重点 / 156

四、加强学校课程管理 / 158

第六章　相关因素管理 / 163

一、教师管理 / 163

二、学生管理 / 186

三、教科研管理 / 229

四、家校社共育 / 235

第七章　教学管理若干问题思考 / 245

一、更新教学管理理念 / 245

二、重视教学全过程管理 / 251

三、发挥教师教学的创造性 / 254

四、减轻教师的额外负担 / 255

五、加强思政课教师培训 / 259

六、减轻学生过重课业负担 / 264

七、减轻学生校外培训负担 / 269

八、有效实施因材施教 / 271

主要参考文献 / 277

致谢 / 278

第一章　教学管理概说

中国特色社会主义进入新时代,我国社会的主要矛盾已经转化为人民日益增长的美好生活需要和不平衡不充分的发展之间的矛盾。就教育而言,需要解决的是人民群众对优质教育资源的需求与现实优质教育资源的不足之间的矛盾,如何解决义务教育优质均衡问题,如何解决由"有学上"到"上好学"问题,如何解决培养什么样的人、怎样培养人、为谁培养人的问题等。要解决这些问题,关键是要全面贯彻党的教育方针,落实立德树人根本任务,发展素质教育,推进教育公平,培养德智体美劳全面发展的社会主义建设者和接班人。为了适应新时代对教育的新要求,要切实办好每所学校、教好每个学生,尤其是要健全教育教学管理规程,加快教师专业发展,优化教学方式,强化课程和教学管理,提高教师的教和学生的学的效率,改革评价方法,充分发挥学校、家庭和社会的作用,全面提升教育教学质量。

一、教学管理的含义

教学管理是运用管理科学和教学论的原理与方法,遵循教学规律和特点,对教学工作实施计划、组织、协调、控制、监督的管理活动。教学管理不仅是学校对学校内部教学工作的管理,还是教育行政部门对学校教学工作的指导和管理。事实上,很多教育管理工作包括教学管理,它们都是统一的整体,教育行政部门在承担,学校也在承担。因为教学管理不仅是学校的责任,也是各级教育行政部门的责任,教育行政部门对各级各类学校及其教育机构教学活动的组织、管理和指导,无疑是其职责之一。同时,教师自身的教学,也存在自我管理和对学生的管理职责。学生自身学习,也存在服从管理、自我管理和参与管理的职责。

教学管理包括宏观和微观两个层面。微观层面主要是学校内部的教学管理,这是狭义的教学管理;宏观层面是指教育行政部门对各级各类学校及其他教育机构教学活动的组织、管理和指导。教学管理涉及教学计划管理、教学组织管理、教学质量管理等。教学管理包含过程管理、业务管理、质量管理、监控管理、与教学工作相关的因素管理等方面内容,教育行政部门和学校共同承担教学管理工作。学校教学管理的主要对象是教师和学生,通过对教师教的管理和对学生学的管理,来发挥教学的最大效益,实现学生德智体美劳全面发展的目标。教育行政部门要加强对学校教学工作的管理和指导,督促学校规范教学工作的行为,树立正确的教学观,帮助学校诊断教学中存在的问题,改进教学管理方式,提高教学管理的效率和水平。

教学管理在学校各项管理中处于中心地位。学校工作千头万绪,纷繁复杂,但中心是教学工作。教学工作组织管理得好,不仅有助于建立稳定正常的教学秩序,促进教学质量的提高,还有助于带动其他各项工作的开展。学校教学是全面贯彻党的教育方针,全面提高教育质量的基本途径。学生的思想品德教育,要通过教学来进行;向学生传授知识和发展其能力,要通过教学来实现;增强学生体质,使学生具有健康的体魄,也离不开教学;提高学生的美育素养,要通过教学得以实现;对学生进行劳动教育,也要通过教学组织方式得以加强。教学及管理是学校教育实践活动的主要形式。学生素质的提高,学生的成长与发展主要是在学校实践中实现的。实践活动是学生成长与发展的基础。离开学校实践活动,学生素质的提高就成了无源之水、无本之木。从一定意义上说,学校教学工作就是教学管理工作,教学计划的制定与执行,教学活动的组织与安排,教学质量的检查与反馈,学生核心素养的培养与提升都是教学管理工作。只有发挥教学管理的计划、组织、协调、控制、监督作用,才能使教学活动有条不紊地进行。

教学管理,首先是教学思想的管理,其次才是行政的管理。思想是行为的先导,一切教学活动总是受一定的教学思想支配和指导的。一个教师的教学如何,除了业务水平外,他的教学思想在起指导作用。教师教学工作具有个体性、独立性的特点,教学思想上有很大的自主性。教师在相当大的程度上是按照自己的想法和意愿来进行教学的,他们的教学思想对教学工作的方向和质量必然产生最直接的影响。正确的教学思想符合教学规律,能够促进学生的身心健康发展。学校管理者和教师的教学思想,是他们世界观、人生观、价值观、教育观的综合体现,是在多年的教学及教学管理实践中逐渐形成和积淀起来的。

二、教学管理的主要任务和基本要求

主要任务。全面贯彻党的教育方针,落实立德树人根本任务,遵循教育规律,根据中小学所担负的教育任务和培养目标,以及国家所颁布的课程方案和课程标准,对教学工作进行有效的计划、组织、协调、控制、监督,以提高教学质量和教学效率,发展素质教育,培养德智体美劳全面发展的社会主义建设者和接班人。

基本要求。树立科学的教育质量观,深化改革,构建德智体美劳全面培养的教育体系,健全立德树人落实机制,着力在坚定理想信念、厚植爱国主义情怀、加强品德修养、增长知识见识、培养奋斗精神、增强综合素质上下功夫。坚持德育为先,教育引导学生爱党爱国爱人民爱社会主义;坚持全面发展,为学生终身发展奠基;坚持面向全体,办好每所学校、教好每名学生;坚持知行合一,让学生成为生活和学习的主人。

特别是教学管理要按照中共中央、国务院《关于深化教育教学改革全面提高义务教育质量的意见》要求,坚持德智体美劳"五育"并举,全面发展素质教育。

突出德育实效。深化课程育人、文化育人、活动育人、实践育人、管理育人、协同育人。大力开展理想信念、社会主义核心价值观、中华优秀传统文化、生态文明和心理健康教育。加强爱国主义、集体主义、社会主义教育,引导少年儿童听党话、跟党走。加强品德修养教育,强化学生良好行为习惯和法治意识的养成。广泛开展先进典型、英雄模范学习宣传活动,积极创建文明校园。强化对网络游戏、微视频等的价值引领与管控,创造绿色健康网上空间。

提升智育水平。着力培养学生的认知能力,促进思维发展,激发创新意识。严格按照国家课程方案和课程标准实施教学,确保学生达到国家规定的学业质量标准。充分发挥教师主导作用,引导教师深入理解学科特点、知识结构、思想方法,科学把握学生认知规律,上好每一堂课。突出学生主体地位,注重保护学生的好奇心、想象力、求知欲,激发学习兴趣,提高学习能力。加强科学教育和实验教学,广泛开展多种形式的读书活动。

强化体育锻炼。坚持健康第一,实施学校体育固本行动。严格执行学生体质健康合格标准,健全监测制度。开齐开足体育课,开展丰富多彩的大课间活动,科学安排体育课运动负荷,开展好学校特色体育项目,大力发展校园足球,让每位学生掌握1至2项运动技能。广泛开展校园普及性体育运动,定期举办学生运动会或体育节。健全学生视力健康综合干预体系,保障学生充足的睡眠时间。

增强美育熏陶。实施学校美育提升行动,严格落实音乐、美术、书法等课程,结合地方文化设立艺术特色课程。广泛开展校园艺术活动,帮助每位学生学会1至2项艺术技能、学会唱主旋律歌曲。引导学生了解世界优秀艺术,增强文化理解。积极组建特色艺术团队,办好学校艺术展演,积极推进中华优秀传统文化艺术进校园活动。

加强劳动教育。充分发挥劳动综合育人功能,加强学生生活实践、劳动技术和职业体验教育。优化综合实践活动课程结构,确保劳动教育课时不少于一半。教育和引导家长给孩子安排力所能及的家务劳动,学校要坚持学生值日制度,组织学生参加校园劳动,积极开展校外劳动实践和社区志愿服务。农村地区要安排相应田地、山林、草场等作为学农实践基地,城镇地区要为学生参加农业生产、工业体验、商业和服务业实践等提供保障。

三、教学管理遵循的教学原则

教学是个复杂的劳动过程,管理者在进行教学管理时,要依据教学的基本原则,切实提高教学管理的针对性和实效性。

(一)教学的基本原则

循序渐进原则。按照次序一步一步地向前进。教学要按照学习内容的顺序、学生认知发展的顺序、学生年龄和心理特征的顺序、学生成长规律的顺序,次序不能颠倒,每个阶段原则上不能跨越。这实际上包括教学的科学性原则、系统性原则、巩固性原则、可接受性原则。

学思行结合原则。孔子说,学而不思则罔,思而不学则殆。君子耻其言而过其行,君子欲讷于言而敏于行。教学管理时要强调学生不仅要学,而且要通过所学知识与技能去思考问题、分析问题、解决问题,最终达到学以致用。

因材施教原则。从学生实际出发,根据不同的教育对象,采取不同的教育方法。承认学生的个体差异,了解学生的心理特征,并了解学生的个体特点,采用差异化的教学方式,才能有的放矢地进行教育教学工作。

教学相长原则。《学记》指出:"是故学然后知不足,教然后知困。知不足,然后能自反也;知困,然后能自强也。故曰教学相长也。"通过师生之间的有效互动,促进师生相互交流、相互学习,达到共同进步、共同成长的目的。同时,也要求教师在教学中要不断地加强学习,提高业务素质和综合素养,加快专业发展,以便更好地教育和引导学生全面发展。

启发诱导原则。不愤不启,不悱不发。举一隅不以三隅反,则不复也。叶圣陶先生有句名言:教师教任何功课,"教"都是达到用不着"教"。怎样才能达到这一点呢?他说:知识是教不尽的,要使学生能够举一反三,务必启发学生的能动性,引导他们尽可能去探索。这就要考虑如何启发学生,引导学生去学习,去感悟。《学记》指出:"君子既知教之所由兴,又知教之所由废,然后可以为人师也。故君子之教,喻也。道而弗牵,强而弗抑,开而弗达。道而弗牵则和,强而弗抑则易,开而弗达则思。和易以思,可谓善喻矣。"优秀的教师不但会积累教学成功的经验,又能发现教学失败的原因,教师对人施教就是启发诱导。引导学生,而不是硬拖着学生走;激励学生,而不是强迫推动学生走;启发学生,而不是代替学生达成结论;引导学生而不牵着学生走,师生关系才会和谐融洽;激励学生而不推着学生走,学习就会感到顺利容易;启发学生而不代替学生达成结论,学生才会独立思考;师生融洽,学习顺利,学生又能独立思考,才是善于诱导。总之,要引导学生主动去学,切勿使学生处于被动地位;重在鼓励学生前进,不必勉强推动;注重启发学生使他们自行思索,切勿热衷灌输注入,按照这样的方法教学就可使学生在和谐的气氛中乐于学习而不感到困难,并能自觉思考,深入钻研。

教书育人原则。党的教育方针决定了在教育教学管理中,学校必须为党育人,为国育才,把立德树人作为根本任务。教师既要教书,传授知识,培养技能,发展核心素养;又要育人,按照党的教育方针培育时代新人,培养德智体美劳全面发展的社会主义建设者和接班人。教师不仅要做经师、能师,还要做有理想信念、道德情操、扎实学识、仁爱之心的人师。

长善救失原则。《学记》指出："学者有四失，教者必知之。人之学也，或失则多，或失则寡，或失则易，或失则止。此四者，心之莫同也。知其心，然后能救其失也。多、寡、易、止，虽各有失，而多者便于博，寡者易于专，易者勇于行，止者安其序，亦各有善焉，救其失，则善长矣。教也者，长善而救其失者也。"教师要了解学生在学习上的过失，或贪多，或知识面狭窄，或态度轻率，或畏难中止，分析学生不同的心理和才智是由什么原因所导致，然后根据学生的不同特点和个别差异，帮助他们发扬优点、克服缺点。

藏息相辅原则。《学记》指出："大学之教也，时教必有正业，退息必有居学。……故君子之学也，藏焉，修焉，息焉，游焉。"学生既有有计划的正课学习，又有课外活动和自习，学习的时候他们全力以赴、专心致志，休息的时候尽兴地玩耍，有张有弛。学生感到学习的乐趣，感受到教师、同学的可亲可爱，学习成为他们的一种内在需要。

预防性原则。《学记》指出："禁于未发之谓豫……发然后禁，则扞格而不胜。"这要求教师要事先预估学生可能会产生的种种不良倾向，预先采取防止措施。否则，当不良倾向已经发生甚至积习已深时再作教育引导，就会格格不入而倍感困难。

及时施教原则。《学记》指出："当其可之谓时，时过而后学，则勤苦而难成。"要掌握学习的最佳时机，适时而学，适时而教。否则，再勤奋刻苦都很难取得成功。这涉及教学中学生的年龄特征、心理准备、教学内容和顺序等问题，要求教师寻找诸因素的最佳结合点，使教学显见成效。

（二）布鲁纳的四条教学原则

美国教育心理学家布鲁纳认为，教学必须考虑学生的本性、知识的本质，以及知识获得过程的性质。教学的目的就是要帮助学生智慧或认知的发展。据此提出以下四条教学原则。

动机原则。学习取决于学生对学习的准备状态和心理倾向。儿童对学习都具有天然的好奇心和学习的愿望，问题在于教师如何利用儿童的这些自然倾向，激发学生参与探究活动，从而促进儿童智慧的发展。

结构原则。即要选择适当的知识结构，并选择适合学生认知结构的方式，才能促进其学习。这意味着,教师应该认识到教学内容与学生已有知识之间的关系,知识结构应与学生的认知结构相匹配。

序列原则。即要按最佳顺序呈现教学内容。由于学生的发展水平、动机状态、知识背景都可能会影响教学序列的作用,因此,如果发现教学效果不理想的话,教师需要随时准备修正或改变教学序列。

强化原则。即要让学生适时知道自己学习的结果。需要注意的是,教师不应提供太多的强化,以免学生过分依赖教师的指点。另外,要逐渐从强调外部奖励转向内部奖励。

这些教学原则蕴含的内容不同,要求不同,在教学管理中必须遵循,只有遵循了教学原则,才能科学地进行教学管理,实现教育教学的真正目的。正如《学记》指出:"善学者,师逸而功倍,又从而庸之;不善学者,师勤而功半,又从而怨之。"善于学习的学生,教师不必花大气力,收效却很大,学生又把功劳归于教师;不善于学习的学生,教师尽管花很大的气力,收效却甚微,学生又会埋怨教师。"善教者,使人继其志。"会教学的教师,就要诱导学生自觉地跟着他学,不仅使学生明晓事物的道理,而且使学生感到自求自得的必要,自然地继承教师的志愿。德国著名教育家第斯多惠也说:"一个坏的教师奉送真理,一个好的教师则教人发现真理。"可见,教师的教和学生的学在教学管理中是极其重要的,只有有效的教和有效的学才能提高教与学的效率,提高教育教学质量。教育管理者要通过高质量的教学管理,不断提高教师业务素质,探讨有效教与学的方法,锻造学生发展的必备品格和关键能力,培养学生德智体美劳全面发展。

四、教学管理要正确处理好五种关系

1. 教书与育人的关系。教学过程既是向学生授予知识、让学生形成基本技能、发展学生智力和核心素养的过程,也是对学生进行思想品德教育的过程。教书必然对育人产生一定的影响,这不以人的意志为转移,只是这种影响有正误之别和强弱之分而已。唐代韩愈说:"师者,所以传道授业解惑也。""传道"是第一位的。一个老师,如果只知道"授业""解惑"而不"传道",不能说这个老师是完全称职的,充其量只能是"经师""句读之师",而非"人师"。古人云:"经师易求,人师难得。"一个优秀的老师,应该是"经师"和"人师"的统一,既要精于"授业""解惑",更要以"传道"为责任和使命。好老师心中要有国家和民族,要明确意识到肩负的国家使命和社会责任。教学管理要根据这一关系,引导教师自觉地重视教书和育人两个方面,把教学的科学性与思想性有机统一起来。

2. 教学与发展的关系。任何教学都必然会对学生的个性发展产生一定的影响。教学管理要引导教师自觉地重视和保护学生的个性发展,注意发现拔尖学生和有特长的学生,使教学走在学生发展的前面,更好地促进学生的健康发展。要对处于中间的学生实施精准指导,促使学生在原有基础上发奋努力,不断进步,争取赶上优秀拔尖学生。要对学有困难的学生实施帮扶措施,通过教学使他们跟上步伐,促进他们不断进步与发展。教师在传授知识的同时,要保证学生的智力、能力、情感、意志、性格等各方面都得到发展;反过来,学生的智力、能力、情感、意志、性格等各方面发展了,又有利于知识的掌握和拓展,促进教学效率的提高。教学中不仅要关注学生现在的发展,更要着眼于学生的未来发展;不能眼里只有分数、只有现在,更要有学生的未来,尤其要重点培养学生适应未来发展的必备品格和关键能力。

3. 教师主导与学生主体的关系。教学是教师和学生双边互动的过程。教师教的过程同时也是学生学的过程。教师的教,离不开学生的学;学生的学,也离不开教师的教。教与学是相互依存、相互促进的。教学管理中既要调动教师教的积极性,充分发挥教师在教学中的主导作用,又要调动学生学的积极性,充分发挥学生在学习中的主体作用,并使二者有机结合起来。教师要善于引导和发挥学生的主体作用,教学的本质就是要教会学生学习与发展,而不应压抑和扼杀学生的主体性,只有这样才能真正使学生生动活泼地发展,成为具有独立性和创造性的一代新人。

4. 各门学科之间的关系。课程方案中所开列的各门课程,是为了保证学生德智体美劳全面发展,各门课程之间具有一定的内在联系和相互促进作用。教学管理中必须坚持德智体美劳"五育"并举,全面发展素质教育,重视各门学科的地位和作用,按规定的教学时数开齐开足开好,不得随意增减课程和课时。要统筹兼顾各门学科的课外作业时间,根据各门学科的特点,分别规定作业的分量和课外占用时间,防止偏多或偏少或平均分配以及学生负担过重的现象。既要重视学科教学,又要关注非学科教学和辅导;不仅让学生文化课学得好,还能在体育、文学艺术、信息技术、科技、劳动技术等方面彰显特长。

5. 课内与课外的关系。课内、课外是密切联系、相互影响的,都会对学生的成长发展起很大作用。教学管理中既要抓好课堂教学这一教学基本形式,这是学生学习与成长的主渠道。同时教师也要抓好各种课外的教育工作,包括课后服务、课外活动、团队活动、班主任工作、家庭教育、社会教育等。这对培养学生的创新精神和实践能力,发展学生个性、兴趣和爱好,开阔学生的视野,培养学生良好的品德和自立自主能力是很有裨益的。特别是在国家颁布"双减"政策后,要提升学校课后服务水平,满足学生多样化的需求。充分利用资源优势,有效实施各种课后育人活动,保证课后服务时间;增强课后服务的吸引力,拓展课后服务渠道,做强做优免费线上学习服务,提高课后服务质量。但也要加强教育引导,帮助家长树立科学的教育观,避免产生剧场效应、诱发家长焦虑,切实减轻学生校外培训负担。

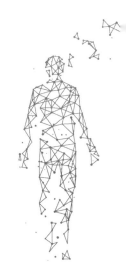

第二章　教学管理过程

教学管理过程主要包括制定教学计划、组织执行、督促检查、总结改进等环节。

一、制定计划

制定教学计划是教学管理过程中的起始环节。教学计划有多种类型，按工作性质分，有常规性教学计划和临时性教学计划；按时间分，有学年教学计划、学期教学计划、月教学计划、周教学计划；按范围分，有整体教学计划和局部教学计划；学校制定三年发展规划时，要相应制定教学方面的三年发展规划。按计划组织教学，才能使教学工作有条不紊地进行。

制定教学计划时，要依据党的教育方针，坚持立德树人，把上级教育行政部门的要求和学校教学实际情况结合起来，坚持发展性、激励性原则。制定计划首先要确定目标，通过调查研究和预测，掌握学校内外情况，寻找所要解决的问题，预测各种因素对教学目标产生的影响，以确定解决问题的方向，再根据学校的主客观条件，提出奋斗的目标。制定的目标要符合学校实际，既不能定得太低，也不能定得太高，要符合最近发展区理论。目标制定后，就要拟定方案，包括解决问题的途径、进度安排、资源配置等，可以发动教职工，提供多种选择方案。管理者再从学校实际出发，根据目标要求，进行比较研究，分析各种方案的利弊，深思熟虑后作出抉择。最后将方案具体化，制定措施，确定具体工作项目和项目标准，拟订各项工作的方式、方法、步骤和实施地点、完成的时间、责任人。

学校制定的教学计划，目标要明确，措施要具体，每样事情的落实要有具体责任人、时间节点、完成的进度安排,计划制定要科学合理,要具有超前性,必须提前制订,提前公布,有长远的发展眼光和发展前景;要具有针对性,要解决什么问题、达到什么目标和要求、完成哪些任务、突破哪些难点、怎样完成任务等必须具体明确、任务清楚、措施有的放矢;要具有可行性,其目标、任务、措施都要求有一定的量化指标,目标模糊或没目标,行动就没有方向,目标高远而明确,但不具备实施条件,没有实现的可能,等于自欺欺人;要富有弹性,允许随条件和时间的变化而有所调整,目标任务不变但允许措施有所变动。同时,制定的计划还要便于督促检查和反馈,否则再好的计划也会束之高阁或不切实际而执行不了。

二、组织执行

教学计划的执行是教学管理过程的中心环节。这也是教学管理中占时最长、工作最复杂的,是四环节中最重要的一环。教学计划在执行前只是一种设想,组织执行就是将教学计划付诸实施,把设想变为现实的过程。学校的教学成绩不是计划出来的,也不是检查总结出来的,而是实实在在干出来的。没有执行,理想的目标就成了泡影,再好的计划只是一纸空文。执行环节的任务就是落实计划,实现预定目标。在计划的实施阶段,为了最大限度地调动各方面的积极性,有效地执行计划,实现目标,管理者要做好组织、监控、指导、协调、激励等方面的管理工作。组织包括任务的合理分配和人、财、物的妥善安排两个方面。分配任务必须考虑到人的因素,做到人尽其用,发挥专长和风格,合理搭配人员,注重人际关系。学校以教学为中心,要在教学上多投入人力、物力和财力,注意效用。实施计划的关键是在教学管理中,使影响教育教学质量的全部因素始终处于受控状态,保证计划持续有效地运行。监控的关键是教育教学质量监控,要对教育教学活动过程中各个环节的监督和控制,对出现的偏差及时进行纠正,对出现的问题及时予以解决,以保证教育教学质量的提高。

还要对全体教职工进行质量体系和执行标准的培训,做到人人明确质量职责,自觉履行质量义务。教师在实施计划中,常常会出现偏离目标,或方法欠妥,或片面追求数量而忽视质量等情况,管理者就要注意随时对教师进行工作指导,帮助他们明确目标,为他们指点方法技巧,提醒问题,避免出现错误。已经出现问题的,要帮助教师修正偏离的目标,改进方法,对忽视质量的予以批评教育。当然,指导的目的是使教师干好工作,指导的方法应该是点拨式的,或启发式的,或示范式的,不可包办代替或强加于人。应该是指点而不说教,帮助而不代替,引导而不强加,批评而不压制。教学计划是在预测的基础上制定出来的,在实际执行中,难免与实际情况有所出入,各种工作要素难免会出现矛盾和冲突,如果不及时协调,就会造成内耗,降低效率,甚至贻误工作。在教学管理中,主要需要协调学校内部各部门、各年级组、各教研组之间的关系,学校各类成员之间的关系,人与事、事与事之间的关系。在执行阶段,要想使计划更顺利地进行,还需要运用精神和物质的刺激手段,激发学校教职工的进取心,以调动他们的积极性、主动性和创造性。执行要到位,落到实处,不能浮在表面,蜻蜓点水,大而化之。

三、督促检查

教学检查是教学管理过程中的必要环节。只有计划而无检查,计划就会流于形式,得不到真正贯彻。有人说,布置工作＋不检查＝0,是很有道理的。检查环节的任务是了解工作进度和质量,发现问题,寻找差距;考察教学目标的准确性和难易度,检验工作计划的合理性;了解教职工在教学过程中的表现,发现有效的工作方法等。对管理者来说,检查具有测度管理水平高低的作用;对学校成员来说,检查具有督促、考核和激励作用;对工作来说,检查对前期工作具有验收作用,对后续工作具有推动作用。教学检查从检查时间上分,有平时检查和阶段检查或分散检查和集中检查;从检查范围分,有全面检查和专题检查;从检查的方式上分,有领导检查、相互检查和自我检查。教学检查主要是搜集休息,获得第一手教学资料;诊断问题,分析原因,找出症结;指导重在对已经出现的问题的纠偏,在检查中可以现场予以指点;对工作过程、工作结果、教职工工作能力、工作态度、工作方法、教导处等职能部门的工作效率和服务意识等做出大致的评价。检查方法常用的有巡视巡察、个别交谈、随堂听课、参加教研组和备课组活动、参加班级的班队会等。检查中要做到以计划规定的标准为尺度,不应在标准之外另立标准;工作结果与工作过程并重;检查与指导相结合;自我检查重于他人检查;客观公正,不要先入为主;深入细致,不被表面现象所迷惑;依靠群众,不要自我孤立;有改进措施,不要坐而论道,提高执行力和落实力。

四、总结改进

总结改进是教学管理过程的终结环节。教学总结既要肯定成绩和经验,又要提出缺点和教训,更要提出改进措施,目的是为了改进,为了提升。总结改进的任务主要有:针对检查环节发现的问题及其原因开展对策研究,采取具体行动纠正偏误,消除隐患,弥补损失,使本周期的工作按质按量完成,出现的问题不至于影响下一周期的工作;对不恰当的工作目标、工作计划以及工作方法做适当调整,使其更加科学,更合乎教学实际;总结成功经验和吸取失败教训,为下个循环提供借鉴,对工作出现重大失误者,或家长学生反映强烈的教师,要根据情况做适当调整,或做其他妥善处理,对于工作卓有成效者,进行表彰奖励。教学总结按时间分,有学年总结和学期总结;按性质分,有全校性的、学科性的、年级性的、专题性的和个人性的教学总结。总结是对过往教学工作的回顾和全面评价,总结经验和教训,进而指导下一周期工作的开展。总结是检查的继续,没有目的的检查就不可能有符合客观实际的总结,总结并非意味着工作的结束,而是向更高层次的管理水平发展,进一步探索科学管理的规律。教学总结要靠平时积累资料,要与教学计划相对应,实事求是,迅速及时,突出中心,立足现实,着眼未来。

改进是消除系统性问题,使教学质量达到一个新水平、新高度的活动。通过纠正过程的输出来减少或消除已发生的问题,预防和根除产生问题的原因,从而消除或减少问题的再发生。针对改进项目,采取各种措施,寻求突破,解决问题,从而使过程、活动、资源质量得到提升。改进要明确需要改进的问题,掌握问题现状,分析问题产生原因,拟订对策并实施,确认改进效果,对问题改进有效的措施实行标准化,对改进工作进行总结,为开展新一轮的改进活动提供依据。

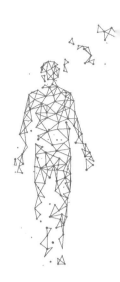

第三章　教学管理系统

一、构建教学管理系统

现代教学管理系统是随着教学规模的扩大、班级授课制的出现、现代学校的产生而逐渐构建起来的。现代教学管理系统的构建,作为现代教学管理的重要工具和手段,在提高教学质量、培养合格人才方面发挥了重要的作用,有效地推动了教学过程的发展和完善。

(一) 建立教学管理系统

从管理形式上看,教学管理系统可以分为教育行政部门对教学的管理和学校对教学的管理两种类型。教育行政部门对教学的管理大致包括三个方面的机构,即教学行政管理机构(如教育局的基础教育科或基础教育处)、教学业务管理机构(如县、区教育局管辖的教育科学研究室,省、市教育局管辖的教育科学研究院),以及教学督导机构(很多地方的教育督导室也直接对基层学校教学工作进行督导)。学校对教学的管理包括行政(如学校的教务处、年级部)和业务(如学校的教科室、教研组)两个方面。学校还可增加教学咨询机构、学科学术委员会、教学督导机构、学习管理委员会。在教学指挥系统中,校长是总指挥。教学指挥系统的建立,必须保证校长的指令、决策能迅速准确下达,使指挥渠道畅通,并能及时获得反馈信息,从而保证指挥不断得到调整。这就需要建立在校长领导下的完整的教学管理系统。校长——职能处室——教研组——备课组——教师;校长——职能处室——年级组——班主任——班级——学生。建立这一系统的目的在于把学校教学的机构、组织和有关人员,组织成一个有机整体,使每个与教学有关的人员都能够积极负责、协调一致地为提高教学质量充分发挥作用。在校长的领导下,按照教与学两个方面组成密切相关的两个系列,相互联系,紧密配合,把教学活动中的每个成员都组织起来,动员起来,形成一个卓有成效的管理系统。在校长的领导下,全校教师、相关部门、学生共同努力,提高教学效益。成立教学咨询机构,在校长领导之下,包括教务主任、年级组长、各科教研组长和各科优秀教师代表参加,也可聘请校外教学专家参加,甚至包括学校周边的人大代表、政协委员、新闻媒体记者、关心学校发展的企业家、学生家长代表等,目的在于听取各方面的意见和建议,研究教学措施,改进教学管理,充分发挥教学组织和优秀教师参与教学管理作用,切实提高教学质量。成立学习管理委员会,由教务处、班主任、班长、学习委员和各科代表参加,明确他们管理学习的职责,发挥他们的作用。成立学校教学督导处,聘请资深专家和教师参加,包括社会名师、退休名师、教学管理专家、教研员,目的在于通过督导,指导教师改进教学方法,提高教学效率,加快专业成长,提高教学质量。成立学校学科学术委员会,聘请资深专家、学科优秀教师和骨干教师参加,提出学科建设意见,培养学科人才,解决学科建设中存在的问题,规划学科发展,提升学科水平。

(二)发挥教导处的职能

教导处是学校管理教育教学和教务行政工作的职能机构,是教学管理系统的中枢,在整个学校的教育教学管理中起着十分重要的作用。教导处负责组织和安排整个学校的教育教学活动,起着调度的作用;负责组织学校工作计划中有关教学工作部分的实施,并在实施过程中进行督促、检查和随时向学校校长反映实施过程中的情况并提出建议,起着参谋和助手的作用;负责从组织上、时间上和教学仪器设备上为教学工作创造条件,起着为教学服务的作用。学校要加强教导处建设,选好教导主任,让业务和管理能力强的优秀教师担任教导主任,大胆选用,发挥专长;配齐配足教务人员,做到人员结构合理,能者胜任。教导处直接面对教师,教师的教学行为检查、教学常规管理和检查、教学质量的评价、学生的学习管理等很大程度都是由教导处来执行。教学工作又是不能马虎的工作,要从一点一滴抓起,抓铁有痕、踏石留印,不能有丝毫问题,这就需要教导主任善于发现问题,并对发现的问题,要认真负责,敢于碰硬,及时制止与改进,不能怕得罪人而当老好人。学校校长要大力支持教导主任的工作,做教导主任的坚强后盾,不能教导主任敢于担当的事,到校长那儿就大打折扣,变成和稀泥的事,这就会挫伤教导主任工作的积极性。有的学校管理教学的部门称为教务处,管理学生的职责由学生处或德育处或政教处负责。

(三) 加强教研组的管理

教研组是学科教师的教学研究组织,是学校管理组织系统中的一层业务组织。它的主要任务是组织教师进行教学研究工作,总结交流教学经验,完成学校布置的教学任务,提高教师思想、业务水平和教学工作能力,改进教学工作,提高教学质量。教研组的设置应以有利于教学和开展教学研究为原则,一般以学科为单位设置,同一学科教师在三人以上者,即可设教研组。不足三人者,则联合相近学科成立多科性教研组。一般规模的中学,语文、数学、外语、道德与法治、历史、物理、化学等学科,教师都在三人以上,可单独设立教研组;地理、生物、音乐、体育、美术、信息技术、科学等学科,教师较少,可联合成立教研组。如政史地、理化生、音体美教研组等。规模较大的学校,同一学科人数较多,可在教研组内,按年级设备课组。规模很小,教师人数少的学校,可在当地教育行政部门或中心学校的帮助下,联合邻近学校组织校际教研组。学校要加强教研组建设,首先要选好教研组长。将教学业务上有较高威信、有一定组织协调能力、乐于团结他人的教师选为教研组长。其次学校校长和教导主任要支持和帮助教研组长大胆工作。要经常检查和指导教研组工作,帮助教研组制订教研工作计划,检查教研组计划的执行情况,定期参加各种教研活动,对教研组提出意见和要求,帮助教研组长解决工作中遇到的困难等。尤其要指导教研组开展教学研究,提高教师的教学水平,加快教师专业发展。

(四) 发挥教科室的作用

教科室是校长领导下的教研机构,它的主要职能:一是认真贯彻党的教育方针、政策,运用科学的理论和方法探讨学校的教育教学改革,做好校长的参谋,及时向校长提出改进教学的意见和建议,提供理论信息,供校长决策时参考;二是利用开展教科研活动、教育理论讲座等方式,帮助教职工学习现代教育理论和教育思想及国家的教育政策、法规,普及教育科研知识,提高教科研水平;三是编制学校教科研规划和计划,组织学校课题申报工作;四是检查课题研究执行情况,及时解决课题研究中遇到的问题;五是组织专家鉴定课题成果,并对教科研成果进行奖励和推广应用;六是定期编辑学校教育科研信息、教育科研论文集等,及时反映国内外教育发展动态、校内外课题研究进展情况等;七是加强教科研资料建设,做好课题研究数据资料的收集、整理和归档管理,收集有关教科研资料,为课题研究提供服务;八是监督检查教科研经费的使用情况,既要确保专款专用,又要提高资金的使用率。

教科室既是教研机构,又是校长领导教学的咨询机构。教科室和教研组都要研究教学,但它们有很多不同之处。首先,研究的范围不同。教研组主要研究本学科的教学问题,教科室不仅研究教学问题,还研究教育问题,其范围要广泛得多。其次,研究的重点不同。教研组偏重于研究教学中的实际问题,教科室则偏重于从实际问题中研究理论问题。再次,研究的目的不同。教研组开展教学研究,主要是如何更好地完成本学科的教学任务,教科室则着重考虑如何领导教学和改革教学。但是教科室必须深入了解本校教学情况,以本校的教学实际作为研究基地,为提高本校的教学质量服务,它决不能脱离本校的教学实际而去搞什么纯理论的研究。教科室要行使反馈职能,不仅要向校长提供各种教育信息资料,而且要把校内执行教学计划的情况和存在问题及时向校长反映。教科室是和教导处平行的单位,教科室主任行政地位相当于教导主任。为了充分发挥教科室的作用,设有教科室且规模较大的学校,应配备三至五名专职研究人员,还要有若干兼职研究人员。这些人员应有比较丰富的实践经验,有一定的研究能力,应以中老年且教学经验丰富的教师为主,但应该是身体健康、能坚持工作的,切不可把教科室变成养老室、休养室和安置室。

(五)发挥年级组(部)的作用

现在中小学普遍成立了年级组,规模较大的学校甚至成立了年级部,年级部设主任和副主任若干名,年级部主任等同于学校的中层干部。年级组(部)由同年级各班班主任和该年级的任课教师组成,其任务和工作内容比较广泛,涉及学生德智体美劳发展的各个方面,包括研究该年级各班学生的思想状况、各学生的学业成绩等问题并制定相应的对策和措施。年级部主任的主要职责:一是根据学校工作计划、行事历,制定年级工作计划、行事历,并经常检查计划的贯彻落实情况,学期结束及时写出工作总结。协助本年级各备课组开展常规的组内教研活动,协助教务处、教科室对本年级教师的工作(备课、上课等情况)进行经常性的督促、检查。二是每月定期召开本年级班主任会,及时了解本年级师生的工作学习情况、不足之处并采取有效的改进措施。协助教务处开展期中、期末年级部考试成绩分析会。三是负责阶段考试的整体命题、监考安排、试卷分发、考风考纪、阅卷以及成绩分析过程,并宣传表彰。负责落实本年级的培优、学习困难学生帮扶、学科竞赛等活动的协调工作。经报备相关处室同意后的各类活动的学生奖励、教师工作量统计等级部统一以纸质记录上报相关处室。四是督促检查本年级各班的学习、纪律、课外文体活动、清洁卫生等工作。统一安排各组团间评比工作。配合政教处认真指导和培养学生干部。落实各班级精神文明建设和立德为先的要求。五是毕业班年级部协助教务处、校长室做好招生工作。做好年级部对外宣传工作,定期召开年级部家长委员会会议,正确引导家长委员会协助年级部开展各类工作,认真组织家长开放日、家长学校等各种活动。六是负责召集、组织本年级部的各种临时工作。

设立年级组(部)能适应教师劳动的个体性和劳动成果集体性的特点,可以让学校的各种规章制度更具可行性,有利于增强教师的责任感和执行力;能适应教育的周期性特点,有利于统筹安排,全面提高学生综合素质;能适应系统目标管理的特点,树立起共同愿景,让每个年级部成员都有目标,让每个人的目标都凝聚在一起,从而有利于教育教学目标的实现;有利于加强不同学科教师之间的相互沟通协调,创设和谐氛围,便于充分发挥教师合力的作用;有利于全面了解学生,增强教育的针对性和实效性。目前,年级组(部)行政化的趋向愈来愈强,其职责不断扩大,由原来的协调教师教学延伸到教学管理和学生管理,年级组长的权限也愈来愈大,他们不仅具有相当的教师学生管理权和财务权,有的年级组(部)还建立了党、团、工会等组织。当然,年级组(部)行政化产生了许多弊端,如增加了管理层次,加长了沟通渠道,影响了校长和各职能部门作用的有效发挥;在客观上容易加剧片面追求升学率的现象,对学生素质的全面提高产生不良影响;更为严重的是,年级组行政化容易架空教研组,削弱教学研究,从而影响教学质量的提高。对成立年级组(部)的学校,首先要选好年级组长(年级部主任),应该由本年级组内有较高威望,具有较强的组织、协调和管理能力的教师担任。其次要支持年级组长(年级部主任)工作,一方面鼓励他们积极主动大胆工作、创新工作,另一方面要加强指导和引领。再次还要加强对年级组(部)的监督和管理,让年级组(部)在学校的正确领导下不断发展完善,规范管理,依法管理,推动学校整体教育教学质量的提高。

(六) 合理分配教师的力量

根据教学需要和教师的专长、特点,合理分配教师的教学工作,也是教学组织管理的一项重要任务。它关系到每个教师积极性的调动和专长的发挥,关系到教师队伍的建设,关系到学校教育教学质量的整体提高。同样水平和数量的教师,安排配备得当,水平就能充分发挥出来;配备不当,教学工作就会大受影响。学校管理者应选择最佳的配备方案,安排教师的工作。

1. 知人善任,扬长避短。学校管理者要对每位教师的业务水平、教学特点、优势专长等有较深入的了解。一般来说,每个教师都各有所长,也各有所短,作为教学管理者,要用其所长,避其所短,把他们安排在能够充分发挥长处的教学岗位上,以便发挥长处,避其短处,人尽其才。如对于工作认真负责,但教学能力较弱的教师,可在征询教师同意的情况下,多安排点教辅工作或总务后勤服务工作,少安排教学岗位工作,以保证他们满工作量上岗,又能发挥他们的专长。再如对教学能力比较强,且管理能力比较强的教师,可动员他们担任班主任工作,这样既保证他们能教好本学科,又能管理好班级,发挥他们最大效能。

2. 新老搭配,以老带新。学校教师的情况不同,有刚刚入职的青年教师,他们业务素质暂时不强,需要老教师的帮扶和指导。学校在分配教师工作时,既要保证各年级各门学科的教学质量,又要考虑青年教师的培养和提高。要注意新老教师的搭配,尽可能主要学科各个年级都有一位老教师起传、帮、带的作用。许多学校实施"青蓝结对工程",就是典型的以老带新的体现,也是学校帮助青年教师快速成长的行之有效的做法。

3. 不同情况,不同要求。每个学校的教师队伍,一般都是由老、中、青三部分组成。对不同的教师应提出不同的要求。对有经验的老教师,应要求他们把主要的精力放到总结经验,研究教育理论和培养青年教师方面;中年教师既有教学经验,因此又有较旺盛的精力,提高教学质量主要依靠他们,但也要防止他们出现职业倦怠,躺在过往成绩上止步不前;年轻教师虽朝气蓬勃,精力旺盛,信息技术融合能力强,但缺乏教学经验,因此工作量不宜过重,应当把他们的部分精力引导到熟悉业务、提高教学能力和进修提高方面,促使他们加快成长。

4. 立足当前,着眼长远。安排教师工作要立足于教学工作的全局,充分考虑年级实际、学科实际、教师的自身专业发展和学校长远发展的要求,合理安排好各年级、各学科、各教学班的教师工作。不能把骨干、名优教师都安排在毕业班工作,更不能安排到少数所谓的好的班级,既要尽量保证每个年级都有把关的骨干、名优教师,又要从长远考虑,合理整合教师,尽量加强低段年级和起始年级教师的配备,切实打好基础。

(七)选聘和管理班主任

班级是学校进行教育、教学的基本单位。班主任工作对保证班级教育教学质量,对学生世界观、人生观和价值观的形成,起着极为重要的作用。学校管理者要高度重视班主任的选聘和管理工作,配齐、配好、用好、管好班主任,充分发挥班主任在班级教学管理和育人方面的作用。

1. 选聘好班主任

选聘班主任应当在教师任职条件的基础上突出考查以下条件:

为人师表,具有良好的思想道德品质。班主任与学生接触的机会最多,对学生的影响最大。作为班主任要具有良好的思想品德,为人师表,作风正派,热爱教育事业,工作责任心强。

热爱学生,善于沟通。班级是个集体,集体成员各有各的想法,需要及时沟通。作为班主任要热爱学生,善于与学生、学生家长及其他任课教师沟通。

爱岗敬业,具有较强的教育引导和组织管理能力。一个好的班主任,首先应该是一个好老师。教学工作认真负责,耐心细致,教学效果好,能赢得学生信任。如果教学水平差,是不能胜任班主任工作的。但作为班主任不仅要业务能力强,热爱班主任岗位,而且要有较强的教育引导和组织管理能力,要善于做学生的思想教育工作。

身心健康,富有人格魅力。班主任工作繁重,既要教好课,又要做好学生的思想教育工作,注意学生的身心健康安全,完成学校布置的各项任务,还要走访家庭,特别是要协调学生之间、任课老师之间、学校与学生家长之间的关系,甚至还要经常同社会教育机构联系。没有良好的身体和良好的心理素质是很难胜任班主任工作。做人的工作是讲究方式方法的,还讲究个人的人格魅力,不断丰富自己,完善自己,才能让学生受到人格熏陶。

2. 加强班主任队伍建设和管理

明确班主任的职责和权利。班主任要全面了解班级内每一个学生,深入分析学生思想、心理、学习、生活状况。关心爱护全体学生,平等对待每一个学生,尊重学生人格。采取多种方式与学生沟通,有针对性地对他们进行思想道德教育,促进学生德智体美劳全面发展。

给班主任应有的待遇和权利。学校在教育管理工作中应充分发挥班主任的骨干作用,注重听取班主任意见。班主任工作量按当地教师标准课时工作量的一半计入教师基本工作量。要合理安排班主任的课时工作量,确保班主任做好班级管理工作。班主任津贴纳入绩效工资管理。在绩效工资分配中要向班主任倾斜。对于班主任承担超课时工作量的,以超课时补贴发放班主任津贴。班主任在日常教育教学管理中,有采取适当方式对学生进行批评教育的权利。

认真做好班级日常管理工作。维护班级良好秩序,培养学生的规则意识、责任意识和集体荣誉感,营造民主和谐、团结互助、健康向上的集体氛围。指导班委会和团队工作。组织指导开展班会、团队会(日)、文体娱乐、社会实践、春(秋)游等形式多样的班级活动,注重调动学生的积极性和主动性,并做好安全防护工作。组织做好学生的综合素质评价工作,指导学生认真做好成长记录,实事求是地评定学生操行,向学校提出奖惩建议。经常与任课教师和其他教职员工沟通,主动与学生家长、学生所在社区联系,努力形成教育合力。

加强班级教学管理工作。教学是学校教育的中心工作,也是班级管理的一项主要活动。班主任必须重视班级教学活动管理,努力提高班级学生的学习质量。班级教学管理工作主要有:第一,明确班级教学管理的任务。根据学校教学任务和班主任职责,班级教学管理主要是协调控制教学活动,协调班级任课教师的教学活动,控制教学的进度与课业负担量;第二,建立并维护班级良好的教学秩序。加强班级教学常规管理,营造良好的学习氛围,充分调动学生学习积极性,从而使班级教学工作正常运转,并有效提高教与学的效率;第三,激发学生学习动机,指导学生学习方法。班级教学管理不仅要重视教的管理,也要重视学的管理,重视对学生学习目的的教育、学习兴趣的指导,还要重视学习方法的指导与训练,使学生乐学、善学、会学;第四,搞好班级教学活动的组织安排,建立班级教学管理的指挥系统。一是建立以班主任为核心的班级任课教师群体,发挥各任课教师教育教学的积极性;二是建立以班长或学习委员、科代表为骨干的教学沟通系统,及时发现问题,及时向教师反映,及时得到跟踪反馈;三是建立以学习小组长为中心的执行系统,发挥学生自我学习、自我约束、自我改进、自我提高的作用。

加强对班主任的培养和培训。教育行政部门和学校应制订班主任培养培训规划,有组织地开展班主任岗位培训。要将中小学班主任培训纳入教师教育计划,有组织地开展岗前和岗位培训,定期交流班主任工作经验,组织班主任进行社会考察,提高班主任的政治素质、业务素质、心理素质和工作及研究能力。教师教育机构要承担班主任的培训任务,班主任培训所需经费在教师培训专项经费中列支。

制定切实可行的评价办法。认真做好班主任的选聘工作,应从思想道德素质和业务水平较高,身心健康,乐于奉献的优秀教师中选聘班主任。要建立科学的班主任工作评价体系,规范管理,鼓励支持班主任开展工作。学校应建立班主任工作档案,定期考核班主任工作,考核结果作为班主任教师聘任、奖励、职务晋升的重要依据。对不能履行班主任职责的,应调离班主任岗位。

3. 化解班主任聘任矛盾的思考

目前,有些中小学校出现教师不愿当班主任的现象,如何化解这个矛盾是值得我们去思考的。例如,暑假之前,学校决定新聘一批班主任,留任一批老班主任。几位兼任班主任的青年教师得知学校希望他们留任后,便以种种原因提出不再竞聘留任。于是,学校领导便找这几位教师谈心,试图说服他们,但效果不明显。这几位老师都是学校辛勤培养起来的骨干。按照学校的双向聘任原则,他们的行为属于拒聘。如何稳妥处理这个棘手的问题?放假前,学校借校本研修的机会,邀请专家做师德讲座,举办班主任工作沙龙,邀请本校已退休的全国优秀教师做校史报告,请本校的资深班主任介绍班主任经验和体会;学校领导也结合自身工作实际谈对班主任工作的认识和当班主任需要注意的问题,要求青年教师学会缓解压力、释放压力,学会调适自己的工作。上述一系列教育引导工作能否打动这几位老师的心呢?开学在即,摆在学校面前有两种选择：一是向这几位老班主任让步；二是按照拒聘方式处理。第一种选择显然是不妥当的，不能无原则让步；第二种选择的结果也是大家不愿看到的。学校通过会议再次斟酌，最后决定安排有关领导再找这几位教师谈心，告诉学校的态度，希望他们理解和配合，同时提出给他们配备助理班主任；待条件成熟后，再考虑能否满足其不担任班主任的要求。这次谈话效果很好，几位老师综合考虑各种因素，终于答应听从学校的安排。一场危机化解了。此事终由学校和教师双方略退一步得到解决，可以说是达到了双赢，但它留给我们的思考是多方面的。

思考一：青年教师如何培养教育？

现在，青年教师的择业观念发生了很大的变化，在一所学校"从一而终"的思想已经有了很大的改变，教师主动"炒学校鱿鱼"的情况屡见不鲜。因为公开招考、招聘给他们提供了更多的就业、择业、择校、择岗的机会。虽然学校关注和培养具有较大潜能的青年教师，给他们提供了许多发展平台，让其有机会展示自己和提升自己，但在提高他们业务素质的同时，往往忽视了责任意识、爱校意识、感恩意识、回报意识的培养。久而久之，一些青年教师心中滋长了强烈的自我意识，一旦学校在某些方面不能满足他们的要求，就会和学校产生冲突，甚至一走了之。因此，对青年教师的教育和培养，必须引起每个学校的高度重视。青年教师的职业归属感、职业认同感、单位的情结、教育的理想等，都需要在平时的学校教育教学实践中，通过各种途径不断进行教育和培养。学校领导要通过各种方式了解教师的思想问题、素质能力水平等。要教育和引导青年教师有责任意识、奉献意识、爱校意识、大局意识、爱岗敬业、乐业爱生，使他们懂得当自己的利益和学校的整体利益发生矛盾时，要正确处理，服从学校的安排，顾全大局。当然，学校在加强对青年教师的教育和培养时，要全方位地关注他们的成长，多听取他们的意见和建议。学校在考虑整体利益的同时，也要尽量考虑教师的实际困难，使两者的利益达到有机、和谐的统一。

思考二：教师过重的负担该怎么减？

教师的压力大，尤其是中小学教师，面对着诸如社会的压力、学校的压力、学生的压力(学业、思想、安全)、家长的压力、家庭的压力、新课改的压力、自我成长的压力、同事之间竞争的压力等。这些压力交织在一起，长此以往，就会使人产生职业倦怠感，甚至会随时引发学校和教师之间的矛盾冲突。因此，学校领导要坚持"以人为本"的理念,尽可能地为教师减压。要本着既对教育质量负责,又对教师负责的态度,科学管理,提高效率,去除一些无意义的、机械的要求,尊重教师的创造性劳动;改变唯分数、唯升学率的评价方式,不断探讨对教师的多元评价体系;既要关注他们的业务成长,又要关注他们的情感世界和思想认识,多与教师进行交流、谈心,及时解决教师心中的困惑,帮助他们解决实际困难。另一方面,教师本身也要调整心态,积极应对可能遇到的压力。要不断学习,改进教育教学方法,提高自己适应新课改的能力;要正确对待合理的压力,学会释放压力,学会放松自己,学会自我调节,通过文体活动、业务交流,使自己融入学校大家庭中;要合理地处理好工作与家庭的关系,做到相互促进、相互协调。教师都要正确对待自我的成长,要有一个合理的预期,目标不能定得太高,既要积极努力,又要顺其自然。教师要有大局意识,要理解学校、支持学校的工作;要摆正自己的位置,找准自己的角色,不能总是站在自己的角度去思考问题。如能达到如此境界,压力就会得到有效缓解。

思考三:班主任队伍建设如何加强?

班主任是学校基层最直接的管理者。班主任非常辛苦,尤其是初中班主任。初中学生的可塑性强,按照陶行知先生的说法,他们是"小大人",既不像小学生那样好管理,又不像大人那样懂道理,管理难度较大。班主任工作责任大,面临着比学科教学方面更多的压力。而班主任工作成绩在不少情况下又是看不到的,不像参加什么竞赛或某项考试,谁好谁差十分明显。正因为班主任是个"苦差事",所以在不少学校,尤其是在城市的学校里,许多老师都不愿意担任班主任。本案例中几位青年教师之所以不愿继任班主任,非常重要的一个原因就是班主任工作压力太大。如果有合适的班主任来接替他们,让他们暂时休整,的确也是一个不错的选择。

现在不少中小学普遍存在这样的难题:学科教学的能人比较多,能当、会当、愿当班主任的教师却不是很多,缺了一个班主任就难以找到合适的替补人选。这种情况下,就需要学校不断探讨班主任建设和管理的长效机制,找到一种行之有效的新方法、新举措。首先要加强对班主任的教育和管理,提高他们的责任意识、奉献意识。其二要建立健全班主任工作的管理机制,进一步加大对班主任的奖励,从精神和物质等方面进行嘉奖;要将班主任工作纳入学校的整个管理之中,把担任班主任工作,作为评选先进优秀、专业技术职务评聘、专业技术岗位竞聘的重要依据。其三,要加强班主任的后备队伍建设,积极鼓励青年教师担任班主任,帮助和培养他们逐步胜任班主任工作;要进一步对班主任进行多种形式的培训,提高班主任队伍的整体素质。其四,要采取多种方法减轻班主任的心理负担,使他们干得舒心,干得顺心,干得有成就感;学校领导要多与班主任谈心、交流,虚心听取他们的建议,及时了解他们存在的现实困难,尽可能地解决他们的后顾之忧,以营造和谐、宽松的环境氛围。

思考四:读懂教师和理解学校能并存吗?

本案例中有两个问题值得反思。一是学校读懂教师了吗?二是教师理解学校了吗?学校要读懂教师,就要做到潜移默化,水滴石穿,润物细无声,特别是校长要多换位思考,多体察教师的疾苦,多分析教师的需要,多与教师接触,多了解教师的心灵,多采取一些方法减轻教师的心理负担;同时多在综合素质上关心、培养和教育教师。如果是这样,也许本案例中的情况就不会出现。本案例中,教师刚开始只是站在自己的角度去考虑问题,后来认识有了改变,答应了学校的安排,说明教师是可以引导的,他们的素质还是较高的。处理好学校读懂教师和教师理解学校之间的关系,关键在于学校,尤其是校长。叶澜教授说:"发现问题就发现了发展的空间。"教师身上出现的问题是很正常的,如果都靠采取行政手段去解决,不一定能达到预期的目的。本案例中,如果学校采取解聘或辞退的方式解决问题,造成的影响恐怕不是所有人都愿意看到的,也不一定能达到预期的效果。因此,学校领导该坚持一定的原则,不能无原则地退让,但也要豁达大度,善于听取教师的批评和意见,找到最佳的解决方法。只有这样,才能在学校读懂教师和教师理解、支持学校中和谐并进。类似本案例这种处理方式所带来的无奈的"双赢",在学校的日常管理中会经常出现,尤其是在现有的学校用人制度下,这种无奈可能还会继续下去。矛盾无处不在,就看如何采取措施减少它、如何科学处理它了。

二、校长参与教学管理

陶行知曾经说过:"校长是一个学校的灵魂,要想评论一个学校,先要评论他的校长。""一个好校长就意味着一所好学校,有什么样的校长,就有什么样的学校。"可见,校长在学校发展的作用是巨大的,校长还是学校提高教育教学质量的第一责任人。

（一）校长要具备五种教学管理能力

1. 要具备规划教学发展的能力

校长要诊断学校教学工作的现状，及时发现和研究分析教学发展面临的主要问题。组织社区工作者、家长、教师、学生、专家学者、人大代表、政协委员等多方参与制订学校教学发展规划，确立学校教学工作中长期发展目标，制定实现中长期发展目标的措施。要落实学校教学发展规划，校长要安排教导处、教研室制订学年、学期教学教研工作计划，指导制定具体行动方案，并提供人、财、物等条件支持。校长要监测学校教学工作发展规划的实施，制定具体监测措施和反馈机制，根据实施情况修正教学发展规划，调整工作计划，完善行动方案。

2. 要具备课程教学领导能力

苏霍姆林斯基说："滋养儿童对知识的热爱的第一个源泉，就是教师，首先是校长的高度的智力素养。不具备教学计划里所列的各门学科的知识，就没有可能领导学校的教学和教育过程。从我担任校长工作的最初几天起，我就开始学习物理、数学、化学、地理、生物、历史，我用了3年时间，自修完了学校所有学科的教科书和主要的教学法参考书。"[①]作为校长，要努力丰富自己的智力素养和各学科素养。校长要坚持面向全体学生，因材施教，全面提高教育教学质量。尊重教育教学规律，注重培养学生的责任意识、创新精神和实践能力。尊重教师的教学经验和智慧，积极推进教学改革与创新。掌握学生不同发展阶段的培养目标和课程标准。了解课程编制、课程开发与实施、课程评价的相关知识和教材、教辅使用的政策以及国内外课程教学改革的经验。掌握课堂教学以及教育信息技术应用的一般原理与方法。有效统筹国家、地方、学校三级课程，确保国家课程、地方课程的落实，推动校本课程的开发与实施，为学生提供丰富多样的课程教学资源。认真落实课程标准，切实减轻学生过重的课业负担，不得随意提高课程难度，不得挤占体育、音乐、美术及少先队活动等课程的课时，确保学生每天课内、课外各一小时的校园体育活动，严格落实手机、作业、睡眠、体质、读物等"五项"管理，严格落实"双减"政策要求，切实减轻义务教育阶段学生的作业负担和校外培

---

① 苏霍姆林斯基 著：《给教师的建议》，教育科学出版社，1984年，第461页。

训负担。建立听课与评课制度,深入课堂听课并对课堂教学进行指导,每学期听课不少于地方教育行政部门规定的课时数量。积极组织开展教研活动和教学改革,建立并完善促进学生全面发展的教育教学评价制度,不片面追求学生考试成绩和升学率。不拔高教学要求,不加快教学进度。定期开展学生学习心理研究,研究学生的学习兴趣、动机和个别化学习需要,采取有针对性的措施,改进课程实施和教学效果。定期开展教学质量分析,建立基于过程的学校教学质量保障机制,统筹课程、教材、教学、评价等环节,主动收集学生反馈意见,及时改进教学。校长要提高规范办学的意识和能力,从分析学校的学生需求、教师发展、学校文化、社区环境出发,以学生为本,积极投身课程领导实践。以学校课程计划为抓手,加强学校课程规划的领导;以提高教学有效性为突破口,加强课程实施的领导;以建立学习型团队为动力,加强对校本教研的领导。提升校长课程领导力,要处理好四个关系,即处理好规范与创新的关系,在规范的基础上加大创新力度;处理好基础性与差异性的关系,打好教学基础,关注教育教学的多样性,关注教育教学多主体性,关注教育决策的多主体性;处理好国家课程统一执行和校本课程开发与实施的关系;处理好校长领导和团队实施的关系。在教学管理中,校长要有怒不行,遇喜不允,处变不惊,中和为贵。什么时候顺情理,什么时候顺事理,该理智的时候理智,该动情的时候动情;何时进,何时退,何时偏左,何时偏右,校长要完全感觉和把握好。

3. 要具备引领教师成长的能力

苏霍姆林斯基说:"一个学校领导人,只有当他每天都在提高自己的教学和教育技巧,把学校工作的最本质的东西——教学和教育,了解儿童和研究儿童——摆在首要地位的时候,他才能成为一个好的、博学多识的、有威信的教师,并且成为教师的教师。""只有成为教师的教师,你才能成为真正的领导者,受到人们的信任和爱戴。而要成为教师的教师,你就要一天比一天深入地钻到教学和教育过程的细节和微妙之处去,那时候,人们称之为塑造人的灵魂的艺术的东西,才会在你面前一点一点地展开新的境界。"[①]教师是学校改革发展最宝贵的人力资源,校长要尊重、信任、团结和赏识每一位教师。校长是教师专业发展的第一责任人,将学校作为教师实现专业发展的主阵

---

① 苏霍姆林斯基. 给教师的建议[M]. 北京:教育科学出版社,1984:452—453.

地。尊重教师专业发展的规律,激发教师发展的内在动力。把握教师职业素养要求,明确教师的权利与义务。掌握教师专业发展的理论以及指导教师开展教育教学实践与研究的方法。掌握学习型组织建设的方法以及激励教师主动发展的策略。建立健全教师专业发展的制度,推行校本教研,完善教研训一体的机制,落实每位教师的国家培训要求。关注每一位教师的发展,指导教师根据自身发展特点制定专业发展计划,加强青年教师培养,支持教师轮岗交流,推进信息技术在教师专业发展中的应用。

加强教师管理和职业道德建设。坚持用习近平新时代中国特色社会主义思想武装教师头脑,加强教师思想政治教育和师德建设,建立健全师德建设长效机制,促进教师牢固树立和自觉践行社会主义核心价值观,严格遵守《中小学教师职业道德规范》,增强教师立德树人的荣誉感和责任感,做有理想信念、有道德情操、有扎实学识、有仁爱之心的好老师和学生锤炼品格、学习知识、创新思维、奉献祖国的引路人。要求教师语言规范健康,举止文明礼貌,衣着整洁得体。严格要求教师尊重学生人格,不讽刺、挖苦、歧视学生,不体罚或变相体罚学生,不收受学生或家长礼品,不从事有偿补课。健全教师管理制度,完善教师岗位设置、职称评聘、考核评价和待遇保障机制。落实班主任工作量计算、津贴等待遇。保障教师合法权益,激发教师的积极性和创造性。关心教师生活状况和身心健康,做好教师后勤服务,丰富教师精神文化生活,减缓教师工作压力,定期安排教师体检。

提高教师教育教学能力。组织教师认真学习课程标准,熟练掌握学科教学的基本要求。针对教学过程中的实际问题开展校本教研,定期开展集体备课、听课、说课、评课等活动,提高教师专业水平和教学能力。落实《中小学班主任工作规定》,制订班主任队伍培训计划,定期组织班主任学习、交流、培训和基本功比赛,提高班主任组织管理和教育能力。推动教师阅读工作,引导教师学习经典,加强教师教育技能和教学基本功训练,提升教师普通话水平,规范汉字书写,增强学科教学能力。提高教师信息技术和现代教育装备应用能力,强化实验教学,促进现代科技与教育教学的深度融合。引导教师采取启发式、讨论式、合作式、探究式等多种教学方式,提高学生参与课堂学习的主动性和积极性。指导教师加强作业管理研究,提高作业设计和实施能力。

建立教师专业发展支持体系。完善教师培训制度,制订教师培训规划,指导教师制订专业发展计划,建立教师专业发展档案。按规定将培训经费列入学校预算,支持教师参加必要的培训。引进优质培训资源,定期开展专题培训,促进教研、科研与培训有机结合,发挥校本研修基础作用。鼓励教师利用网络学习平台开展教研活动,建设教师学习共同体。

4. 要具备培养学生全面发展的能力

建设适合学生发展的课程。落实立德树人根本任务,培养德智体美劳全面发展的社会主义建设者和接班人,就要严格执行国家义务教育课程方案和课程标准,严格遵守国家关于教材、教辅管理的相关规定,确保国家课程全面实施和有效执行。不拔高教学要求,不加快教学进度。根据学生发展需要和地方、学校、社区资源条件,科学规范地开设地方课程和校本课程,编制课程纲要,加强课程实施和管理。落实综合实践活动课程要求,通过考察探究、社会服务、设计制作、职业体验等方式培养学生创新精神和实践能力。每学期组织一次综合实践交流活动。创新各学科课程实施方式,强化实践育人环节,引导学生动手解决实际问题。定期开展学生学习心理研究,研究学生的学习兴趣、动机和个别化学习需要,采取有针对性的措施,改进课程实施和教学效果。

实施以学生发展为本的教学。定期开展教学质量分析,建立基于过程的学校教学质量保障机制,统筹课程、教材、教学、评价等环节,主动收集学生反馈意见,及时改进教学。教师要采取启发式、讨论式、合作式、探究式等多种教学方式,提高学生参与课堂学习的主动性和积极性。教师尤其要创新作业方式,避免布置重复机械的练习,多布置科学探究式作业,可根据学生掌握情况布置分层作业,不得布置超越学生能力的作业,不得布置超过规定的作业量,更不得以增加作业量的方式惩罚学生,甚至罚学生无谓的抄写或重复作业。

建立促进学生发展的评价体系。对照中小学教育质量综合评价改革指标体系进行监测,改进教育教学。实施综合素质评价,重点考察学生的思想品德、学业水平、身心健康、艺术素养、社会实践等方面的发展情况。建立学生综合素质档案,做好学生成长记录,真实反映学生发展状况。控制考试次数,探索实施等级加评语的评价方式。依据课程标准的规定和要求确定考试内容,对相关科目的实验操作考试提出要求。命题应紧密联系社会实际和学生生活经验,注重加强对能力的考察。考试成绩不进行公开排名,不以分数作为评价学生的唯一标准。

5. 要具备实施教学管理的资源整合能力

提供便利实用的教学资源。按照规定配置教学资源和设施设备,指定专人负责,建立资产台账,定期维护保养。落实《中小学图书馆(室)规程》,加强图书馆建设与应用,提升服务教育教学能力。建立实验室、功能教室等的使用管理制度,面向学生充分开放,提高使用效益。配齐配足各学科教师,科学安排教师的工作,充分调动教师工作的积极性和创造性。加大对教学及管理工作的资金投入,树立在学校财力、物力、人力许可的情况投入教学工作再多都不为过的思想,切实体现一切以教学为中心,一切服务于教学工作的理念。校长要积极与上级教研部门、装备部门、高等院校等保持沟通和联系,争取他们对学校教学和教科研工作的支持,学会利用这些来发展学校、发展教师。

(二) 校长抓教学管理应注意的几个问题

1. 树立正确的教育观,坚持"五育"并举

校长要按《义务教育学校校长专业标准》和《义务教育学校管理标准》的要求,坚持育人为本,全面发展。全面贯彻党的教育方针,坚持教育为人民服务,为中国共产党治国理政服务,为巩固和发展新时代中国特色社会主义制度服务,为改革开放和社会主义现代化建设服务,落实立德树人根本任务,发展素质教育,培育和践行社会主义核心价值观,全面改进德育、智育、体育、美育、劳动教育,培养德智体美劳全面发展的社会主义建设者和接班人。要坚持促进公平,提高质量。树立公平的教育观和正确的质量观,提高办学水平,强化学生认知、合作、创新等关键能力和职业意识培养,面向每一名学生,教好每一名学生,切实保障学生平等的受教育权利,反对唯分数、唯升学、唯文凭、唯论文、唯帽子。校长要建设适合学生发展的课程,努力探讨和实施国家课程校本化,实施以学生发展为本的教学;加强教师队伍建设,注重锻造师德师风,优化教师培训方式,强化教育科研,提高教师整体素质;建立科学合理的评价体系,充分调动教师和学生的积极性,切实提高教育教学质量。

2. 强化思想引领,发挥师生合力

苏霍姆林斯基曾说过:"校长领导学校,首先是教育思想上的领导,其次才是行政上的领导。"思想领导是校长最重要、最有力的领导手段。一个好校长某种程度上可以

成就一所好学校,但好校长绝对不是用权威压人,不是靠发火训人,不是靠耍小聪明治人,不是靠制造内部矛盾消化人,不是首先用行政手段或命令管人,而是用思想的魅力去约束人、管理人、感召人、凝聚人、激励人,以期充分调动教师的工作热情和学生学习的积极性,充分发挥师生在教育教学管理中的主导和主体作用,提高学校整体教育教学质量。

3. 注重常规管理,抓好课堂教学

校长要高度重视教学管理工作,要经常深入课堂听课、参与教研、指导教学,努力提高教育教学领导力。要亲自参加教学实践,勇于指导教师进行教学改革。要定期召开学校教学工作会议,研究教学管理中存在的问题,确定学校教学发展方向。要了解教学,参加教学,根据各自的专长、分工参与教研组和备课组的教研活动,加强教研组和备课组的建设,指导和帮助教研组和备课组解决遇到的问题。通过经常性地听课和参加教研活动,了解教师,了解课堂,了解学生,了解师生关心的问题,了解学校整体教学情况,以便更好地制定强化教学管理的解决方案。要通过多种途径了解学校课堂教学的实际情况,强化课堂教学管理,切实提高教师课堂教学效率,同时对教师的课堂教学强化指导帮助。也可采取蹲点的形式,包联年级或班级,更好地了解情况,及时采取对策。

4. 注重教学研究,提高教育教学质量

苏霍姆林斯基指出:"如果你想让教师的劳动能够给教师带来乐趣,使天天上课不致变成一种单调乏味的义务,那你就应当引导每一位教师走上从事研究这条幸福的道路上来。"[①]校长要针对学校教学和教学管理中存在的问题,组织教师加强研究,进行集体研讨,通过头脑风暴,发挥每个人的智慧,找出解决问题的办法。如针对学习困难学生的教育管理问题,是教师教学中最为头疼的问题,也是花时间最多的问题,需要教师制定学困生帮扶计划和措施,坚持反复抓,抓反复,要耐心细致、不厌其烦、充满爱心积极关注。有的问题还需要发挥教师群体的力量去加以研究和解决。如对中考和高考的研究,需要研究命题方向、命题规律,研究学生的考试方法和考试技巧,研究教师的教和学生的学如何适应中、高考的要求等。校长不仅自己要参加课题研究,更要鼓

---

① 苏霍姆林斯基.给教师的建议[M].北京:教育科学出版社,1984:494.

励教师积极申报教科研课题,让教师走上研究之路,找到研究之乐,以课题研究引领学校的教科研发展,从而提高学校整体教育教学质量。

5. 重视起始年级,做好衔接工作

要抓住重点,解决难点和痛点,既要重视毕业班工作,也要重视起始年级工作,不能把学校教学水平高的骨干和名优教师都放在毕业班,要合理安排老中青、好中弱,做到有机搭配。要做好幼升小、小升初、初升高的衔接工作,既要有学科知识学习的衔接,坚持"零起点"教学,合理安排梯度,适时调整教学进度,又要有学生心理、生活和交往等适应性的衔接,还要有学习方法和技能的衔接等,指导学生制定切实可行的生涯规划。如小学与初中衔接时,要建立梯度化的小初协同合作模式,加强衔接理念引导,开展入学准备教育、入学适应性教育、入学道德教育、入学校史教育、入学行为规范养成教育;要打造优质化的小初教育衔接生态,组建校际合作共同体,强化衔接教学研究;建立健全行政推动、教科研支持、教育机构和家长共同参与的小初衔接机制。同时,还要构建立体化的小初衔接工作机制,加强衔接教育管理,做好知识的衔接、能力的衔接和发展核心素养的衔接,健全家校沟通机制,有效统整多方资源。

6. 注重学科均衡,发挥总体优势

校长在指导教学时,要注重学科均衡,开齐开足开好各门课程,不能只重视语文、数学、外语、物理、化学、道德与法治、历史等中考或高考学科,更不能因为哪个学科中考、高考分值高就过于重视,从而忽视音乐、体育、美术、地理、生物等非中考学科或非高考学科的发展,导致各学科发展不均衡。校长对各学科教学都要重视,加强各学科教师队伍建设,人、财、物支持要同等,参加教研活动要同等,评先评优要同等,课时安排要得当,尤其不能占用音、体、美等非中考、高考科目,不能厚此薄彼,要充分发挥各学科的总体优势,实现学生德智体美劳全面发展的目标。

7. 重视教学督查,抓住关键环节

要重视教学督查,尤其是督查教学关键环节,如对教师的备课、上课、布置和批改作业、考试等教学基本环节的检查和督导。对于督查发现的问题,学校要建立督查反馈机制和跟进落实机制,充分发挥督查的作用和功能,以促进教学诊断、改进和完善。教育部重点关注的手机、睡眠、作业、读物、体质的"五项管理",与教学管理工作密不可分,要抓得到位,督查到位,确保实效。校长要创新思路,抓铁有痕,一抓到底,把小切口大改革的事情抓实抓细,抓出实效。特别是"双减"政策之下,如何切实减轻学生作业负担和校外培训负担,需要校长强化督查力度,提高教师课堂教学质量,做好课后服务,切实做到减负增效提质。

8. 重视"双减"工作,确保取得实效

中共中央办公厅 国务院办公厅印发的《关于进一步减轻义务教育阶段学生作业负担和校外培训负担的意见》中指出,全面压减作业总量和时长,减轻学生过重的作业负担;提升学校课后服务水平,满足学生多样化需求;坚持从严治理,全面规范校外培训行为;大力提升教育教学质量,确保学生在校内学足学好。

作为校长,要充分认识"双减"工作的重要意义,以实际行动坚决贯彻和落实"双减"政策。切实做到:

(1)要将"双减"政策宣传到位。"双减"政策出台,不少学校对形势估计不足,对现实了解不够,仍然心存侥幸,以为还会像以往一样,一场风刮过就没事了。学校现在不是等待、观望的问题,而是要立即行动。要将国家的政策宣传到位,学习到位,强调到位,落实到位,从思想、精神上给教师进行松绑,让教师真正明确我们的教育目标是培养德智体美劳全面发展的时代新人,要采取多种方式减轻学生作业负担和校外培训负担,也要让学生和学生家长知道应该怎么样对待"双减"产生的影响,如何积极应对,而不是产生过度的焦虑。

(2)要切实加强作业管理。作业是教学中一个基本的组成部分,学校应该有一套完整的管理措施。目前各级各类学校的作业管理,主要放在检查这一块。检查的内容都是学校及相关机构明确规定的,并不存在大的问题。而繁重的中小学生作业负担,恰恰不在检查这一范围之内,是除此之外的另外的部分——包括显性和隐性两大方面。显性的作业,主要是指通过书写完成的,如大量的活页作业——理科的概念、知识点,文科的生字词、单词短语句子以及需要记忆的其他内容。其中重复性的居多——有的教师动辄就要求写多少遍,更不用说让人瞠目的罚写了。另外还有教师校内外印刷的各种习题、单元检测,以及教师违规让学生购买的各种习题性质的资料等。隐性的作业,包括文科的词语、短语、句子、段落、篇章的背诵,超量阅读,相关资料的查找,以及各个科目的预习等。实实在在地讲,很多学校优异成绩的取得主要来自作业的量,而非作业的质。实际上,通过有质量的作业,同样可以取得不错的成绩。这就要求学校做好对教师的引导、监督工作,促使教师对学生作业的布置走向正轨、科学的良性循环,彻底摒弃随心所欲、重复低效、瞒天过海的布置模式。

针对减轻学生作业负担问题。一要建立健全作业管理机制。完善作业管理办法,加强学科组、年级组作业统筹,合理调控作业结构,确保难度不超国家课标。建立作业校内公示制度,加强质量监督。严禁给家长布置或变相布置作业,严禁要求家长检查、批改作业。学校要切实做好检查落实。坚决摒弃雷声大雨点小的做法,要一以贯之、始终如一。通过教师汇报、同科目教师的统一规划协同,及学生教师日志的填写、学生问卷调查、家长寻访、领导亲临教室走访等多种形式,多管齐下,坚决杜绝教师随意布置作业的行为,彻底把多余的作业拒之校门之外、家门之外。可制定必要的惩戒措施,发现问题要在一定范围内及时公布、警示;对屡教不改的,要采取较为严厉的措施,以儆效尤。学校不能把学生考试成绩作为对教师评价的唯一标准,要注重对教师整个教学过程的评价。单一的考试成绩评论,是结果评价,它只会让教师把目光集中到做题上,想方设法投入更多的精力进行各种训练,学生最终难以从繁重的作业堆里走出来。学校要切实践行中央及教育部的减负政策和具体部署,要把工作落实到教师一日的教学行为和过程中去,通过听课、交流、查看、走访等多种形式,真正掌握每一位教师实际的教学状况,切实做好教师的过程性评价。

二要分类明确作业总量。学校要确保小学一、二年级不布置家庭书面作业,可在校内适当安排巩固练习;小学三至六年级书面作业平均完成时间不超过60分钟,初中书面作业平均完成时间不超过90分钟。

三要提高作业设计质量。发挥作业诊断、巩固、学情分析等功能,将作业设计纳入教研体系,系统设计符合年龄特点和学习规律、体现素质教育导向的基础性作业。鼓励布置分层、弹性和个性化作业,坚决克服机械、无效作业,杜绝重复性、惩罚性作业。设计有梯度的作业,即70%左右的基础题,20%左右的能力提升题,10%左右的拓展挑战题,让学生作业具有选择性。增加作业的趣味性,联系学生生活实际,设计创造性、趣味性、生活化的学科作业,提升学生课后作业的主动性和积极性。

四要加强作业完成指导。教师要指导小学生在校内基本完成书面作业,初中生在校内完成大部分书面作业。教师要认真批改作业,及时做好反馈,加强面批讲解,认真分析学情,做好答疑辅导。不得要求学生自批自改作业。

五要科学利用课余时间。学校和家长要引导学生放学回家后完成剩余书面作业，进行必要的课业学习，从事力所能及的家务劳动，开展适宜的体育锻炼，开展阅读和文艺活动。个别学生经努力仍完不成书面作业的，也应按时就寝。引导学生合理使用电子产品，控制使用时长，保护视力健康，防止网络沉迷。家长要积极与孩子沟通，关注孩子心理情绪，帮助其养成良好的学习生活习惯。寄宿制学校要统筹安排好学生的课余学习生活。同时学校管理者要注意，减轻学生学业负担并不代表没有负担，任何学习活动与成就的取得都需要有适度的压力；减轻学生作业负担，也并不代表没有作业，减轻学生过重学业负担要深入研究减什么，多样化探索如何减，否则盲目减负会以降低学生学业质量为代价，与改革的目标也不相符。

（3）要切实提升学校课后服务水平。这需要做到以下几点。

第一，要保证课后服务时间。学校要充分利用资源优势，有效实施各种课后育人活动，在校内满足学生多样化学习需求。引导学生自愿参加课后服务。课后服务结束时间原则上不早于当地正常下班时间；对有特殊需要的学生，学校应提供延时托管服务；初中学校工作日晚上可开设自习班。学校可统筹安排教师实行"弹性上下班制"。

第二，要提高课后服务质量。学校要做好以下工作：做足功课、做好准备，研读政策文件，制定实施方案；解读政策文件，做好宣传、动员；征集教师、学生、家长及社会机构等各方面的意愿；开展项目遴选，包括教师项目、机构项目及家长项目；提供课程菜单，供学生分年级或跨年级选择；学生在家长的指导下选择课程；班级汇总、年级统筹、责任部门全面协调；形成学校课后服务课程总表、年级总表、班级总表及一生一课表；进行缴费测算，酌情微调课程安排与支出标准；课后服务全面运行，做好过程管理；举办学期或学年课后服务成果集中展示，开展项目评价与反馈调查；做好工作总结，撰写课后服务工作年度总结。教师要充分用好课后服务时间，指导学生认真完成作业，对学习有困难的学生进行补习辅导与答疑，为学有余力的学生拓展学习空间，开展丰富多彩的科普、文体、艺术、劳动、阅读、兴趣小组及社团活动。学校不得利用课后服务时间讲新课。

第三，要拓展课后服务渠道。课后服务一般由本校教师承担，也可聘请退休教师、具备资质的社会专业人员或志愿者，包括一些有条件的家长志愿者。也可欢迎有资质的、非学科类培训机构或公益组织参与招标，按照规范程序进入校园提供有质量的课后服务。学校还要加强师德师风建设,杜绝课内不讲课外讲的现象,做到应教尽教、应讲尽讲,依法依规严肃查处教师校外有偿补课行为。充分利用社会资源,发挥好少年宫、青少年活动中心等校外活动场所在课后服务中的作用。

第四,要做强做优免费线上学习服务。教育行政部门要征集、开发丰富优质的线上教育教学资源,利用教育教学资源平台以及优质学校网络平台,免费向学生提供高质量专题教育资源和覆盖各年级各学科的学习资源,推动教育资源均衡发展,促进教育公平。要积极创造条件,组织优秀教师开展免费在线互动交流答疑。要加大宣传推广使用力度,引导学生用好免费线上优质教育资源。

(4) 要大力提升教育教学质量。要健全教学管理规程,优化教学方式,强化教学管理,提升学生在校学习效率。要开齐开足开好国家规定课程,积极推进幼小科学衔接,帮助学生做好入学准备,严格按课程标准零起点教学,做到应教尽教,确保学生达到国家规定的学业质量标准。学校不得随意增减课时、提高难度、加快进度;要降低考试压力,改进考试方法,不得出现提前结课备考、违规统考、考题超标、考试排名等行为;考试成绩呈现实行等级制,坚决克服唯分数的倾向。特别是要提高课堂时间使用效率。课堂教学时间效率提高了,学生的作业负担、考试压力才能减轻,睡眠、体质等也会得到改善,学生在校生活体验就会轻松愉快。推进教学方式改革,既关注教师的教,又要关注学生的学。树立以学为中心的课堂观,创建真实的问题情境,让学生积极主动学习;设计驱动性学习任务,让学生能发生深度学习;搭建合作交流平台,让学生能开展合作性学习;创造自主思考空间,让学生能开展反思性学习;提供合适的学习支架,让学生能在最近发展区学习。要优化课堂学习过程,让深度学习真发生。具体做到:研究如何制定清晰的学习目标,让学生在课堂上有明确的学习方向,激发学生学习动力;创设真实的学习情境,寓教学内容于具体真实的情境之中,唤醒学生学习兴趣;设计优质的课堂问题,让学生思维在问题链的引领下层层深入,让深度理解真正发生;为学习的重难点搭建学习支架,清晰呈现学习进阶,为学习"更上一层楼"搭建"扶梯";基于核心素养发展进行总结,在回顾与归纳中实现由量变到质变、由知识到能力的转化。

(5) 要切实减轻学生校外负担。校长要领导学校在减轻学生校外培训负担方面有新的举措。如学校要加强对学生家长的教育和引导,转变家长的教育观念,正确对待学生参加校外学科培训机构问题,不能以此作为主业,不能盲目依赖校外培训机构,不能脱离学生实际提出过高要求,加重学生校外培训负担。要让教师和学生及家长知晓"严格执行未成年人保护法有关规定,校外培训机构不得占用国家法定节假日、休息日及寒暑假期组织学科类培训"等规定,并在校内外进行宣传,让家长在国家法定节假日、休息日及寒暑假期不送孩子参加学科类的校外培训。要严格贯彻培训机构不得在中小学校、幼儿园内开展商业广告活动,不得利用中小学和幼儿园的教材、教辅材料、练习册、文具、教具、校服、校车等发布或变相发布广告。要管理和指导教师课内提高教学质量,课外对学生进行有效辅导,以此提高学生的学习效率和学习质量,进而减少学生对校外培训的依赖。通过多种途径,切实减轻学生的校外培训负担。学校管理者也要明确教育的治理边界。校外教育应该成为学校教育的有益补充,应以其丰富的素质教育内容、灵活的形式、新颖的方法,吸引学生和家长的关注,满足个性化、多样化的发展需求。严格规范校外培训并不是不支持学生的校外教育,校外培训机构在兴趣爱好的教育供给方面具有优势,在学科教育方面也可以补差,但不能违背规律超纲教学、应试教学,家长观念的转变、家校协同育人机制的完善是"双减"问题的关键。

第四章 教学常规管理

一、 教学计划管理

教学工作的计划管理,是学校教学工作赖以有序进行,顺利完成教学任务,实现培养目标的重要保证,是学校管理的首要的主导性职能,也是实施教学常规管理的指南和方向。它一般包括两层意思,一是用计划去管理教学工作,二是把各方面的教学工作计划都管理起来。教学工作计划管理的主要任务,就是依据党的教育方针和国家颁布的课程计划和课程标准,结合上级教育行政部门的要求和学校具体实际,制定一个学年或一个学期的教学工作目标,确定实现这一目标的具体措施,调动各方面的因素去组织实施,以保证教学任务的高质量完成。

教学工作计划是学校工作计划的主要组成部分,它要在校长的直接领导和参与下,由教导处通过充分调研,并征询教研组长和学校骨干教师意见后具体制定。在制定教学工作计划时,除前所述的制定计划需要注意的问题外,还需要注意以下几点。

1. 坚持以教学为中心。以教学为中心,就是要求计划在制定时,要遵循教学原则,以提高教学质量为目的,每项工作和举措都要紧紧围绕教学这个中心,不能偏离这个中心,不能干扰这个中心。尤其做到教师要稳定,学生要稳定,课程要稳定,规章制度要稳定,管理措施要稳定,从而确保教学秩序的稳定。

2. 坚持以学生为本。计划制定要体现学生的主体作用,既要注重学生德智体美劳全面发展,又要关注每个学生的个性发展。不仅要注重对优秀生的培养,更要关注中间生的提升和学习困难学生的进步。要专门制定切实可行的优秀生的培养措施、中间学生的提升计划、学习困难学生的帮扶计划,让优秀学生、中间学生、学习困难学生都得到进步和发展。

3. 坚持正确的教育观。贯彻党的教育方针,落实立德树人根本任务,坚持德智体美劳全面发展的教育理念,发展素质教育,并把这个思想作为制定教学工作计划的指导思想贯穿始终。尤其要让教师转变教育教学观念,改进教育教学方法,关心爱护每个学生,鼓励尊重欣赏每个学生,既教书又育人。

4. 坚持改革创新。教学要适应社会的发展,跟上新时代的步伐,要大胆实验,大胆摸索,反对因循守旧,充分发挥现代信息技术的作用,促进学科教学与现代信息技术的深度融合,提高教学效率;做好线下和线上教学的有机融合,提倡学生深度学习,加强对学生核心素养的培养。

5. 坚持问题导向。教学中存在的问题有很多,在制定教学工作计划时,要抓住关键问题,注重关键环节,以问题为导向,制定有效措施加以破解。对于一些普遍存在的问题,要注意在克服一种错误倾向时,防止走向另一个极端,产生另一种倾向。对于一些特殊的问题,要深入细致地去分析和化解。如减轻学生过重作业负担问题,是中央关心、群众关切、社会关注的问题,学校就要在健全作业管理机制,合理调控作业结构,分类明确作业总量,提高作业设计质量,强化作业完成指导,科学利用课余时间等方面下功夫,多进行有针对性的研究,加强作业设计与实施研究,切实减轻学生过重的作业负担。

当然,学校的具体情况是制定学校教学工作计划的基础,学校教学管理情况、教师队伍情况、教师的教学情况、学生的基本情况、学生的学习状况、教学设备情况、学校的文化建设情况、周边的环境情况等都是要加以认真考虑的要素。

教学工作计划就学校而言,有全校教学工作计划、教研组工作计划、备课组工作计划、年级组工作计划等。

全校教学工作计划的制定,主要包括以下几个方面。

1. 教学情况分析。对上学年或上学期教学工作进行简明的分析,指出所取得的成绩和经验、存在问题和缺点、有利条件和困难以及本学年或本学期出现的新情况和新问题。

2. 本学年或本学期的教学工作目标和要求。应在分析上学年或上学期出现新情况、新问题的基础上,进行科学预测,提出本学年或本学期的教学工作的目标和要求。这包括学生在德智体美劳诸方面的具体培养目标,特别是在发展能力和落实核心素养方面的要求,以及学生各科成绩的及格率、优秀率、提高率、升学率等指标。学科成绩如果是以等级呈现的,就按照等级进行分析。此外,还应包括教师的专业发展目标,如参加教科研活动情况、参加课题研究、撰写教育教学论文等。

3. 本学年或本学期的教学内容和教学管理措施。在内容方面,应清楚地规定本学年或本学期教学工作项目、各项工作的具体要求和工作进程。管理措施一定要具体、有力、可行,包括加强领导的措施,提高和培养教师教学能力的措施,改革教学的措施,提高学生自学能力的措施,提高学生学业成绩的措施,发展学生创新精神和实践能力的措施,落实发展学生核心素养的措施,开展教学实验和科学研究的措施等。

教研组工作计划应以学校教学工作计划为依据,结合教研组的实际情况制定。主要包括对本组上学期教学工作所取得成绩和问题的简要分析;本组本学期教学工作的目标;本组在本学期改进教学的基本设想和教学研究活动的主要课题以及要求;按周安排好各次教学活动的内容和时间,如集体备课、专题研讨、观摩教学、总结交流经验等;本组课外活动的内容和时间安排。

备课组教学计划是全校教学工作计划的最终落脚点。由同一学科任课教师集体讨论制定,经过备课组长确认后执行。主要内容包括对上一学期学生学习情况和本学期教材内容的分析;本学期学科教学实现的教学目标;本学期学科教学目的、要求、实施措施和改进教学的方法;本学期的学科教学进度表,要具体写明;本学科的特色教研活动安排等。备课需确定要求,定时间、定地点、定主题、定主讲人。

年级组工作计划是学校一个年级的工作计划,其制定依据是学校整体工作计划,但其中非常重要的内容是学校教学工作计划,而且更具有年级的针对性。涉及教学的主要内容应该包括本年级教学情况分析、本年级教学工作目标和要求、本年级教学内容和措施等。

上述四种教学工作计划,反映教学工作管理上的四个层次,应当逐层落实,以保证学校教学任务的完成。

二、教学进程管理

教学进程管理是指按照学期工作进程的阶段和管理周期中各主要环节的特点,划分为学期初、学期中、学期末及寒暑假四个阶段,并对各个阶段、每个周期的教学工作提出一系列的规范管理要求。从学期初到学期末到寒暑假要做的教学进程管理工作主要有以下几点。

学期初要提前组织教师学习党的教育方针政策和上级教育行政部门的要求;调整和安排教师工作;讨论制定学校教学工作计划和教科研工作计划;制定本学期的作息时间表、课程表和课外活动表;安排学生转学、复学;讨论制定教研组和备课组工作计划;教师要提前备1—2周的课,钻研课程标准和教材;安排好教学进度;科学分析上学期质量检测情况,制定改进措施;学校领导要进行推门听课,了解教学、课堂和学生情况;开展校内教学视导和调研;组织教师参加课堂教学大比武。要做好稳定教学秩序的各项安排,确保开学教学工作有条不紊地展开。

学期中要根据课程标准、教材和教学进度对教师的教学情况进行检查,实行分科评教活动;组织期中质量检测;召开质量分析会,分析前半学期的教学质量;进行教学调查研究,召开师生和家长座谈会,了解教学情况,收集各方意见,狠抓教学薄弱环节;进行教学常规督查,及时了解教学状况;做好期中教学工作总结,总结成功经验,分析存在问题,制定整改完善措施等。

学期末要检查各科教学进度;组织并安排复习和学期末质量检测;进行教学质量分析,总结优势,分析存在问题,提出下一步整改措施;做好教学工作总结,对教学计划的执行情况进行评估;实施分科评教,对教师进行教学工作考核;召开学生家长会议,通报教学情况,安排寒暑假家长需要配合的工作;安排下学期教师的教学任务;班级要做好学生成绩填写和分析,班主任撰写学生学习评语等。

寒暑假要修订完善学校各项工作制度;分析研判学校的上学期或上学年教学工作情况,完善工作方案;制定新学期(学年)的教学工作计划;组织教师参加校本培训,或外出参加学习培训,或参加由省、市、区组织的业务培训工作;组织教师学习党的教育方针政策和教育理论著作;组织教师休息或适当备课;做好学校招生、分班、报到、建立学籍等工作;做好校舍维修、订购教材和购买教学资料,为学期开学做好准备。

总之,学校教学进程管理概括起来就是:学期初重点抓计划,学期中重点抓检查,学期末重点抓总结,寒暑假重点抓准备,提前谋划,未雨绸缪,抓住关键,落到实处,分析诊断,改进完善。

三、教学制度管理

建立健全各项教学工作制度,是学校管理工作的一项重要措施。它能使学校具有稳定、正常的教学秩序,是提高教学质量和教学效率的重要保证。随着新课程的全面深入推进,教学改革的深入开展,学校若没有一个相应的教学管理制度来支撑和保障,是难以运行下去的。反思现行的学校教学管理制度,不难发现其存在的弊端,突出表现在以下几个方面。

第一,以"唯"为本,盛行"五唯"管理。"五唯"即唯分数、唯升学、唯文凭、唯论文、唯帽子。分数是评定学生学业成绩的重要工具,也是考查教师教学质量的重要指标。目前在学校教育中,分数被绝对化了,"唯分数"盛行。分数从"促进教师工作和学生学习的一种强有力手段"异化为"控制教师工作和学生学习的一种极可怕的魔杖"。教师和学生在分数面前顶礼膜拜,成为分数的奴隶。学校管理和评价盛行分数主义、唯分数现象突出,结果见分不见人,重分不重人。分数主义、分数管理严重扭曲了教学的价值取向,教学工作被蒙上了强烈的功利色彩,利益驱动代替了事业追求,在这样的背景下,即使有所谓的教学改革,也会被异化为追求高分的"遮羞布"。学校片面追求升学率,只注重学生智育的发展,忽视了学生思想品德、身心健康、能力素质等成长的重要因素,不利于学生德智体美劳全面发展。同时,学校发展评价只注重升学率,强调升学至上,"唯升学"对学校评价违背了教育发展的基本规律,不利于营造健康的教育生态。学校用人和单位用人只是看重文凭,不重视人才自身的能力,"唯文凭"忽视了人的品性和综合素质,不利于鼓励学生多样化成长与成才。学校管理中以教师发表论文或写文章获奖作为对教师评价的重要依据,"唯论文"对教师的评价忽视了教师教书育人的职业内涵与教育情怀。学校工作中,只看重人才的荣誉和头衔,不注重人才自身的职责和使命,"唯帽子"对人才评价忽视了专家学者工作的本质、职责、使命和作用,不利于推进人才称号回归学术性和荣誉性本质。

第二,以"章"为本,形式主义泛滥。学校的规章制度是学校办学经验的结果和反映,它对于稳定学校秩序、提高教育质量起着保障作用。每个人都必须接受规章制度的制约,但是学校管理不能因此见章不见人,重章不重人。目前不少学校变本加厉地在规章制度上做文章,把规章细则化、标准化,而且配合量化评分和经济制裁,把教师和学生当成管教的对象,把学校领导变成监工,把依法治校变成以罚治校。这种管理严重扭曲了教学的本性,教学过程被程序化、机械化、标准化。管理变成了检查,教师疲于应付,在这样的背景下,即使有所谓的教学改革,也是做表面文章,搞形式主义。

第三,以"权"为本,权力至上。学校管理不能没有权力,没有权力,学校就会陷入混乱状态,但是行政权力至上或权力主义,却与教育主旨和使命相背离,也与当代社会民主化进程相背离。权力至上必然滋生和助长长官意志,从而排斥教育民主化和教育科学化,师生的民主参与和学校的学术研究也因此没有了立足之地。与权力至上一脉相承的另一现象是权威主义,领导是权威,专家是权威,教科书是权威,教参是权威,崇尚权威泯灭了教师工作的独立性和创造性,斥退了教师的个性。学校需要权力,但这种权力只能服务于学校培养人、造就人、成全人的使命。偏离这一方向的任何权力都会摧残人、摧残精神、摧残文化。从校长角度来说,管理学校需要的也不仅仅是权力,更重要的是思想和精神。对此,苏霍姆林斯基早有精辟论述:"学校领导首先是教育思想的领导,其次才是行政领导。"遗憾的是,我们的学校管理最为缺乏的恰恰就是思想,在一个没有思想、崇尚权力、不崇尚学术的校园里,怎么可能有真正的教学研究和改革呢?

可见,学校教学管理制度的重建势在必行。当前,要特别强调并致力于以下几方面内容。

第一,建立以校为本的教学研究制度。谁看不到教师劳动的创造性,谁就没有从根本上理解教师的劳动;同样,不进行教育研究的教师,也不可能真正尝到当教师的乐趣,也不能成为真正出色的教师。特别是新课程对教师提出转型要求,要求教师角色由"教书匠"转变为"研究者",教师必须学会反思、创新,成为实践的研究者。学校进行教学研究必须以校为本,即要从学校教育教学实践中的问题出发,通过全体教师共同研究,达到解决问题、提高质量的目的,即"在学校中,通过学校,为了学校"。教学研究要在学校取得"合法"地位,并真正成为学校教学改革发展的永恒动力,必须进行制度化建设。同时通过制度化建设,在学校形成一种崇尚学术、崇尚研究的氛围,这是保证教学改革和教师专业化发展的最有力的内在机制。

第二,建立民主科学的教学管理机制。教师参与学校民主管理的状况,直接影响着教师民主化教学意识的养成。为此,学校必须改变以往"家长式"的管理方式,建立民主、科学的教学管理机制,建立健全由教师、学生、学生家长、教育专家或社会知名人士共同组成的校务委员会以及以教师为主的教职工代表大会制度,加强民主管理和民主监督,使广大教师有一种法定的形式和正常的渠道参与学校的管理工作。同时,还可以建立民主协商对话制度、民主评议和竞争上岗制度、班主任联席会、家长联席会、学生代表会等,让广大教师和学生真正成为学校的主人,在学校教学改革和教学管理中发挥主人翁作用。

第三,建立旨在促进教师专业成长的考评制度。对教师工作的考查、考核、评价、评定是学校管理的日常性工作,它对教师的观念和行为具有最为直接的导向、激励、控制作用。学校必须基于对传统考评制度的深刻反思,重建一种能够真正促进教师专业成长的考评制度。首先在考评内容和标准的制定上,要体现新课程的精神,反映教师创造性劳动的性质和角色转换的要求以及教学改革的方向。要把教师的教学研究、教改实验、创造性教学和校本课程开发以及师生关系引入考评的内容。其次在考评的组织实施上,要杜绝一切形式主义,努力使考评过程成为引导教师学会反思、学会自我总结的过程,从而进一步提高认识,更新观念。最后在考评结果的使用上,要防止片面化和绝对化,杜绝分数主义,破除唯分数、唯升学、唯论文、唯文凭、唯帽子的思想和观念,要从教师专业成长的全过程看待每次考评的结果,为教师建立成长档案袋,帮助教师全面了解自己,明确自己所处的成长阶段和进一步努力的方向。

教学工作管理制度一般包括:备课制度、上课制度、作业管理制度、业务学习制度、考试管理制度、课程管理制度、考勤制度、教研组工作制度、备课组工作制度、教学评价制度、学生学习常规管理制度、减轻学生课业负担措施、减轻学生校外培训负担措施、课后服务管理制度、功能教室管理制度等。它是学校长期教学管理实践经验的制度化,既是上一阶段教学管理经验的总结和工作成果,又是下一阶段进一步提高教学质量的基础和保障。学校管理者在制定工作制度时,一定要确保制度的指导思想明确,以师生为本,条款言简意赅,指向明确,具有可操作性,并有利于学生的健康成长和全面发展,有利于调动师生教与学的积极性和教学辅助人员工作的积极性,有利于高效地进行教育教学管理,有利于提高学校整体教育教学质量。制度一旦制定,就要保持相对稳定,不要随意变动,但可随着教学管理实践经验的丰富,而不断充实和完善。

四、教师教的管理

苏霍姆林斯基在《给教师的建议》一书中举过这样一个例子,一位有30年教龄的历史教师上了一节公开课,课上得非常出色。听课的教师们和视导员本来打算在课堂进行中间写点记录,以便课后提些意见,可是他们听得入了迷,竟连做记录也忘记了。他们坐在那里,屏息静气地听,完全被讲课吸引住了,就跟自己也变成了学生一样。课后,邻校的一位教师对这位历史教师说:"是的。您把自己的全部心血都倾注给自己的学生了。您的每一句话都具有极大的感染力。不过,我想请教您,您花了多长时间来备这节课?不止一个小时吧?"这位历史教师说:"对这节课,我准备了一辈子。而且,总的来说,对每节课,我都是用终生的时间来备课的。不过,对这个课题的直接准备,或者说现场准备,只用了大约15分钟。"可见,教师对于教学,必须要做好充分的准备,才能取得较好的教学效果。

教学过程的基本环节有备课、上课、布置和批改作业、辅导、检查和考核。只有对这些环节提出具体要求,并加强监督检查和管理,才能保证教学的有序进行和教育教学质量的提高。

(一)备课管理

备课是上好课的前提。它是教师根据课程标准的要求和本学科特点,结合学生的具体情况,选择最合适的表达方法和顺序,以保证学生有效地学习。

对教师的备课,学校教学管理部门要制定备课制度,提出明确要求,主要有以下几点。

1. 明确备课的主要步骤

备课包括学期备课、单元备课、课时备课、课前备课、课后备课。

学期备课。其主要内容有:确定全学期的教学目的、要求、重点和难点,安排一个学期的教学进度,合理分配教学内容和时间,考虑教学方法,做好教学准备。其主要任务是通览教材,作用在于可以明确教材的逻辑系统;讲课时分清主次,突出重点;为制定学期授课计划提供依据,不至于前松后紧或前紧后松;能了解教该教材有什么困难,提前做好准备,把需用的教具事先准备齐全,也有利于有计划地安排学习参考书籍。

单元备课。教师要根据课程标准和学科教学指导意见,规范教学设计,深入理解学科本质,着力做好教学内容分析和学情分析,认真备教材、备学生、备教法,做好单元整体设计。单元备课的主要内容有:依据课标,分解课标,走进教材,整合教材,明确学科育人标准和目标;熟悉与掌握教材内容,领会本单元编排的目的与意图,确定本单元的教学目的与要求;妥善处理教材,配备习题,安排授课时数及教学步骤;根据教材重点、难点、关键点,确定主次、先后、详略;以单元为单位,把讲、读、写、练、实验和实践等恰当地结合起来,分析学生学情,全面考虑学生能力的培养和核心素养的落实。在整体设计学习单元时,要准确把握学科课程标准的要求,系统分析内容及其所承载的素养发展价值和社会应用价值,根据学生实际情况,整体设计学习单元,明确单元主题,并以恰当的形式整体呈现单元之间的关系、单元内的课时安排及课时之间的关联。做好学生需求分析,科学确定单元学习目标。通过访谈、问卷调查、作业分析、课堂观察等了解学生学习现状,依据单元学习内容,明确发展需求,结合学情差异,确定单元学习目标和课时目标及重点、难点,并设计与之匹配的学习效果评价方案。要遵循学生学习规律,系统设计单元学习活动。依据学习目标,遵循学科体系和学习逻辑,考虑知识之间的内在联系,整体架构单元学习活动。设计学习活动应基于真实情境,学习任务应具有综合性、挑战性和开放性,体现学生学习的主体性。单元设计要体现课程视角、学习立场,以学生"何以学会"来呈现教学设计,而不是着眼于教师自己如何设计教的过程。传统的教案是指向学科内容的,关注的是教什么、怎么教,单元备课指向的是学习经验,关注的是学会、学什么、怎么学、学到什么程度、如何判断是否学会,注重做中学、说中学、悟中学、教中学。主要的设计步骤有:研读教材,对标课程标准、学科核心素养与学业质量来明晰组织单元;确定单元名称,规划单元课时安排;依据素养目标、教材内容、学生情况,确定单元目标;依据单元目标,设计真实情境下的综合性单元评价任务;将单元目标细化为课时目标,进而分课时设计评价任务以及体现学习进阶与"教—学—评"一致的学习过程;整体设计单元作业与检测;设计教学反思。单元备课作用在于全面分析一个单元的教材,从整体出发,通盘考虑该单元的教学计划和方法;能有较充分的时间来钻研教材中的疑难问题,事先加以解决;能把备课和业务学习更好地结合起来,不至于临阵磨枪,并起到相互促进的作用。当然,教师要深入研究教材的编写体例、编写特点、内容框架、横向及立体整合、不同版本教材间的比较与使用，做到用教材而不是教教材，要深挖教材背后的价值和逻辑。

课时备课。即通常所说的教案或教学设计。其主要的内容是进一步研究课标、熟悉教材、钻研教材，写出具体的教学设计（教案＋反思）。主要包括设计理念、教材分析（重点、难点、关键点、地位和作用）、教学目标、学情分析、教学时数、教学流程、布置作业、板书设计（含教学方法）、教学反思等。

课前备课。教案写好不等于备好课，更不等于能讲好课，教师还得在熟悉教案上下苦工夫。课前备课除了要熟记教材内容外，还要备教学方法，以符合现代教育理念和新课程改革精神，要用自主、合作、探究的方法去引导和教育学生；备思想感情，以积极的、愉悦的心情上好每节课；备语言，要用鲜明、准确、精练、形象的语言表达所传授的知识；备教态，在讲课前，要根据所教课的内容选择合适的姿态、表情、手势；备教具，选择的教具要使讲授的内容更加生动活泼、形象易懂，做到周到细致。

课后备课。即教学反思。课前备课只是教学的准备工作，不等于实际课堂效果。教案写得再周全，预设得再好，也不可能完全符合客观实际。教师只有在讲完课后，才能发现教学中存在的问题。教师备课自己懂，只是初步的懂；只有讲课讲懂，使学生听懂，才是真懂。有经验的教师非常注重课后反思，这也符合新课改的要求，对自己的教学设计多次修改，对自己的教学点滴及时记录，并结合实际情况做调查研究，不断改进自己的教学方法。

2. 知晓备课的过程

备课的具体步骤是自己备课到集体备课再到自己备课，还可适当采用开门备课的形式。

自己备课是主要的备课方式，它要求教师个人要认真钻研教材和课标，独立思考，这是提高备课质量的关键一环。教师要明确教学目标和要求，体会课标的精神和教材的编写意图，依据学生实际和教材实际来确定具体教学目标；要钻深钻透课程标准和教材，要兢兢业业、一丝不苟，多方面进行比较，多问几个为什么，知其所以然；要依据、围绕课程标准和教材进行教学和备课，但尊重教材不等于死扣课本，依据课程标准并不等于不要教材，毕竟教材是实现课程标准的载体，教师设计的复习题、布置的作业题、拟订的复习提纲均不能超越课程标准和教材；要妥善组织好教材，把一节课的全部内容按照教学流程的特点组织起来,即要分清哪些是基本内容,哪些是次要内容,要突出解决重点问题;在分清主次、突出重点的同时,要注意整个教材的系统性和连贯性;组织和处理教学内容要以学生的实际为前提,对于教学内容的分量、深度、广度、难度、进度以及要达到的程度,都要全面考虑,通盘安排,做到有的放矢;要熟练掌握所教的教材,让教材变成自己的东西,做到讲课时语言流畅、得心应手,要了解本学科的最新动态和优秀成果,博取众长,为我所用;要了解学生的实际情况,做到心中有数。备课时,教师要面对学生,面对讲台,超前进入课堂教学的情境,从而对课堂教学有充分的预见性,既备课堂上学生的学——估计会有哪些疑难、哪些学生有疑难,又备课堂上教师的导——比较、精选自主学习的技巧,创造性地安排师生的双边互动。

集体备课建立在自己备课的基础上,其有利于对教材的研究能借助集体的力量,相互启发,集思广益;有利于新老教师的互相学习、互相帮助,尤其对于培养青年教师有着重要意义;有利于教师间相互了解,密切配合,促进团结,形成教师集体。学校要进一步坚持和完善集体备课制度,不仅要定地点、定时间、定主题、定主讲人、有记录,备课的内容不仅限于教学的目标、进度、重点、难点、关键点、双基和能力培养的内容、方法等,而且更要注重对学生实际的研究,如研究学生的需求、作业设计与实施、教材与新课程改革的关系、学生的思想状况、知识质量、学习特点、学习情绪、存在问题等,要注重把集体备课与观摩教学结合起来,通过课堂教学研究来发现问题、改进和解决存在的问题。

二次备课是集体备课后,把集体讨论中得到的收获加以消化和巩固而进行的个人钻研。只有通过个人钻研这一过程,才能真正掌握别人的好的经验,为自己所用。当然对于一些疑难的问题,也可通过实地考察或请教相关的专家予以解决。

3. 深入研究备课的内容

备课程标准和教材。课程标准和教材是教师授课和学生参加考试的依据和标准。钻研课程标准和教材是备课的重点内容之一。教师要钻研教材的思想内容,关注学生发展的核心素养,把实现教学的知识与技能、过程与方法、情感态度与价值观三维目标有机地结合起来;要分析教材在整个知识体系中的地位和作用,掌握其前后联系,明确其来龙去脉;要从本学科的特点和学生的实际出发,确定教学目标和要求;要明确教材的重点、难点、关键点;要突出重点,抓住教材中最基本、最关键的内容,分清主要和次要知识;要探讨疑难问题的缘由,寻求突破难点的方法。难点可能来自教材本身,如教材较为抽象,问题比较复杂,学生掌握其规律比较困难,内容相近、容易混淆或容易误解的知识;难点可能来自学生,如学生基础较差,生活实际经验少,理解能力较差;难点可能来自教师本身,如教师本身的思想水平、业务能力不同,钻研教材的深度,教学方法的优劣,组织教学能力的高低等,要针对不同的情况,分类予以突破。要正确处理好三维目标实现之间的关系。

备学生。要根据学生的实际,多角度、多层次去备学生。这主要体现在:在教学设计中,要充分考虑学生的主体性作用,确立主体性的教学观念,改进和完善传统的教学模式,以新课程"一切为了每一位学生的发展"的理念去指导自己备课和教学。教师要把学生看作有巨大潜能的人,一个发展的人,充分地尊重、赞赏、帮助、引导学生,发挥他们的主观能动性,挖掘他们的潜力,让他们自主地学习和发展;教学的知识与技能、过程与方法、情感态度与价值观这三维目标的实现,要充分考虑学生的选择;教学过程中教学进度的控制、教学方法的选择、学生的学习策略的培养要符合学生的实际;教学重点、难点的确定和突破要适合学生的认知规律和年龄特征。要以学定备,关注学生的成长和发展。教师的教主要目的是为了学生的学。在备课时,教师要设身处地地多为学生着想,通过民意调查或访谈等,了解学生的想法,他们希望得到什么,针对所学内容有什么看法和建议;明确教师的任务是教给学生提出问题、分析问题、解决问题的方法,培养他们的能力。备课关注的不仅是学生学会,更是学生会学,要充分体现学生是认识活动的主体;要把与学生密切相关的现实生活中的事例或所关心的热点问题纳入备课内容中,以激活学生的兴趣和求知欲;评价的关注点要转向学生在课堂上的行为表现、情绪体验、过程参与、知识获得以及合作交流等多方面,使教师的备课,教师的教真正服务于学生的学。

在了解学生实际的问题上,没有捷径可走。即使是有许多教学经验的教师,也不能用昨日对学生的了解代替对今日学生的了解。生活在变化,学生也在变化,教师必须不断对学生进行调查研究,以走进学生的心灵世界,真正地了解学生,使备课内容更贴合学生的实际。

备教法。在备课程标准和教材、备学生的基础上,要根据学生的认知规律,选择恰当的教学方法。要以学生为本,从学生的实际出发去备课,充分地了解学生,如在备课时不妨回答以下一些问题：学生对什么最感兴趣？什么时候听课最认真，什么时候学习最投入？最喜欢什么样的教学方法？学生是否已经具备了进行新的学习所必须掌握的知识和技能？学生是否已经掌握或部分掌握了教学目标中要求学会的知识和技能？没有掌握的是哪些部分？哪些知识学生自己能够学会？哪些需要教师的点拨和引导？据此来选择、设计行之有效的教学方法，并在教学中不断调整并优化教学设计，真正满足学生的成长需求。

  教师要充分设计教学流程，通过变换多种方法，使讲台和课堂变为学生积极参与，双向交流、师生互动、生生互动、交流思想、分享体验、提高觉悟、增进知识、锻炼能力的舞台。要创设情境，使学生有问题意识，鼓励学生敢于质疑，善于提问，敢于挑战权威，善于独立思考，保护学生的好奇心和积极性；要根据学生的特点教给学生如何发现问题，启发学生多角度、多层次提出问题，特别是有价值的问题；要围绕教材的重点设疑，激发引导学生各抒己见，积极辩论，最终释疑，并有所创新；要善于从小事、小处着眼，引导学生深层次的思考，从中悟出道理，学会识别是非，辨别美丑和善恶。新课程倡导的自主、合作、探究的教学方式，可以在教学中进行探讨与研究。特别是教师在进行教学安排时，应改变传统课堂教学中学生主要是"听中学""看中学"的被动局面，把学生视作重要的课程资源，从学生的实际需要出发，为学生着想，引导、促进、激励和唤醒学生的主动性，尽量减少教师统一讲的时间，增加学生的自主、合作、探究时间，增加学生的分组活动，如讨论、实验、观察等。让学生在活动中，在操作实验或深入实际生活的过程中学习，从自己的直接经验中学习。统一的讲解、答疑、点拨、指导，只能是学生自主、合作、探究的必要补充。

  备学法。学习方式不仅包括相对的学习方法及其关系，而且涉及学习习惯、学习意识、学习态度、学习品质等心理因素和心灵力量。学生的学习方式一般有接受和发现两种。在接受学习中，学习内容是以定论的形式直接呈现出来的，学生是知识的接受者。在发现学习中，学习内容是以问题形式间接呈现出来的，学生是知识的发现者。两种学习方式都有其存在的价值，彼此也是相辅相成的关系。但是传统学习方式过分突出和强调接受和掌握，冷落和忽视发现与探究，从而在实践中导致了对学生认识过程的极端处理，使学生学习书本知识变成仅仅是直接接受书本知识（死记硬背书本知识即为典型），学生的学习成了纯粹被动地接受、记忆的过程。这种学习限制人的思维和智力的发展,摧残人的学习热情。它不仅不能促进学生发展,反而会成为学生发展的阻力。因此,在备课时要关注学生学习方式的转变,把学生学习过程之中的发现、探究、研究等认识活动突显出来,使学习过程更多地成为学生发现问题、提出问题、分析问题、解决问题的过程。教师要注重培养学生的创新精神和实践能力,注重培养学生的批判意识和怀疑精神,鼓励学生对书本的质疑和对教师的超越,赞赏学生独特性和富有个性化的理解和表达。积极引导学生从事实验活动和实践活动,培养学生乐于动手、勤于实践的意识和习惯,切实提高学生的动手能力、实践能力。激发学生的学习兴趣和责任,变要我学为我要学;积极鼓励学生独立学习,并创造机会让学生独立学习,让学生发挥自己的独立性,培养独立学习的能力;尊重学生的独特性和个体差异,学生的学习方式是个性化的,没有放之四海皆有效的方式,对某个学生有效的方式,对他人却未必如此。不同学生在学习同一内容时,实际具备的认知基础和情感准备以及学习能力倾向的不同,决定了不同学生对同样内容和任务的学习速度和掌握它所需要的时间及所需要的帮助是不同的,教师在备课时要考虑不同学生的需求和他们已掌握的学习方法,努力实现学生学习的个体化和教师指导的针对性。

注重学生学习的体验性,让学生不仅要用自己的脑子思考,而且要用自己的眼睛看,用自己的耳朵听,用自己的嘴说话,用自己的手操作,即用自己的身体去亲自经历,用自己的心灵去亲自感悟。重视直接经验,把直接经验的改造、发展作为学生学习的重要目的。间接经验要整合、转化为学生的直接经验,成为学生素质的有机组成部分。要激发学生的问题意识,一方面通过问题来学习,把问题看作是学习的动力、起点和贯穿学习过程的主线;另一方面通过学习来生成问题,把学习过程看成是发现问题、提出问题和解决问题的过程,激发学生强烈的学习愿望,使其注意力高度集中,能积极主动地投入学习,激发学生勇于探索、创造和追求真理的科学精神。

不同的学习方式,什么时候采用应该视具体情况而定。如在选择运用自主、合作、探究的学习方式时,既要整体设计,又要分项考虑。某种学习方式既可以贯穿一堂课,也可以体现在某个教学环节上,该用则用,不适合用则不用,还可以多种学习方式结合使用。如合作学习,不是什么教学内容都需要合作学习,有的比较简单的问题,学生自己能解决的就没有必要合作。合作应有针对性,一般是某些自我难以解决、理解时需要角色表演、需要实践操作才能学懂的内容,可选用合作学习的方式。又如自主学习,它是在教师主导前提下的自主。教师要注意创设情境、创造条件,实施引导,有针对性地引领学生对某个教学环节、教学内容进行自主学习。这样才能真正做到实与活、讲与练、动与静的有机结合,即实现接受式与发现式的融合。

教师在备学生的学习方式时,主要是备问题的设计,备情境的创设,备引导性的语言,要注意体现自主性、问题性、过程性、开放性、创造性等特征,为学生自主选择学习方式和自觉生成学习方式奠定基础。每个学生都有自己的优势智力,有自己的学习风格和方法。比如在学习碰到障碍时,有的学生喜欢问老师,以求很快解决;有的学生愿意自己多想一会儿,或者通过查询、讨论来解决;还有的学生则会暂时放松一下,让纷繁混乱的思维稍稍平静一点,以获得解决问题的灵感。在备课时,教师要努力给学生预留自由学习的时间和空间,让学生有机会进行选择。

备作业。 教育部《关于加强义务教育学校作业管理的通知》中要求,学校要确保小学一二年级不布置书面家庭作业,可在校内安排适当巩固练习;小学其他年级每天书面作业完成时间平均不超过 60 分钟;初中每天书面作业完成时间平均不超过 90 分钟。周末、寒暑假、法定节假日也要控制书面作业时间总量。在备课时,教师要严格按照时间规定备好作业内容,要在减轻学生作业负担,提高教学质量上下功夫。要充分研究课文后面的练习和习题,要高效实施"作业下水"即教师自己要亲自完成习题,结合学生实际适当补充一些练习,注意精选和分类处理习题,精心设计,分层教学,分类指导;要合理安排好"讲"和"练"的内容,做到精选精讲精练,既要发挥教师的主导作用,又要发挥学生的主体作用。

要创新作业类型方式,可根据学段、学科特点及学生实际需要和完成能力,合理布置书面作业、科学探究、体育锻炼、艺术欣赏、社会与劳动实践等不同类型作业。积极研究布置分层作业、弹性作业和个性化作业,科学设计探究性作业和实践性作业,探索跨学科综合性作业。切实避免机械、无效训练,严禁布置重复性、惩罚性作业。提高作业设计质量,提高自主设计作业能力,针对学生不同情况,精准设计作业,根据实际学情,精选作业内容,合理确定作业数量,作业难度不得超过国家课程标准要求,要向学生提出明确的要求,并规定完成的时间。

教学反思。 在日常教学工作中,许多学校管理者和教师都把精心备课和抓课堂教学质量作为教学工作的重点。而对上完课后的教学反思并未有足够的重视,忽略了教学反思所起的作用。从教学方法上讲,每个教师都会有自己的特色和成功之处。如果注重教学反思,将平时点点滴滴、形如散沙的启发和顿悟及时记录在案,积攒多了,加以系统整理,找出内在联系,就可以摸索出新的教学规律,推动自己教学改革和教学水平的提高。从教研的角度讲,长期的积累,有助于提高、更新、完善自己的知识水平和业务能力。积少成多,聚沙成塔,把稍纵即逝的新思路、新启发记录下来,选择最有特色的经验和典型问题,既可以防止遗忘,也可以以记促思,不断进行总结、反思、研究、发现、创新。用自己的教育实践、创造的态度与科学的精神,以现代教育理论为指导,去设计、实施、评价、总结和改进自己的教育行为,在教育实践中发现、研究和解决问题,提供新鲜经验,进行理论概括,不断加快专业成长。

教学反思是一种有益的思维活动和再学习方式,每一位优秀教师的成长都离不开教学反思。如果一个教师仅仅满足于获得经验而不对经验进行深入的思考,那么,即使他有20年的教学经验,也许只是一年工作的20次重复;除非他善于从经验反思中吸取教训,否则就不可能有什么改进,他可能永远只能停留在一个新手教师的水准上。

我国著名心理学家林崇德教授提出"优秀教师=教学过程+反思"的成长模式。叶澜教授也说:一个教师写一辈子教案难以成为名师,但如果写三年反思则有可能成为名师。教学反思可以激活教师的教学智慧,探索教材内容的崭新呈现方式,构建师生互动机制及学生学习新方式。它是教师成长的"催化剂",是教师发展的重要基础。

反思不仅是批判性的思考,而且是教师以自己的教学实践为思考对象,对自己在教学实践做出的行为以及所产生的结果进行审视和分析的过程。教学有其延续性,教过了不是了结,不能边教边丢。教师不妨回过头来看看整个教学过程,追问一下:"我的教学有效果吗?""有没有比这更有效的教学?"正如有的教师所说,通过反思,在学生的"错误"中求发展,在教师的"失败"中寻发展,在教材的"局限"上寻发展。反思是教师全面发展的过程,教师只有全面深入地反思自己的教学行为时,才能从教学的各个环节中审视、修正原始经验,在强化、否定的思维加工中,经验得到了提炼与升华,从而转变为一种目标明确并有先进理念支撑的实践行为,以此让自己从一名"教书匠"转变为"科研型"教师,甚至"学者型教师"。

目前,教师所进行的教学反思贯穿于教学的全过程,分为课前反思、课中反思和课后反思三个阶段。课前反思即对课程标准及教材的解读和对教学设计的初步设想,因而它具有预期性,能让教学成为一种自觉的实践;课中反思即及时地在行动过程中反思,它具有调控性,有助于教师课堂控制和应变能力的提高;课后反思具有深刻性,让教学经验理性化,有利于教师总结和评价能力的提升。

教学反思的方式方法多种多样。如反思日记法,即在教学活动结束后,详细回顾并记录自己的教学全过程,就教学理念的先进性、教学目标的达成度、教学策略的有效性、教学内容的准确性、教学设计的科学性、师生情感的默契性等方面进行反思;自我提问法,即教师对自己的教学进行自我观察、自我监控、自我调节、自我评价后提出一系列问题,以促进自身反思能力的提高;交流对话法即教师把教学活动中出现的困惑、疑问、因为偶发事件而产生的瞬息灵感、教学方法和手段的成功,"说出来"与同组教师交流研讨,达到相互启发、资源共享、共同成长的目的;对比研究法,即教师要跳出自我,经常开展听课活动,研究别人的长处,尤其是优秀教师的教学艺术和教学思想,产生顿悟的感觉,产生新想法,不断提升自己;课堂录像法,即把自己的教学过程录制下来,课后通过录像回放来对自己的教学各阶段、各环节等进行自我反思。

反思可以通过评课、写教学案例或教学后记等方式进行。评课包括自评或他评,具体内容可以从教师的教和学生的学两个角度进行。评课有益于教师悟出个中滋味,获益匪浅。教学案例就是在实践中不断反思,通过对一些具体的教学片段的剖析或对比,说明一些道理,让教师具体地领悟到怎样做更能符合新课程理念。写教学后记则重在分析、总结,不仅要记录下成功与失败,还要写出自己的感悟和补充意见,使其成为今后教学的借鉴。通过反思,教学问题可以得到一定程度的解决,教师的教学水平可以得到一定程度的提高,教学理论也会随之得到一定程度的丰富。"教学反思"思什么? 简单地说,教学反思就是教师研究自己如何教、如何学;别人如何教、如何学;自己如何在教中学、学中教的问题。

教师要反思的内容很多,但以下几方面是反思的重点。

反思成功得意之处。如教学中引起师生共振效应的做法;课堂上一些精彩的师生对答、学生争论等;教学思想方法和教学原则运用的体会;教法改革和临时应变的教学措施;感受最深的教材改进和创造性的处理。这些可供以后教学时参考,有不断改进和完善教学的功效。

反思失误之处。侧重审视自己课堂教学的失误之处,以及解决问题的办法、对策。

如问题情境的创设有没有给学生思考的空间;学习活动的组织是否有利于学生的自主学习;小组合作学习有没有流于形式;是否关注学生的情感、态度、价值观的发展和核心素养的落实;学生学习的兴趣如何等等。教师可对这些问题进行回顾、梳理,做出深刻反思、探究和剖析,使之成为以后教学时的借鉴,同时找到针对问题的解决办法和教学新思路,写出改进的策略和"二度设计"的新方案。

反思学生的见解。学生的一些独特见解犹如智慧的火花,不仅能启发同伴,对教师的教学也有开拓思维的作用。如课堂上学生的独特见解、学生的精彩回答、学生的创新思维等都源于学生对文本的独特理解,源于学生对现实世界的独特感受,是十分丰富的可贵的课程资源,也是教师可利用的宝贵教学资料。

反思学生的问题和建议。这包括学生对本节课的兴趣如何,对教师教法的评价,对教材内容的掌握和学生的希望和要求等。学生在学习中肯定会遇到很多困难,也必然会提出各种各样的问题,有些是个别的,有些是普遍的,也有些是教师意想不到的,还有一些是富有创新性的。可能有的问题一时难以解答,教师要及时记录下来,课后进行求证解决,以便在今后的教学中对症下药。这样做,一方面可以丰富自己的教学思维和教学经验,促进自身教科研水平的提高,达到教学相长的目的。另一方面,还关注了学生,充分发挥学生的主体作用,体现了教学民主意识。当然,对于学生提出的教师教学方面的建议更应该做必要的记录和反思。

科学备课要求教师正确理解、系统掌握课程标准和教材,遵循教学规律和学生的认知规律,关注学科核心素养,科学制定教学计划,合理确定学期目标、单元目标和课时目标。在备课时,从"备课程标准和教材、备学生、备教法、备学法、备作业"等各环节入手,细化要求和措施。撰写的教案应包括教材与学情分析、教学目标、教学重点与难点、教学活动与时间安排、教具和学具准备、教学过程、作业布置、板书设计、课后反思或教学后记等。

学校管理者不仅要对备课的步骤、过程、内容提出要求,还要科学有效地加强对教师备课其他方面的管理和要求。主要有:

(1) 明确备课时间和方式。教师备课以至少提前一周为宜,提前做到心中有数、有准备、有底气。手写教案要过程、内容齐全。实施电子教案必须健全和完善二次备课和检查督促制度,要加强有效监管。教师要科学使用参考资料,禁止机械地照搬照抄他人的教案。

（2）针对不同教师可采取不同的要求。如有的学校规定45周岁（含45周岁）以下的教师要写详案，至少应含教材分析（重点、难点、关键点、地位和作用）、教学目标、教学时数、教学流程（复习导新、新知教学、突出重点、突破难点、巩固新知、课堂小结）、布置作业、板书设计（能体现教学方法）、教学反思等。45周岁以上且教学经验丰富、教学质量高的教师可以写简案，但要能反映教学的主要内容和主要流程。

（3）加强对教师备课的指导。对确有需要、备课能力较差的教师的备课，可通过师徒结对等方式进行必要的指导和帮助，也可通过经常开展备课研讨、交流活动，促进教师备课水平的提高。同时，要给教师以时间的保证，要为他们提供和创造必要的备课条件。

（4）要进行必要的检查和督促。要把备课作为常态工作来抓，丝毫不能放松。不仅要加强对教师个人备课的管理，还必须抓好教研组和备课组集体备课的管理。抓教师个人备课的管理，一般是采取向全体教师提出备课的一般要求与个别指导相结合的方法；对教研组和备课组集体备课的管理，主要是通过参加教师集体备课的活动方式进行。要定期和不定期地进行教案的检查，并反馈检查的结果；对各教研组、备课组的备课情况也要进行检查和反馈，表扬先进，鞭策后进，增强教师备课的责任感，调动备课的积极性，切实把备课的管理工作搞好。

（5）完善集体备课。学校管理者要研究和细化学科集体备课，完善集体备课制度，定期开展集体备课活动。集体备课要做到定时间、定地点、定主题、定主讲人、定备课方式等，优化备课流程，提高备课效果，不能为备课而备课。要注意集体备课不能异化为"分工备课"或单纯的"电子备课"，要有个人自备、集体研讨、个人二次备课的过程。备课的内容不仅限于教学的目标、进度、重点、难点、关键点、双基和能力培养的内容、方法等，而且更要注重落实学生的核心素养，提升学生的必备品格和关键能力。尤其要加强对学生学情的研究，如研究学生的需求、学生的思想状况、知识质量、学习特点、学习情绪、存在问题等，要关注学生的学；要注重把集体备课与观摩教学、校本教研结合起来，通过课堂教学研究发现问题、改进和解决存在的问题；要加强专题研究，如研究中高考与新课程改革的关系，新课程改革与面向全体学生之间的关系，研究新课程新教材新高考带来的变化及影响，研究课堂教学如何适应新课程新教材新高考等。

（二）上课管理

上课是教学的基本组织形式，是教学过程的中心环节，其他教学环节都是直接或间接地围绕课堂教学来进行的。上课是教师的教和学生的学相互作用中最直接、最明显、最经常的活动。这一环节抓好了，教师对学生的课外辅导、作业批改、考试测评等就可以节省大量的时间，也能减轻学生的课业负担，减少学生的作业完成时间，提高学生的作业质量，提高课堂教学效率，提高教学质量。因此，做好上课管理，对于整个教学工作的管理，提高教学质量，具有特别重要的意义。

教师主要是通过上课这种形式，向学生系统地传授学科知识，培养学生技能，进行思想道德教育的。学生也主要通过课堂教学这种形式，来获取知识，形成能力，发展智力，积累必备品格和关键能力，提高综合素质。因此，学校管理者只有紧紧抓住课堂教学这个中心环节，做好上课管理，充分发挥教师在课堂教学中的主导作用和学生的主体作用，才能保证学校教学任务的顺利完成。可见，做好上课管理，是整个教学工作管理的核心。

1. 强化课堂管理

抓好课堂管理。教师在课堂中的"教"是由"教学"和"管理"两个方面的活动构成的，教学活动旨在直接帮助学生达到教学目标，管理活动旨在创造教学活动得以有效进行的条件，建立和保持一个有益于教学的课堂组织环境，为师生的教学活动提供保证。教学目标的实现，二者缺一不可。课堂管理是学校教学管理的现实化。在具体的课堂中，教师是实际上的管理者，没有教师的有效管理，学校对课堂教学的管理就难以生效和落实。课堂管理受多种因素的影响，如课堂物理环境、课堂心理环境、课堂行为管理、课堂时间管理等。教师要有效管控自己的课堂，做到"我的课堂我做主"，一方面要以学生为本，以学定教，优化教学方法，活跃课堂气氛，充分发挥学生学习的积极性、主动性和创造性，另一方面也要加强对学生上课的管理，制止不遵守课堂纪律甚至扰乱课堂秩序的言行，确保上课秩序的稳定。

创设良好的课堂物理环境。课堂教学活动中的空气、温度、光线、声音、颜色、气味作为内部环境的主要物理因素直接影响师生的身心活动，对学生的智力发展、学习动机、课堂行为，甚至会对整个课堂的心理气氛产生重大影响。创设良好的课堂物理环境,应注意保持良好的通风、适宜的温度、适当的光线强度和色度。学校在条件许可下可安装空调,以应对炎热的夏天和寒冷的冬天。教师应提醒并安排学生按时给班级进行通风,必要时要利用学生放学时间对班级进行消毒。可以在教室适当位置布置点绿植,保证空气无异味。课堂座位排列是一个非常重要而又被长期忽视的课堂物理因素,对学生的课堂行为、人际交往、学业成绩都有重要的影响。学校要严禁班级按照成绩给学生排座位,可以根据个子高矮、男女、学习表现搭配进行安排,有助于学生互帮互助,但需要定期轮流调换,防止学生在一个位置坐得太久,影响视力。教室的灯管数量和质量设置要符合国家标准,以利于保护学生视力。教室与教室之间要尽可能避免上课时形成相互干扰,不能一个教室学生在安静做题,隔壁教室学生在大声开展活动。

优化课堂心理环境。课堂心理环境是影响课堂教学效率的主要因素,也是课堂管理更为重要的方面。课堂人际环境、课堂心理气氛是构成课堂心理环境的主要方面。关于课堂人际环境的优化,体现在:第一,建立良好的师生关系。师生关系对师生行为、整个课堂心理环境以及课堂教学效果都具有深刻影响,有效的课堂管理必须以良好的师生关系为基础,师生关系和谐,师生互动频繁,关系融洽,课堂教学效果就好。反之,师生关系紧张,甚至在课堂就会产生矛盾冲突,更不必说提高教学效果了。第二,注重学生之间的交往,建立和谐的生生关系。学生之间的人际关系对学生的课堂行为、学业成绩以及社会性发展都有很大影响,良好的生生关系,有利于学生和睦相处,有利于营造良好的互帮互助、相互激励的学习氛围。第三,培养有效的学习集体。不同的学习集体对学生的课堂行为和学习成绩具有不同的影响,有效的学习集体应该是集体成员间的积极交往与相互依赖;为一个共同目标而努力,一致奋斗,人人参与;通过一定的社会结构进行交往。课堂心理气氛是影响课堂教学过程的一个重要因素。影响课堂气氛的因素是多层次、多方面的,从空间上看,既有课堂内部的因素,如教师方面的、学生方面的和情境方面的;也有课堂外部的因素,如学校制度因素、校风、教师之间的关系等。从时间上看,既有现在的因素,也有历史的因素。课堂气氛越宽松、越和谐,就越有利于学生学习效率的提高,越有利于教师教学效果的提高。

有效管理课堂行为。教师要想成功地管理课堂行为,必须运用积极的、肯定的管理方式,致力于推动学生积极性行为,以良好行为或适当行为抑制不良行为。推动学生积极性行为的主要策略有:一是明确界定良好行为,使学生具有明确的行为准则和努力方向,为教师提供捕捉良好行为的依据。比如通过《中小学生守则》《中学生日常行为规范》《小学生日常行为规范》等明确界定学生什么可以做,什么不可以做,为学生行为提出根本的遵循准则。二是适时强化学生的良好行为。教师可用人际奖赏、活动奖赏、代号奖赏、物质奖赏为强化物,强化学生的良好行为,并注意运用自我强化的方法,包括自我监督、自我评价和自我奖赏,促使学生获得对自己行为的客观认识,感受自己在行为过程中的主观能动作用,建立良好的自我意识,形成自我责任感和控制力。三是认可学生的正常行为,尤其对于那些常常表现出问题行为的学生,要善于捕捉表现良好的"一刹那",毫不吝啬地给予认可、赞扬,以增强他们良好行为的表现和保持适当行为的动机。认可学生的"正常"行为可使学生学会用肯定的眼光看待自己,建立良好的自我概念,形成健康人格。

从课堂管理的角度看,可将学生的课堂行为分为适当行为和不适当行为,不适当行为既包括问题行为,也包括"不成问题"的细小行为。这样既可以避免某些非正常行为因"不够严重"而被忽视,又可以避免把所有的非正常行为都严重化到"问题行为",引起教师的过度反应。课堂问题行为是指那些影响他人或自己学习效果的行为,或者发生在课堂上的与课堂行为规范及教学要求不一致,影响正常教学秩序和教学效率的行为。课堂问题行为产生的原因是多方面的,概括起来主要有三个方面:一是课堂情境方面的因素,包括课堂物质情境、课堂人际情境以及课堂教学情境的影响;二是教师方面的因素,包括教师对学生消极性定型期望、教师的消极性管理方式、教师的不当要求、教师的讽刺、挖苦或滥用惩罚等;三是学生自身的因素,包括厌烦、挫折、活动过度、性别差异等,其中挫折是主要因素,学生若产生自暴自弃的想法,则会导致问题行为的出现。

课堂问题行为的管理策略也可归结为三个方面:一是一般影响性策略,包括改变前后关系的策略——改变活动、提供帮助、改变组织、移开分心的物品、运用幽默;明令控制的策略——信号暗示、行动干预、督促工作、提醒规则、批评过失;运用群体的策略,利用集体的力量去影响和改变学生的问题行为。二是行为矫正的策略,包括有意忽视,暂时冷处理;进行必要的惩罚,如斥责、补偿、隔离等;行为塑造,帮助学生改变问题行为,积极努力学习;榜样示范,借助于身边优秀学生的榜样示范作用去影响、感化、带动问题行为学生的转变。三是改变学生认知、情感的策略,包括认知式行为矫正——自我教导训练法和错误归因法,针对存在的问题行为,具体分析原因,提出解决出现问题行为的办法,坚持反复训练改正,不断提高自己;与问题行为学生私下进行讨论时,教师要耐心细致地和问题行为学生进行谈心,了解学生思想状况,了解学生的家庭状况,分析产生问题的原因,试图找到解决问题的办法;教师要具体分析学生课堂问题行为的目的是什么,然后才能对症提出解决办法;学生产生课堂问题行为的原因很多,教师要学会换位思考,切记摆出师道尊严架势,似乎非要搞个对错,往往使自己下不了台,学生毕竟是学生,是需要教师教育和引导的未成年学生,教师需要运用避免"输赢"冲突的解决方法去妥善处理。这三类策略基本包括现有课堂管理实践中较为有效的方法,每类策略针对的课堂问题行为在严重程度上也有所不同,需要教师根据不同情况予以运用。

科学管理课堂时间。课堂时间一般可以分为分配时间、教学时间、投入时间和课业学习时间四个层次。分配时间指具体的课堂设计的时间,即由课程表决定教师在一节课中可以利用的所有时间;教学时间指在完成课堂管理任务(如常规管理、处理课堂问题行为等)之后所剩下的实际用于教学的时间;投入时间,也称为专注于功课的时间,属于教学时间,指实际上学生积极投入学习或专注于学习的时间;课业学习时间,属于投入时间,指学生以高度的成功率完成课业所用的时间。课堂中这四个层次的时间依次递减、依次制约,分配时间预先决定了师生课堂教学的可利用时间,即开展教学活动的机会。课堂时间的利用率如何、课堂教学效率的高低,从时间上看取决于后三类时间的放大程度。从这种区分看,课堂时间管理就是要为学生争取更多的学习时间,使学生投入有价值的学习活动,从而提高时间利用率。课堂时间管理的关键是要提高学生的参与度。教师要优化教学方法,尽力使教学活动适合学生的兴趣,使其具有趣味性和参与性,使学生全神贯注地参与教学中来,以增加学生的投入时间,保持课堂教学活动的动态节奏,活动连接紧凑,变化顺畅自然;不能让少数学生唱独角戏,让大部分学生当听众、看表演,要让全体学生都有事可做,提高学生的参与度;始终保持对课堂的总体监督,及时了解学生的听课情绪,努力发现学生在听课中存在的问题,或走神,或讲话,或做小动作等,及时采取教学管理措施;善于同时处理相关问题,如教师一方面可安排一组学生读课文或做课堂练习,另一方面可对少数学习困难的学生进行课堂指导,还可以对个别学生问题行为进行批评指正。

2. 课堂教学基本要求

做好上课管理,学校管理者可从课堂教学的基本特点和一般规律出发,对教师上课提出一些基本要求。

(1) 教学目的明确

教学目的明确是课堂教学成败的关键。目的明确包含两层意思。一是指目的要求应正确,要符合党的教育方针,合乎课程标准、教材和学生的实际。目的要求包括掌握知识与技能,发展学生能力和智力,落实学生核心素养,培养学生思想品德等方面,要做到各方面有机统一。教学目的的确定,不能过高或过低,否则都不利于教学。要求过高,会挫伤大多数学生的积极性;要求过低,不能满足学生知识上的要求,也会影响学生积极性的发挥,长期以往不利于优秀拔尖人才的培养。二是指课堂上的一切活动都应紧紧围绕教学目的进行。教师应通过各种恰当的方法让学生了解所要达到的这些目的,做到师生配合。

(2) 教学内容正确

教学内容正确是保证教学内容的科学性、思想性、政治性。教师应注意教材的重点和难点,使学生明确知识之间的内在联系,并能正确掌握。讲课时不能做"大概""可能"之类的推测,决不能用一些伪科学的内容做例子。不得出现政治性、科学性、知识性错误。

(3) 教学方法得当

教师要优化教学方式。坚持教学相长,注重启发式、互动式、探究式教学,教师课前要指导学生做好预习,课上要讲清重点、难点、知识体系,引导学生主动思考、积极提问、自主探究。融合运用传统与现代技术手段,重视情境教学;探索基于学科的课程综合化教学,开展研究型、项目化、合作式学习。精准分析学情,重视差异化教学和个别化指导。教师要善于启发、调动学生学习的积极性。各种方法能有机结合,运用自如,使学生既有紧张的学习活动,又有生动活泼的学习气氛。

(4) 教学组织严密

教师要精心设计每一堂课,充分发挥课堂 45 分钟或 40 分钟的作用,使课堂教学获得最佳效果。要做好课前一切准备,包括充分备好课,提前准备好各种教具、学具等课堂教学辅助材料等;要组织好每个教学环节和步骤,使课堂活动安排得紧凑,从容而不松懈,紧张而不慌乱;要准时下课,不拖堂,按时完成课时计划和教学任务;严格按课表上课,提前候课,做到不迟到,不早退,不无故离开课堂,不私自调课;上课期间不接听或拨打手机,不做与上课无关的一切事情;妥善处理课内发生的意外事件,严禁体罚和变相体罚学生。

(5) 教学效果良好

评价一节课,一是看取得的教学效果。看教学任务是否完成,学生是否知识得以长进,能力是否得以提高,智力是否得以发展,核心素养是否得以落实,品德教育是否得以体现并提升。二是看师生对本节课所花费的时间和精力。好的标志是师生花费最小限度的时间和精力去取得最大限度的教学效果。三是看学生的参与度。本节课有多少学生参与了,是表面参与热热闹闹,还是深度参与静心思考。四是不以牺牲其他学科为代价。一门学科教学质量的提高,不能以牺牲其他学科教学质量为代价,不能过多占用学生别的学科的学习时间,更不能以牺牲道德教育、音乐、体育、美术、劳动教育为代价。

(6) 教学基本功扎实

这主要是针对教师的自我教学修炼而言。如教师教态自然,仪表大方,举止优雅,感情真挚,态度诚恳,动静结合,目光有神,亲和力强;教师教学语言准确、精确、精练、精彩、通俗易懂、生动幽默、无缀词;教师板书工整,设计突出重点、难点和关键点有特色等。

当然,一节好课标准和要求,华东师范人学叶澜教授提出自己的观点:

一是有意义的课,即扎实的课:学生学到了知识,锻炼了能力,在过程中产生了良好的、积极的情感体验,并激发了进一步学习的强烈需求,而且越来越主动地投入到学习中去。

二是有效率的课,即充实的课:就面而言,全班中多少学生听得有效率,包括好的、中的、有困难的学生具有不同的效率;其次,是效率的高低,如果没有效率,或者只是对少数学生有效率,这都不能算是一堂好课。

三是有生成性的课,即丰实的课:这样的课不完全是预设的结果,在课堂上有师生之间真实的情感、智慧、思维、能力的投入,尤其思维是相当活跃的,在整个过程中有资源的生成,又有过程的生成。

四是常态下的课,即平实的课:由于长期受公开课的影响,一遇到有人听课,容易出现的问题是准备过度,导致教师很辛苦,学生很兴奋,到了课上变成把准备好的东西背一遍,表演一下。当然课前的准备对于师生能力的提高,也很重要,但是课堂有其自身的价值,这一价值在于它是一个公共的空间,在这个空间里,有相互的讨论、思维的碰撞;在这个过程中,师生互动,生成出许多新的东西。上公开课时,不管听课者的身份有多高,教师尽量要做到旁若无人,因为是在为学生上课。

五是有待完善的课,即真实的课:任何课都不可能是十全十美的,如果是,那么假课的可能性就比较大,真实的课是不加粉饰的,因此是值得反思的,需要去重建的。教师上好了课,总是要反思和重建。只要是真实的,总会有缺憾。但很多的公开课,往往追求的是一点问题也没有,这种预设的目标首先是错误的。

对于好课,郑金洲教授也提出了自己的观点:课堂教学生活化,要关注学生的生活世界;学生学习主动化,发挥学生的主体作用;师生互动有效化,真正发挥教师的主导作用;学科教学整合化,注重综合实践、学科与学科之间等的整合;教学过程动态化,注重课堂生成;教学内容结构化,内容之间要建立联系;教学策略综合化,采用多种方式进行;教学资源优化,多方挖掘资源;教学对象个别化,关注学生的差异;教学评价多样化,发挥评价的激励、规范、引导作用。

这些都值得学校管理者借鉴和思考,作为学校管理者,要知晓一堂好课的标准和要求,并以此来评价教师的教学效果和教学水平,培训教师苦练教学基本功,提高课堂教学水平。同时,一堂好课的标准和要求也应作为教师自身不断努力练好教学基本功和提高课堂教学水平的目标。

3. 学校管理者要重视听课

学校管理者要高度重视听课和分析课的工作。苏霍姆林斯基指出:"一个有经验的校长,他所注意和关心的中心问题就是课堂教学。经验证明,听课和分析课是校长的一项极为重要的工作。有许多东西如教师集体和学生集体的智力生活是否丰富,教师的教学技巧是否高明,学生的需要和兴趣是否多样和广泛都取决于校长的听课和分析课是否有高度的科学水平。""只有经常听课和分析课,校长才能了解教师们在做些什么。如果校长不定期去听课,或因忙于开会和其他事务性的工作而无法走进教室,去接触教师和学生,那么他的其他一切工作都会失去意义,无论是开会还是干其他工作,都将毫无价值。"①通过听课可以了解教师,了解学生,了解教学进展情况,听课后的分析可以帮助和指导教师改进教学,提高教学质量。

听课要有计划、有目的、有准备、有交谈、有总结。学校领导的工作繁杂,要使听课落到实处,要定个听课计划。如学期初、学期中、学期末都准备听什么课,重点研究解决什么问题,推动哪些方面的改革,都应当做出计划,而后根据工作的实际情况,逐月、逐周地做出具体安排。安排要落实,应做到定听课时间,定听课对象,定听课内容,以避免听课活动流于形式。学校领导听课因目的不同,可分为了解性听课、指导性听课、研究性听课和总结性听课四种。如果为了广泛了解教学情况,听课面就要广;如果为了指导教学改革,就要重点听教改实验班的课,再与平行班进行比较;如果为了研究避免八年级学生两极分化的问题,就要坚持听八年级各学科的课;如果为了提高中考、高考的质量,就要多听毕业班的课;如果为了总结经验,就要确定重点,跟踪听课。

学校领导要经常进行跨学科听课,要全面了解学校的教育教学情况,不能只听自己教的学科,或自己懂的学科,听课前要了解各学科的教学特点,这样才能更好地提出意见和建议。除了一般性的听课外,学校领导听课时,最好邀请教研组长或学科骨干教师一同听课,这样便于学校领导能了解更多关于该学科、该教师的情况,也能避免不专业指导或不甚懂的尴尬。

学校领导听课,事先要有充分的准备。首先要认真研究课程标准和教材,对所听课的教学内容要有深入、系统的了解,也要了解任课教师和上课班级学生的情况,了解教师的教学思路和教学设想,确定听课目的。听课要事先通知任课教师,向教师说明听课的目的,并了解教师本节课的安排和上节课教学的基本情况。学校领导应当在上课前进入教室,座位安排以利于观察师生上课情况又不影响师生教学活动为准则,一般以侧位或后位为宜。听课时精神要集中,观察要全面、细致,记录要准确。在听课过程中,不要与其他教师交换意见、窃窃私语,不要干扰教学工作的进行、影响教师上课的情绪。记听课笔记重点记教师的讲课思路,还要记录自己听课时的想法或者疑问。听课后要及时把听课笔记整理归纳提出听课意见,做出评价,防止时间过长,印象淡忘,难于具体分析。

---

① 苏霍姆林斯基.和青年校长的谈话[M].北京:教育科学出版社,2009:216—217.

二是要在听课后向这些教师请教。一般情况下,及时与上课教师交流为好,以免时间长了记忆不清。如果上课教师上得很差,可采取连续听几节课后,再交换意见,必要时请同去听课的教研组长或学科骨干教师参加,尤其是自己不懂的学科教学。如果每学期没有听足这个教师 15 节至 20 节的课,那么对这个教师的工作就没有发言权。现在学校规模大,教师多,学校领导忙,要每学期听那么多课,可能没时间做到。但做到有针对性地听课,有计划地安排好听课,尽可能多地听课是能够做得到的。

学校领导听课与教师之间的互相听课不同。苏霍姆林斯基指出:"校长去听课和分析课,不只是为了给教师一些东西,提些建议而已。学校是个教育实验室,在那里,教师进行创造性的工作,相互之间每天在进行精神的交往。对那些有经验的教师,校长应当多去听他们的课,为的是把他们个人创造的一切有价值的东西都吸取过来,变为全体教师的共同财富。""听课和分析课的主要目的,应该是研究教师的眼界、兴趣和精神财富是如何表现出来的。"[1]同时,学校领导要帮助指导教师在教学中发挥优点,弥补不足,提高教学质量。听课后,要善于总结,起到传帮带的作用。发现典型,传播经验,带动教师积极参加教改,提高业务素质,加快专业发展。

学校领导听课后,要善于分析课。分析课要以党的教育方针为指导,遵循教育教学规律,紧扣课程标准和教材的要求,根据学科特点,从教学目的是否明确,教学内容是否正确,教学方法是否得当,教学组织是否严密,教学效果是否明显,教学创新是否精准等方面与上课教师进行交流沟通,尽可能地发现教师教学中的优点和务实创新的做法,多鼓励,多指导,也要指出教学中的不足和下一步努力的方向及具体建议,引导教师对照教学要求,找出教学差距和存在的问题,不断改进教学方法,提高教学效率。

为了规范课堂教学的常规管理,学校要坚持巡课制度,每天上午和下午要安排专人巡课,发现问题并及时解决。除了前面提前打招呼的听课外,还要坚持推门听课制度,以检查教师平时的上课情况,适时了解学生学习动态和教学效果。课堂大于天。学校要明确规定,任何人不得以任何理由随意占用学生的课堂学习时间。

为了提高教师的课堂教学水平,学校要定期开展聚焦课堂教学质量的主题活动,通过课堂教学研讨、相互观摩课堂教学、倾听专家报告等方式加快教师课堂教学水平

---

[1] 苏霍姆林斯基. 和青年校长的谈话[M].北京:教育科学出版社,2009:219+221-222.

的提高,同时,注重培育、遴选和推广优秀的教学模式、教学案例。

4. 说课与无生上课

说课就是教师在备课的基础上,面对同行或教研人员,口头表述某一具体课题的教学设计及其依据,然后由听者评说,达到互相交流、共同提高的一种教学研究活动或者培训活动。说课有利于提高教师备课的质量,有利于提高课堂教学的效率,有利于提高教师的业务水平和专业发展。说课是介于备课和上课之间的一种教学研究活动,是集体备课的拓展和延伸。

说课与备课的关系。说课与备课的主要教学内容相同,都是课前的准备工作,都要学习课程标准,吃透教材,了解学生,选择教法,设计教学过程。二者的不同点在于:一是对象不同。说课的对象是同行教师或教研人员,备课的对象是学生。二是目的不同。说课是帮助教师提高备课质量,提升业务素质;备课是为了学生,促使教师做好教学设计,优化教学过程,提高课堂效益。三是形式不同。说课是一种集体进行的动态的教学备课活动;备课是教师个体进行的静态的教学活动。四是要求不同。说课教师不仅要说出每一具体内容的教学设计,做什么,怎么做,而且还要说出为什么要这样做,即说出设计的依据是什么。备课强调教学活动的安排,只需写出做什么、怎么做。

说课与上课的关系。说课与上课有很多共同之处。如说课是对课堂教学方案的探究说明,上课是对教学方案的课堂实施,两者都围绕着同一个教学课题,从中都可以展示教师的课堂教学艺术,都能反映教师语言、教态、板书、设计教学等教学基本功。一般来说,从教师说课的表现可以预见教师上课的神情。说好课可为上好课服务,因为说课说出了教学方案设计及其理论依据,能使上课更具有科学性、针对性,避免了盲目性、随意性。而上课实践经验的积累,也为说好课奠定了基础。但说课与上课也有明显的不同。

(1)要求不同。说课旨在提高教师知识水平与教学能力,完成教学任务,提高教学效果;而上课是教师向学生传授知识,学生形成能力,发展智力,落实核心素养,提高思想品德水平。上课主要解决教什么、怎么教的问题;说课则不仅解决教什么、怎么教的问题,而且还要说出"为什么这样教"的问题。

(2)内容不同。说课主要是教师讲述某一具体课题的教学设想、组织策略、教学方法以及教育教学的理论依据;上课要传授学科知识,教给学生学习方法,提高学生学习技能,发展学生核心素养,培养学生思想道德素质。

(3) 对象不同。说课的对象是同行教师或教研人员;上课的对象是学生。说课比上课更具有灵活性,它不受空间限制,不受教学进度的影响,不会干扰正常的教学;同时,说课不受教材、年级的限制,也不受人员的限制,大可到学校,小可到教研组、备课组。

(4) 意义不同。说课强调提高教学效率以及教学实践的教学效果;而上课则是学生要掌握新知识并能有效运用,提高学生能力,落实核心素养和提高思想觉悟水平。

(5) 评价不同。说课重在评价教师掌握教材、设计教学方案、应用教学理论以及展示教学基本功等方面;而上课不仅看重教师课堂教学方案的实施能力,但更看重课堂教学的效果,看重学生实际接受新知,发展智力和能力,提升思想品德水平的情况。说课水平与上课水平具有正相关关系,但也有例外,即某些教师说课表现不差,但实际课堂教学却不理想。一个重要原因是上课比说课多了一个不易驾驭的学生因素。学生不是被动灌输的听众,而是随时参与并作用于教学活动全过程的主体。教学中如何调动学生积极思维,如何机智处理教与学中的矛盾,如何有效控制教学进程,如何科学管控课堂教学行为,这些能力需要教师在上课中自觉、能动地表现出来,而说课则往往涉及不到或较难充分表现。

说课的内容主要包括说教材、说教法、说学法、说教学过程。

说教材。包括说教材分析、教学目标、教学重点、难点等。说教材分析,就是要说本节课的教学内容是什么,属于何种课型,包含了哪些知识点,本课内容在编写上有什么意图和特点,特别要注意挖掘教材中隐含的学科思想,在教材中的地位、作用。课时目标是要实现的教学结果,要从实现知识与技能、过程与方法、情感态度价值观三维目标去分析,努力发展学生的核心素养。说教学重点、难点要具体分析确定教学重点、难点的依据。

说教法。说选择什么教学方法,采取什么教学手段,并说清楚这样做的依据。无论以哪种教学方法和手段,都要结合学生实际、学校的设备条件以及教师本人的特长而定,要注意多种方法的有机结合。尤其要注重分析学生的学习情况、对已学知识的掌握情况、对新知识的接受程度,学生可能产生的需求,采取适合学生的教学方法。

说学法。教师要根据教学内容、围绕教学目标指导学生学习,教给学生什么样的学习方法,培养学生哪些能力,如何调动学生积极思维,怎样激发学生学习兴趣等。教师的说课过程要体现以学生为主体,充分发挥学生在学习活动中的作用。

说教学过程。说教学过程是说课的重点部分,通过分析能看到说课者独具匠心的教学安排,反映教师的教学思想、教学个性与风格,能看到其教学安排是否合理、科学,是否具有艺术性。说教学过程主要包括:

整体设计。说课堂设计的整体思路,是在什么样的思想指导下设计教学的,简要介绍本节课的课堂教学结构。

环节设计。围绕整体思路,介绍主要教学环节,着重阐述重、难点的处理,突出重点及突破难点的具体有效的教学措施。说清楚对教材的理解和处理,过程中借助哪些教学手段来组织教学。

活动安排。说明怎样运用教学思想指导教学,怎样体现教师的主导作用和学生的主体作用的统一,教法与学法的统一,知识传授与智能开发的统一,德育与智育的统一。

重、难点处理。说明在教学过程中怎样突出重点和解决难点,解决难点运用了什么方法。

教学手段。说明采用哪些教学手段辅助教学。什么时候、什么地方用,这样做的理由是什么。

板书设计。说板书设计情况,内容要简洁,突出重点和难点,形式新颖有特色。

说课的评析。说课只说不评作用不大,只有把说和评有机结合起来,才能使教师以更高的要求去研究课,把握说课的方向,从而提高教师教研的积极性。评析说课的内容基本上和说课的内容是相对应的。

(1) 评析对教材的理解程度:说课者对教材所处的地位及前后联系的理解、分析是否正确;对教学目标的确定是否明确、具体、全面;教学重点、难点的确定是否恰当,能否分清主次,抓住主要矛盾。

(2) 评析教法的选择和运用是否合理、实用:是否适合该学科的教学要求、特点;是否根据具体的教学目标选用教法;是否符合学生的年龄特点;是否调动学生的学习积极性。

(3) 评析学法是否符合学生实际和能力提高:是否体现学生主体作用的发挥;是

否考虑到学生实际情况,能对不同层次的学生进行不同的指导,实现应有的教学目标等;是否明确培养学生的智力和能力;是否体现发展学生核心素养。

(4) 评析教学程序的设计是否科学,是否能达到教学目的:授课内容是否科学、正确,是否注重了思想教育;教学结构是否合理,重点是否突出,难点是否突破;教法是否灵活多样,学法是否指导得当。

说课要注意的问题:

(1) 说课不是备课,不能按教案来说课;说课不是上课,教师不能把听说课的同行教师和教研人员视为学生;说课不是读说课稿,要突出说,既不能按教案一字不差地背下来,也不能按说课稿一字不差地读下来。说课稿是静态的,而说课是动态生成的过程,是有听众的,能否调动他们的情绪和思想在很大程度上决定说课的成败。教师要充满自信,扬长避短,体现个性,以激情澎湃感染听众,引发思维碰撞。

(2) 说课的时间不宜太长或太短,通常可以按照一节课的 1/3—1/4 的时间进行说课。要合理分配教学过程和教材分析、教法与学法各环节的说课时间。

(3) 注意发挥教师教学创新精神,防止生搬硬套;注意运用教育理论来分析研究问题,防止就事论事;注意避免过于纯讲理论依据,脱离教材、学生、教师实际,空谈理论;整体要流畅,不要作报告似的,环节过渡要自然。

(4) 要有层次感,不要面面俱到,不要将说课说得很细,少说教学预案,多谈学生学习中可能碰到的困难和教师的教学策略。开头话语不宜过长,最好直接切入课题。尽量脱稿,注意与听众进行目光交流,最好面带微笑。语言声音宏亮,口齿清楚,使用普通话,不要重复、停顿,迟疑次数不能较多,注意语言的过渡、承转要顺畅,若能做到言简意赅、抑扬顿挫则更好。

(5) 要体现"以学生为本"的理念。注重学生主体作用的发挥。教法和学法的设计立意要高,注重培养学生能力,发展学生智力,落实学生核心素养。

(6) 教材分析要重点突出,如地位和作用、教学目标、重点、难点等应条理清楚,详略得当。板书设计应线索分明、科学新颖、版面布局合理,字号稍大、工整大方、书写速度不宜太慢。

"无生上课"是一种模拟课堂情景下开展的教学活动,除了没有学生参加,略去师生之间、生生之间的有效互动时间,其他与真实的课堂基本没有区别。通过教师"无生上课",可以展示教师的教学基本功和课堂教学能力,由于没有学生在现场,不受时间和空间限制,比较容易组织,是考查和培训教师的有效方式。"无生上课"一般以20分钟为宜。教师进行"无生上课"要注意以下几点。

(1)"无生上课"虽然讲台下没有学生,面对的是评委或同行教师,但上课者仍然应当把"无生当有生",认真讲课,和平时课堂上课一样,要条理清晰、重点突出,通过多媒体、教具的使用(当时上课不能使用,但可以说"请看大屏幕……")、小组讨论、探究活动等方式,体现面向全体学生、调动学生自主学习等教育理念。内容不需要面面俱到,但要尽量完整,使听课者对无生课堂的过程有一个完整的认识。

(2)扬长避短,展示自己的优势。要创设新颖的教学情境,精心设计导语;教态要自然、大方,语言要亲切、清晰,注意抑扬顿挫,要有激情;无教具的课,要发挥黑板画的优势,恰当运用更能体现专业技能;板书宜占大半个黑板,不宜过于简单,也不要太多,少擦黑板;教法设计要符合学生的认知特点,自己设计、组织的活动要让学生积极参与,并能从学生的认知出发得出假设的结果。

(3)板书的时候忌讳无声板书,导致长时间课堂空白,可以在板书的同时,结合问题和内容,做些适当的讲解。说话写字速度不能太慢,字也不能写得太差。

(4)上课时要体现自主、合作和探究的学习方式以及新课程教学理念,可以通过教师的模拟对话或者讲解呈现,如小组讨论、分组学习、课前的预习等。要有师生互动,即使面对同行教师讲课,也要体现学生活动。

(5)教学设计的各个环节和要素要尽可能完整、完善,教学流程可以拟出恰当的小标题。上课的内容和原来的教学设计可以有不一致的地方,在上课完毕,时间还有剩余的情况下,做一个简短的说明,说明设计意图和理论依据。在课中也可以适当穿插对学情、教材、学法、教法的说明。

(6)可以在某个具体环节提供几套教学方案,把教师的预设体现充分,同时也能充分体现教师把握生成的基本素养。课堂重点要突出,切不可面面俱到。尽快切入重点,不然导入太长,则会冲淡主题;发挥不宜太多,太多了也会冲淡主题。

说课与无生上课都是教师在备课基础上开展的教学活动,都在为教师上课做好准备,可以提高教师对所教内容的熟悉程度,能及时发现在后续课堂教学中可能出现的问题,能检测教师教学设计的可行性和实效性,对于提高教师的课堂教学水平有着很大的作用。尤其是有同行教师和教研人员的参加,上课后还有点评和交流互动。因此,学校管理者要把说课和无生上课作为提升教师专业水准的常规教研活动,并纳入学校的教学工作计划之中。同时,要鼓励教师本人及同教研组、备课组的教师积极开展说课和无生上课活动,发挥同伴互助作用,达到资源共享、共同提高的目的。

5. 翻转课堂与慕课

(1) 翻转课堂

翻转课堂也可译为"颠倒课堂",是指重新调整课堂内外的时间,将学习的决定权从教师转移给学生。在这种教学模式下,学生利用课堂内的宝贵时间更专注于主动的基于项目的学习,共同研究解决本地化或全球化的挑战以及其他现实世界面临的问题,从而获得更深层次的理解。教师不再占用课堂的时间来讲授信息,这些信息需要学生在课前自主学习完成,他们可以看视频讲座、听播客、读阅读功能增强的电子书,还能在网络上与别的学生讨论,能在任何时候去查阅需要的材料。教师也能有更多的时间与每个学生交流。在课后,学生自主规划学习内容、学习节奏、学习风格和呈现知识的方式,教师则采用讲授法和协作法来满足学生的需要,促成他们的个性化学习,其目标是为了让学生通过实践获得更真实的学习。翻转课堂模式是大教育运动的一部分,它与混合式学习、探究性学习、其他教学方法和工具在含义上有所重叠,都是为了让学习更加灵活、主动,让学生的参与度更强。在互联网时代,学生通过互联网学习丰富的在线课程,不一定要到学校接受教师讲授。尤其是世界各国受到新冠肺炎疫情影响,学生不能到学校上课,实施大规模线上教学成为可能,越来越需要发挥线上教学的作用。互联网尤其是移动互联网催生"翻转课堂"式教学模式,将引发教师角色、课程模式、教学管理模式等一系列变革。

可汗学院(Khan Academy),是由孟加拉裔美国人萨尔曼·可汗创立的一家教育性非营利组织,主旨在于利用网络影片进行免费授课,现有关于数学、历史、金融、物理、化学、生物、天文学等科目的内容,机构的使命是加快各年龄学生的学习速度。可汗学院通过在线图书馆收藏了 3 500 多部可汗老师的教学视频,向世界各地的人们提供免费的高品质教育。该项目在 2004 年由萨尔曼·可汗给亲戚的孩子讲授的在线视频课程开始,迅速向周围蔓延,并从家庭走进了学校,甚至正在"翻转课堂",被认为正打开"未来教育"的曙光。

2007年,美国科罗拉多州的化学教师乔纳森·伯尔曼和亚伦·萨姆斯开始使用视频软件录制PPT并附上讲解声音。他们录制的视频上传到网络,以此为缺席的学生补课。不久后他们进行了更具开创性的尝试——逐渐以学生在家看视频、听讲解为基础,在课堂上,教师主要进行问题辅导,或者对做实验过程中有困难的学生提供帮助。

利用视频来实施教学,在多年以前人们就进行过探索。在上世纪50年代,世界上很多国家所进行的广播电视教育就是明证。为什么当年所做的探索没有对传统的教学模式带来多大的影响,而"翻转课堂"却倍受关注呢?这是因为"翻转课堂"有如下几个鲜明的特点。

第一,教学视频短小精悍。不论是萨尔曼·可汗的数学辅导视频,还是乔纳森·伯尔曼和亚伦·萨姆斯所做的化学学科教学视频,一个共同的特点就是短小精悍。大多数的视频都只有几分钟的时间,比较长的视频也只有十几分钟。每一个视频都针对一个特定的问题,有较强的针对性,查找起来也比较方便;视频的长度控制在学生注意力比较集中的时间范围内,符合学生身心发展特征;通过网络发布的视频,具有暂停、回放等多种功能,可以自我控制,有利于学生的自主学习。

第二,教学信息清晰明确。萨尔曼·可汗的教学视频有一个显著的特点,就是在视频中唯一能够看到的就是他的手后不断地书写一些数学的符号,并缓慢地填满整个屏幕。除此之外,就是配合书写进行讲解的画外音。用萨尔曼·可汗自己的话来说:"这种方式,它似乎并不像我站在讲台上为你讲课,它让人感到贴心,就像我们同坐在一张桌子面前,一起学习,并把内容写在一张纸上。"而传统的教学录像视频中出现的教师头像以及教室里的各种物品摆设,都会分散学生的注意力,特别是在学生自主学习的情况下。

第三,重新建构学习流程。通常情况下,学生的学习过程由两个阶段组成:第一阶段是"信息传递",是通过教师和学生、学生和学生之间的互动来实现的;第二个阶段是"吸收内化",是在课后由学生自己来完成的。由于缺少教师的支持和同伴的帮助,"吸收内化"阶段常常会让学生感到挫败,丧失学习的动机和成就感。"翻转课堂"对学生的学习过程进行了重构。"信息传递"是学生在课前进行的,教师不仅提供了视频,还可以提供在线的辅导;"吸收内化"是在课堂上通过互动来完成的,教师能够提前了解学生的学习困难,在课堂上给予有效的辅导,学生之间的相互交流更有助于促进学生对知识的吸收内化。

第四,复习检测方便快捷。学生观看了教学视频之后,会有四到五个小问题,可以帮助学生及时进行检测,让他们对自己的学习情况作出判断。如果发现几个问题回答得不好,学生可以回过头来再看一遍,仔细思考哪些方面出了问题。学生对问题的回答情况,云平台会及时进行汇总处理,帮助教师了解学生的学习状况。教学视频的另外一个优点,就是便于学生一段时间学习之后的复习和巩固。评价技术的跟进,使得学生学习的相关环节能够得到实证性的资料,有利于教师真正了解学生。

"翻转课堂"要在中国的教育热土上开花结果,要促进我国的课程教学改革向纵深的方向发展,需要做好以下几方面的准备。

第一,要树立教育变革的坚定信念。观念决定行为。有什么样的教育观念,就会有什么样的教育行为。很多教师在"分数至上"的教育环境中,已经形成了一种固定的教学范式和习惯。实施"翻转课堂",必然要打破自己和教育环境之间的一种平衡,让自己处于一个新的、内心没有确切把握的动荡状态之中。如果没有坚定的改革信念作为支撑,教师通常不愿意"革"自己的命。

第二,要有较高的教育信息化素养。当今学生,本身就生活在信息时代,对信息时代的电子产品和各类软件有着天生的亲近感。但今天的教师不同,他们的青少年时代基本上都没接触过电脑,缺少了与信息技术的一份亲近感。大多数的教师平时使用电脑就是上上网、编写一些文本和数据表格、制作PPT等,其他的软件和技术很少涉及。虽然视频平台可以聘请人来进行制作,但如果教师不具备与教学视频编制相关的技能的话,要推动"翻转课堂"改革是很困难的。

第三,要抓住"翻转课堂"的关键点。为了实施"翻转课堂",很多人将主要精力都放在了视频的制作上,这其实也是一个误区。视频自然重要,但比视频更加重要的是如何支配课堂上多出来的这些时间。课堂的对话和讨论,需要教师做出精心的准备和细致的观察,真正做到因材施教。

第四,要做好角色转换。教师的角色从传统的师道尊严转变成学生导师;学生的角色更加突出学习的主体性和必要的主动性,因为如果没有一定的主动性,翻转课堂中的学习无法进行,需要学生的主动操作和主动思考;家长的角色转变,家长在传统的教育思想体系下很难接受新型学习模式,在此过程中,要加强翻转课堂学习的宣传工作,让家长也能够理解这种新型教育方式,从而营造良好的学习环境和氛围。

翻转课堂利用丰富的信息化资源,让学生逐渐成为学习的主角,让学生会自学、自育。评价机制的提升,可以促进翻转课堂更加普及。翻转课堂要打破现有的谁是教师,就由谁来评价学生学习状况的做法,建立一种新型的评价机制。学生在学习的过程中,可以观看自己的任课教师的视频来学习,也可以观看其他教师的视频来学习,只要能够顺利通过学习,都应该计算学分。这有利于优质教育资源的共享,对促进义务教育优质均衡发展也有很重要的意义。

人们往往把翻转课堂看作是在线视频的代名词,这是对翻转课堂认识的误区。每当人们听说翻转课堂,第一个念头就是视频,其实,富有成效的面对面互动学习活动才是翻转课堂最重要的价值。翻转课堂看似表现为用视频替代教师;学生学习时没有教师指导;学生整堂课都盯着电脑或电视屏幕看;学生孤立地学习,没有社交和互动。但翻转课堂的实质在于:增加学生和教师互动和个性化沟通的方法;创造学生自主学习的环境;教师不再是讲台上师道尊严的圣人,而是学生身边的导师;翻转课堂能让那些因病或参加活动的学生不会落下功课;翻转课堂的内容被永久保存,可供查阅和修正;所有的学生都能参与到学习中并获得个性化教育。

当然,翻转课堂也存在一些需要探讨的问题。

一是从学生角度说,翻转课堂的模式是否真正解决了因材施教的问题。传统教育的诟病在于,对待不同的学生"一刀切",不仅在教学上是如此,考试时更是如此,这也使得很多成绩一般的学生只能在班级中"跟着跑",而不能按照自己的学习能力和消化水平定制出符合自己的学习计划。翻转课堂虽然将学习的掌控权给了学生,但是应该看到部分学生不善于提问和质疑,有的学生学习态度不认真、学习主动性不强,这将直接影响翻转课堂的教学效果。

二是从教师的角度看,教师是否具备引导学生学习的专业素质。翻转课堂很重要的一点,是通过教师的引导和答疑来检查学生学习的效果。在翻转课堂中,教师的角色不是被淡化了,而是从另一个侧面有所加强,它要求教师能够通过设问、学生之间的讨论及完成作业、项目的情况来分析和把握学生的学习效果。相较于传统的教学模式,教师从主动变为被动,从主导变为引导,这对其专业素质有着更高的要求,而与学生一样习惯了传统教育模式的教师群体,也很难在短时间内完成自身的转变。

三是从家长的角度看,翻转课堂的教学效果如何量化。许多家长对于教育非常关注,"望子成龙,望女成凤"是家长们的心愿。虽然年轻的家长对于孩子的教育有了更加新潮的观念和更为开放的思想,但是有一点始终不变,就是如何量化教师的教学效果和学生的学习情况。过去通过考试成绩来为学生排名次,为教师测评,但在素质教育观念影响下,家长更看重学生德智体美劳全面发展,更看重学生核心素养的落实,更看重学生综合素质的提高。对于翻转课堂来说,要翻转的不仅仅是教与学的顺序,还有最终的效果评估机制。

四是学生在家看视频的效果如何保证。回家看视频学习新知识点,掌握学习技能,上课时教师不讲新课直接讨论。翻转课堂将教学由"教—学"模式变成了"学—教"模式,这对中国式课堂来说,可谓是"本末倒置",对此也有一些一线教师提出质疑。比如,学生的自觉性和自主能力有差别,学生做作业可以有书面显示,教师比较能把握学情,而看视频学习的效果究竟如何呢?翻转课堂不仅提高了课堂效率,更加减轻了学生的负担,很多学生在课堂上就可以把作业完成。回家后就可以做自己喜欢做的事。学生不能看完视频就算结束学习,学校要有平台可以让教师知道学生看视频的情况,以便教师及时地与学生们进行沟通。

五是大量的视频制作考验教师能力。翻转课堂的第一步就是要求教师创建教学视频,这对教师使用信息技术手段进行教学是一大考验。做视频对教师来说是一件十分耗费精力的事,教师平时教学工作繁忙,有没有能力和精力去制作视频值得去研究与思考。

六是翻转课堂是不是减少教师上课作用。新课内容教师不讲,课上主要进行讨论,这种课堂是不是减少了教师的作用?翻转课堂强调的是课前学习和课堂教学的结合,它能够充分发挥现代信息技术的优势,并不是减少教师的作用,而是对教师提出更高的要求,尤其是信息技术与学科知识深度融合的问题,有效利用课堂宝贵时间的问题。

在线学习主要体现的是一种微视频的形式,教师把讲的内容、知识点编制成微视频让学生在家里自己看,这种自行观看微视频的最大好处就是形象生动、方便记忆。学生在家里看的时候可以自己掌控节奏,不断地看、反复看。每个学生的学习能力和接受能力是不一样的,有的学生接受知识比较快,有的学生相对来说慢一些,在课堂上直接教学，教师需统一教学进度与要求，不能兼顾到每一个学生。用视频的形式在课前让学生先看能很好地弥补这一缺陷，充分起到了预习的效果，是个性化教学的体现。让学生带着问题进课堂，可以使教师能够针对性地对学生进行讲解，让学生展开充分的互动交流，进行自主思考。教师在其中起到的是一种助教、助导的作用，而不是像一般的课堂上所处的以教师为中心的地位。课堂上会将更多的时间和精力留给学生，体现学生课堂上的主体地位。翻转课堂的形式最成功的是在理科方面，如数学、物理、化学等，因为理科相对来说知识点比较集中，教师在编制微视频的时候可以将问题带入，但是通过对翻转课堂的探讨发现，其实每一门学科都可以用翻转课堂的形式教学，只是各个学科有自己的教学特点和方式方法。

当然，翻转课堂的这一切都建立在学生主动学习的基础之上，如果学生学习态度不端正、不积极，就不可能主动去看视频进行学习，更不会与教师进行有效互动，再好的课堂也翻转不起来。有的学生甚至借网络学习之名去打游戏、聊天、阅读自己喜欢的内容等，达不到预期效果。这就需要教师改变授课方式，利用信息技术，把控学生利用翻转课堂进行学习，而不是做与学习无关的事，必须对学生学习加强监督和管理。如有的设置"双师课堂"，即采用教师录播或直播授课与本班教师网上管理、课后辅导双"配置"，尽可能提高线上教学效果。

(2) 慕课

所谓"慕课"(MOOCs)，顾名思义就是大规模开放在线课程。慕课是2012年开始涌现出来的一种在线课程开发模式，它发端于一种将发布资源、学习管理系统以及学习管理系统与更多的开放网络资源综合起来的旧的课程开发模式。通俗地说，慕课是大规模的网络开放课程，是为了增强知识传播而由具有分享和协作精神的个人组织发布的、散布于互联网上的开放课程。

慕课以连通主义理论和网络化学习的开放教育为基础。这些课程跟传统的大学课程一样能循序渐进地让学生从初学者成长为高级人才。课程范围不仅覆盖了广泛的科技学科，比如数学、统计学、计算机科学、自然科学和工程学，也包括了社会科学和人文学科。慕课课程现在并不提供学分，也不算在本科生或研究生学位里。通常，参与慕课的学习是免费的。如果学习者试图获得某种认证的话，那么一些大规模网络开放课程可能会收取一定学费。

慕课的授课形式：课程不是搜集，而是一种将分布于世界各地的授课者和学习者通过某一个共同的话题或主题联系起来的方式方法。尽管这些课程通常对学习者没有特别的要求，但是所有的慕课会以每周研讨话题这样的形式，提供一种大体的时间表，其余的课程结构也是最小的，通常会包括每周一次的讲授、研讨问题以及阅读建议等。

慕课的测验：每门课都有频繁的小测验，有时还有期中和期末考试。考试通常由同学评分（如一门课的每份试卷由同伴的五位同学评分，最后分数为平均数）。一些学生成立了网上学习小组，或跟附近的同学组成面对面的学习小组。

慕课的主要特点：一是大规模的，不是个人发布的一两门课程，而是大型的或者大规模的；二是开放课程，尊崇创用共享协议，课程是开放的；三是网络课程，不是面对面的课程，这些课程材料散布于互联网上。人们上课地点不受局限。无论你身在何处，都可以花最少的钱享受名牌大学的一流课程，只需要一台电脑和网络连接即可。

（三）作业管理

作业是学校教育教学管理工作的重要环节，是课堂教学活动的必要补充。作业管理是学校教学管理的有机组成部分，能帮助学生巩固知识，形成能力，培养习惯，减轻作业负担，帮助教师检测教学效果，精准分析学情，改进教学方法，促进学校完善教学管理，开展科学评价，提高教育质量。因此，学校管理者要遵循教育规律，坚持因材施教，严格执行课程标准和教学计划，坚持零起点教学。在课堂教学提质增效的基础上，切实发挥好作业育人功能，坚决扭转学校作业数量过多、质量不高、功能异化等突出问题，切实减轻学生过重课业负担。

现在，中小学生的作业越来越多，学生的课业负担越来越重，严重影响学生的身心健康发展。按照《关于加强青少年体育增强青少年体质的意见》规定的小学生每天睡眠不少于10小时，中学生睡眠不少于9小时，高中生睡眠不少于8小时，相当一部分学生达不到睡眠时间要求。如何使作业最优化，是有效减轻学生课业负担的核心问题。目前，学校在作业管理上存在一些问题，如作业布置重复繁杂，缺乏学科间的系统筹划；作业评价刻板僵化，缺乏灵活性、针对性；教师经常使用奖惩性的语言导向，且作业反馈呈现弱反馈甚至不反馈的情况。设计内容机械刻板，作业管理失效和失序。强调文化类学科作业的多,注重德育、体育、美育、劳动教育类作业的少;使用教辅资料的多,注重自主设计的少;讲究作业数量和完成时间的多,注重质量的少;强调作业共性的多,注重个性化的少;关注书包的重量,忽视作业的内涵;一教一辅形同虚设;重备课,轻备作业;重课堂精讲,轻作业精编;重布置,轻批改等。

作业负担只是课业负担的一部分,课业包括上课和作业。从客观维度看,作业负担表现在作业时间和数量、作业效度(内容、结构、类型)、作业难度;从主观维度看,作业负担表现在学生对作业的情绪体验,如讨厌、喜欢、主动、被动、可以胜任、感觉好难,对作业的压力反应,如疲倦感、焦虑、烦躁、厌学等。教师可采用问卷、访谈、观察、文本等形式和方法进行分析。

中共中央办公厅 国务院办公厅《关于进一步减轻义务教育阶段学生作业负担和校外培训负担的意见》、教育部办公厅《关于加强义务教育学校作业管理的通知》都对作业管理提出明确要求。学校要根据国家文件的要求,加强对作业管理,创新作业管理方式,具体可从以下几个方面进行。

1. 健全作业管理机制。学校要完善作业管理细则,明确具体工作要求,建立作业校内公示制度,明确作业公示的目的和意义,对公示的时间、地点、内容、方式要作出明确规定。要切实履行作业管理的主体责任,加强作业全过程管理,每学期初要对学生作业作出规划,加强年级组、学科组作业统筹协调,统筹调控不同年级、不同学科作业数量和作业时间,合理确定各学科作业比例结构,建立作业总量审核监管和质量定期评价制度,促进学生完成好基础性作业,强化实践性作业,探索弹性作业和跨学科作业。如教师在布置作业前必须自己先做一遍,把握时间、难度、效果;备课组长负责学科作业总量监控和科学分层,年级主任和班主任进行监督;学校可定期或不定期进行学生问卷调查,召开座谈会,调查作业时间和数量,适时进行监管。通过学校作业管理机制协调,规定每门学科作业的合适时间,由各学科教师进行有效控制,每个学科教师在教室黑板上记录下当天作业内容,后面布置作业的教师发现前面学科教师布置的作业量已经较多时,就应该主动减少作业。要统筹好书面作业和非书面作业的时间。

2. 严控书面作业总量。学校要确保小学一二年级不布置书面家庭作业,可在校内适当安排巩固练习;小学其他年级每天书面作业完成时间平均不超过60分钟;初中每天书面作业完成时间平均不超过90分钟。周末、寒暑假、法定节假日也要控制书面作业时间总量。如何实现学生在校内完成作业，重点应该做到以下几点：实行作业总量控制与统筹；加强作业有效性研究，精准设计作业、精选作业内容；在课后服务时段合理安排"自主作业"时间；落实教师看班陪伴和答疑辅导；指导学生善于利用碎片化时间完成作业；探索布置弹性作业和阅读作业，或者尝试设置"无作业日"。

3. 创新作业类型方式。学校要根据学段、学科特点及学生实际需要和完成能力，合理布置书面作业、科学探究类、体育锻炼类、艺术欣赏类、社会与劳动实践类等不同类型作业。鼓励布置分层作业、弹性作业和个性化作业，科学设计探究性作业和实践性作业，探索跨学科综合性作业。作业设计大有文章可做，有接受性学习的作业、研究性学习的作业、项目学习的作业，有长作业、短作业，有文本作业、实践性作业，有试卷、有作品，还有情景性作业等多样化设计，教师可选取不同类型的作业进行布置。但要切实避免机械、无效训练，严禁布置重复性、惩罚性作业。同时，学校要开展作业研究，如每学期进行作业设计的教研、培训和评选，指导教师开展作业设计研究与实践，提高作业设计能力；引导家长树立正确的作业观，进行1—2次专家讲座或辅导，培养孩子良好的作业习惯，加强作业时间管理，关注孩子学习能力的发展。班级学习委员对当天的作业总量有监控的职责；完不成作业的孩子家长可以向班主任打电话或发短信提出申请，申请学生当天的作业不能完成或延后完成。

4. 提高作业设计和实施质量。学校要将作业设计作为校本教研重点，系统化选编、改编、创编符合学习规律、体现素质教育导向的基础性作业。教师要提高自主设计作业能力，针对学生不同情况，精准设计作业，根据实际学情，精选作业内容，合理确定作业数量，作业难度不得超过国家课程标准要求。如对于小学数学学科，可采用选编、改编、创编三个路径实施作业设计。选编的作业内容一般来源于教材及配套的教学资料等，可从中选取适合真实学情的作业题进行设计编撰。要注重对基本知识技能的覆盖与落实，切忌盲目堆砌、机械重复，要突出基础性和适用性，可从作业数量上对不同学生提出分层要求，以提升作业的有效性。改编的作业内容要以教学目标和教学内容为依据，对教材及配套教学资料上的作业进行多种形式的改编。可以是改编问题情境、增减条件、开放问题、转换题型等，加强学生对知识的掌握和对重难点的突破。改编作业要突出灵活性、针对性和趣味性，可从作业难度上对不同学生提出分层要求，以提升作业的精准性。创编的作业内容强调从单元视角整体进行主题式作业创编。注重对教学内容的整体把握,注重真实情境的创设和探究问题的设计,注重作业方式的多元建构、选择与运用,注重对学生作业的指导和引导,鼓励跨学科主题式作业的设计与实施,注重信息技术在数学作业中的应用与融合。创编作业要突出情境性、实践性、探究性和创新性,可从作业类型上对不同学生提出分层要求,以提升作业的发展性。

教师要勇于开拓尝试布置不同的作业类型,让数学作业的形式不局限于书面习题,还可以安排口头交流、动手操作、数学阅读、实践体验等多种形式,体现作业类型的丰富性。书面习题一般首选教材中的练习和配套练习册中的习题,选用时要先整体研究,深入解读每道题的设计意图和对应目标;再根据本班学生的学情和课时作业目标,适当删减或补充习题。书面习题的设计既要面向全体学生,也要尊重和关注个体差异。口头交流作业通过说一说,引导学生用语言来描述、分析、解释数学现象和数学问题,巩固和运用所学知识,激发学习兴趣。设计口头交流作业,要在说什么和怎么说上有明确具体要求,在巩固新知的同时,培养学生简洁、严谨、有条理的数学语言表达能力。动手操作作业可引导学生从实物操作、表象操作以及符号操作三个方面出发,借助动手操作启动数学思考,发展量感、空间观念、几何直观、应用意识和创新意识等,要注意符合学生年龄特点,选取适切的材料,清晰操作要求,便于学生操作与呈现。学生通过阅读课本,可以对教材内容有更完整、连贯地把握,对其中的概念、法则、公式等关键点有更深的理解;阅读课外读物,可以在激发学习兴趣的同时,拓宽拓展学生的数学文化视野,有利于培养和提升学生自主学习能力。教师要围绕教学内容推荐相关阅读材料,并做相应的阅读方法指导及阅读成果分享。

实践体验作业是以学生自主参与为主,要求学生在具体情境中综合运用数学知识、技能和方法等,探究并解决数学问题或现实生活中的实际问题。这主要包括探索规律型、调查发现型、实践应用型等。教师要让学生经历如何把实际问题变成数学问题,如何设计解决问题的方案,如何与伙伴合作,如何有效呈现、分享实践成果等过程,进一步理解运用所学知识和方法,获得数学活动经验。实践体验作业的设计要注重实践性和知识性相结合,自主性与合作性相结合,层次性与开放性相结合,引导学生运用数学思维和数学方法来解决问题。学科组要研究制定统一、明确的作业完成要求。如书面作业的书写格式、作图工具的使用、自觉检验检查;口头交流作业的基本表达规范;动手操作时学具的选择和操作要领;数学阅读时要圈点勾画和批注;数学实践体验作业要明确问题、学生参与的方式和成果的展示评价等,以此提升学生认真完成作业的积极性。

鼓励作业因人而设。教师要提前试做拟布置的作业,原则上要随堂布置作业,鼓励布置分层、弹性和个性化作业,科学搭配书面作业和其他类型的作业,探索跨学科综合性作业。切实避免机械、无效训练,严禁布置重复性、惩罚性作业。教师要指导学生在校内基本完成书面习题作业。对于有难度的其他类型作业,提倡教师利用课后服务等时间指导学生完成。

教师要科学合理预估学生的作业时间,教师预先试做,再布置作业,实施分层作业;要高度关注学生自主作业时间,学生完成学校布置作业的时间越长,提高学业成绩的效果越不明显,而学生完成自主作业的时间越长,提高学业成绩的效果越明显。教师在作业设计和布置中,不要一味地用自己预设的作业内容填充学生全部的课外作业时间,而是应该有意识地引导学生自主安排自己的作业时间,引导学生根据自己的学习特点补充适合自己的课外学习任务,从而间接达到提高作业针对性和选择性的目的。此外,学生还学会了学习的方法,学会了自我评价与反思,学会了管理自己的学习时间等。教师要学会指导学生根据自己的实际情况进行自主作业,并给予学生一定的自主作业时间。学校要经常性组织开展作业设计与实施的教师培训与教研活动,定期组织开展优秀作业评选与展示交流活动,加强优质作业资源共建共享。

教导处、教科室要加强对学校作业设计与实施的研究与指导。如在进行单元作业设计时,要注重关键能力、思维水平和学习水平的培养,其流程主要有目标设计要体现核心素养、突出基础、体现发展;结构设计要注重类型结构、内容结构、能力结构;题目设计包括情境选择、属性标注、内容呈现;题组设计包括内容分布、能力分布、时间分配;题组审核要审核属性、内容、结构等。在具体实施时,流程主要有作业布置要在内容、时间有弹性要求;作业批改要有对错标注、激励评语、改进指导;作业分析要注重关键问题、典型个案、群体表现;作业辅导要进行集体讲评、个别辅导、同伴互助;还要进行教学改进,包括分类补充、教学强化、资源支持等。

5. 加强作业完成指导。教师要精准分析学情,根据学生实际完成作业的情况,在课时作业或单元作业批改后,对作业批改、评价的结果开展精准分析,充分了解学生学习的全过程,着重关注学生创新意识、实践能力等核心素养的发展,为讲评辅导做足准备。要关注学生的全面发展,针对作业中共性或个性问题采取集体讲评、个别讲解等方式,指导学生订正、复习、巩固、拓展,特别要加强学习有困难学生的辅导帮扶。教师在这一过程中既要关注学生心理健康,增强学生学习的自信心,还应设法提高学生学习的兴趣,培养学生良好的学习习惯。教师要充分利用课堂教学时间和课后服务时间加强学生作业指导,培养学生自主学习和时间管理能力,指导小学生基本在校内完成书面作业,初中学生在校内完成大部分书面作业。对于少数不努力或学习有困难的学生,教师尤其需要给予帮助和指导。

6. 认真批改反馈作业。教师要认真批改作业,对布置的学生作业全批全改,不得要求学生自批自改,不可以群发答案,要及时反馈,加强面批讲解,认真分析学情,做好答疑辅导,切实强化作业批改与反馈的育人功能。作业批改要正确规范、评语恰当,根据不同的作业内容和形式,有科学的批改标准,有规范的批改符号、批改等级和批改日期。鼓励教师给予激励性评语,杜绝使用侮辱、嘲讽等言词、符号批改作业。提倡教师探索充满童趣、活泼多彩的个性化批改方式。

教师通过作业精准分析学情,采取集体讲评、个别讲解、师生共同讨论批改等方式有针对性地及时反馈,特别要强化对学习有困难学生的辅导帮扶。有条件的地方,鼓励科学利用信息技术手段进行作业分析诊断。凡是布置的作业必须批改,凡是批改的作业必须反馈,凡是错题必须订正并面批,凡是错题必须有跟进练习。批改反馈的形式有三种,一是题目重现,为不同学生提供诊断,对错题进行整理,帮助学生有针对性地加强巩固,提高学习效能;二是错题修改,检查学生犯错误的原因,充分暴露学生的相异构想,让学生重新检视自己的认知偏差;三是题目重构,指向学生能力提升,帮助学生在解决更复杂问题的过程中提升学科核心素养,发展高阶思维品质。教师要对布置的作业全批全改,不得要求学生自批自改,不得要求学生家长批改作业。鼓励教师进行面批,学生订正后的作业,教师要进行二次批改。教师批改时除了要对学生作业是否正确规范进行评判,更要关注学生解决问题的方法和过程。注重捕捉学生作业中的亮点,及时予以肯定。

7. 不给家长布置作业。严禁给家长布置或变相布置作业,严禁要求家长批改作业。教师要通过各种形式及时向家长反馈作业完成情况,引导家长树立正确的教育观念,切实履行家庭教育主体责任,营造良好家庭育人氛围,合理安排孩子课余生活,与学校形成协同育人合力;督促孩子回家后主动完成学校布置的作业,不仅关注学习结果,更关注学习态度、学习效率、学习方法、学习效果等过程性表现,不给孩子增加过重的学习负担,引导孩子从事力所能及的家务劳动,激励孩子坚持进行感兴趣的体育锻炼和社会实践;不额外布置其他家庭作业。

8. 严禁校外培训作业。中国教育报微信公众号有一项近5 000位中小学生家长参与的调查显示,除了学校的作业,53%的孩子需要完成课外培训班的作业,45%的家长还会给孩子额外布置作业。孩子作业负担重很大程度上是家长给孩子报培训班所致的,尤其是校外培训机构给学生布置大量的作业。因此,要按照国家有关规定,把禁止留作业作为校外培训机构日常监管的重要内容,坚决防止校外培训机构给中小学生留作业,切实避免校内减负、校外增负。

9. 加强日常监管和考核。对作业设计、作业布置、作业批改、作业分析、作业指导等要加强监督和管理,设立监督电话和举报平台,畅通反映问题和意见渠道,切实落实作业管理各项工作要求,确保学校作业管理工作取得实效。学校要把作业设计、作业布置、批改和反馈情况纳入对教师专业素养和教学实绩的考核评价。对于违反有关规定,特别是布置惩罚性作业、要求家长完成或批改作业等明令禁止的行为,发现一起,严处一起,切实建立起有利于减轻学生过重课业负担,促进学生身心健康全面发展的良好教育生态。但是不给家长布置作业,并不意味着家长把孩子交给学校就没有教育的责任了,家长也要在家里引导并培养孩子自主完成作业的良好习惯,跟学校密切配合,形成育人的合力。

当然,导致中小学生课业负担过重,原因是多方面,有学校、教师、家长、社会、教育主管部门的原因,也有学生自身的原因,还有社会的评价机制、用人机制问题等。要切实减轻中小学生过重的课业负担,避免课内减负、课外增负;线下减负、线上增负的现象,需要构建学校、教师、家长、政府、社会支持体系。从学校来看,重点落实国家课程方案与课程标准,开齐开足各科课程。从教师看,提高课堂效率,提升作业质量,科学合理布置作业,不搞题海战术,丰富作业类型,激发作业兴趣。从学生看,要积极主动学习,认真听课,经常提问,不放弃任何一个问题,不断提高作业速度,做好学习时间管理。从家长看,不做焦虑型家长,不额外给孩子布置作业,不盲目给孩子报培训班,不超前学习。从政府看,对校外培训机构监管力度、广度和深度要加强,监管重点要下移,政策意见要完全落地,对违反规定的校外培训机构绝不手软;对违反规定的学校及教师绝不姑息,坚决查处。对社会来说,要改变不合理的评价机制,倡导科学的作业观,坚决反对牺牲学生身心健康的作业观。

总之,学校管理者要加强作业管理,建立作业管理常态机制,注重作业设计与实施研究,统筹调控不同年级、不同学科作业数量和作业时间,促进学生完成好基础性作业,强化实践性作业,探索弹性作业和跨学科作业,不断提高作业设计质量。杜绝将学生作业变成家长作业或要求家长检查批改作业,不得布置惩罚性作业。教师要认真批改作业,强化面批讲解,及时做好反馈。从严控制考试次数,考试内容要符合课程标准、联系学生生活实际,考试成绩实行等级评价,严禁以任何方式公布学生成绩和排名。建立学有困难学生帮扶制度,为学有余力学生拓展学习空间。要完善各方面支持措施,不断提高课后服务水平。

(四) 课外辅导管理

课外辅导是课堂教学的必要补充,根据班级授课制的特点,教师的课堂教学一般面向全体学生,这样组织的教学,往往会出现学习困难的学生"吃不了",而优秀生又"吃不饱"的现象。因此,在进行好班级课堂教学的同时,教师要注意因材施教,加强对学生的个别辅导。学校管理者应当重视并加强对课外辅导的管理。

课外辅导主要是对学生进行个别指导,其主要任务是答疑解惑,启发思维,指导方法,提高学业质量。重点对象是基础差和智力发展特别好的学生。课外辅导不是上课的简单重复。由于学生的学习能力和掌握知识的情况不同,他们在思维、记忆、能力以及学习动机、态度、方法等方面,都带有各自的特点,表现出明显的差异性。为满足不同学生在学习上的不同需要,尤其是学习困难的学生和优秀生的需求,教师对其进行课外辅导是不可缺少的,一般可采取个别辅导和集体辅导两种形式。课外辅导有助于学习基础薄弱的学生转变学习态度,改进学习方法,刻苦努力学习,提高学业质量,增强学习信心;有助于优秀生扩大知识面,提高学习技能,进一步发挥自己的爱好和特长;有助于中间学生提升学习方法,巩固和强化已学知识,逐步步入优秀生的行列;有助于教师在给学生进行答疑解惑中发现教学中存在的问题,从而改进自己的教学方法;有助于教师加强对学生的了解,增进师生之间感情,反之会提高教学效果。

学习有困难的学生,甚至程度中等的中间生,他们大多存在学习态度不端正,学习习惯差,学习不勤奋,不认真听课,学习动机不明确,思维能力弱、记忆能力差、意志力差等问题,还有非常重要的一点就是他们的学习方法不当,不知道怎样去学习。因此,教师要通过课外辅导等途径有效指导学生学会学习,授人以鱼不如授人以渔。听课效率不高是学习成绩不理想的学生的通病,教师可以教给学生提高听课效率的方法。如要求学生课前一定要预习,预习的方法有如下几种。一是通览。通览下节课教师所要讲的内容。二是做记号。每节课的学习内容,既有重点,也有难点。抓住重点,带着问题听课,有助于提高听课效率。在预习时要在重难点上做记号,以提醒自己听课时注意。三是查工具书或参考资料,或借助于网络查阅。预习过程中出现不懂的地方,可以及时查阅有关资料。若仍然解决不了,可暂时存疑,届时可带着问题听课,集中精力解决疑难问题。四是做预习笔记。预习笔记可多可少,应根据实际需要。五是试拟自测题。通过这个办法检查预习效果。自测题可模仿试卷形式。自测后若仍有疑难之处,可找同学讨论,可通过教师的讲解得以解决,也可通过网络搜寻。

　　同时,还要求学生听课时注意以下几个方面。一是看板书。教师每次授课总是精心准备的。为了上好每节课,让学生掌握应学的知识,教师总是反复钻研教材,认真写教案,反复推敲板书的内容。板书的内容包括每节课的重点(含知识点间的内在联系)、难点、关键点。认真看板书,才能够掌握教师传授的知识要点。二是听过程。为让学生掌握所传授的知识要点,教师总是围绕精当的板书进行叙述、分析,或推理论证。通过这个教学过程,学生可进一步掌握知识的要点及知识点间的内在联系,由点到线,再到面,使所学的知识进一步活起来。在整个传授过程中,每个学生都应当注意教师讲的每个环节,或演算的每个步骤,以了解其来龙去脉。三是记要点。课堂笔记除记板书的内容外,还应简要记下教师讲授的精彩要点或生发开来的内容。它们是对板书的补充。记下这些精彩之处,便于加深对所学知识的理解,便于课后复习,以巩固所学的知识。四是会质疑。课前预习留下的疑点、难点若是通过教师的讲授业已解决,就在笔记上注明,说明对知识的掌握已进入了一个新的层次。若是仍未解决,可举手发问。会质疑者都是勤学好问,肯动脑筋的人。久而久之,必然学问日斗,成绩不断提高。五是补笔记。除了要提高听课效率外,还要及时复习,及时解决疑问,不犯集小疑存大难的错误;及时做作业,巩固学习成果,形成技能技巧;定期进行小结,查漏补缺。

对于优秀生,学校和教师要根据学生的爱好和特长,拓展学生学习空间,基于大数据的精准分析制定个性化学习培养措施,细化指导方案,注重优选方法,不断挖掘潜力,可以适度加大学科学习的广度、难度、深度,开阔学生视野,锻造学习品质,培养创新思维,激发探究精神,树立远大志向。学校要成立优秀学生培养研究小组,落实培养任务,细化培养措施,探索优秀生培养方法,加大对优秀学生的课堂教学和课外指导研究,注重优秀学生的非智力因素的培养,实现并破解钱学森先生的世纪之问,即"为什么我们的学校总是培养不出杰出人才?"

当然,对于所有学生而言,教师要教会学生制定学习策略。如面对中考复习,最后一个月,应该向文科倾斜,多在语文、外语、道德与法治、历史学科上下功夫,因为这些学科需要记忆的内容较多,后期强记有一定的效果。但像数学、物理、化学等理科也不能忽视,应该每天适度安排时间做点习题,达到巩固、熟练、提高的目的。

教师要教会学生做好时间管理,高效利用时间。如早习不宜复习理科知识,应该把复习的重点放在文科知识上,因为早晨人的大脑清楚,适合背诵记忆。在学习过程中要注意适当休息,不能长时间看书学习,学习45分钟后,中间要有10分钟左右的休息时间,让大脑暂时放松。不同科目之间交替学习,可以转移兴奋点,尤其是做到文科和理科交替学习。因为长时间学习某一学科容易疲劳,学习的效果也不佳。学习上不能偏科,应该均衡发展,不能顾此失彼,要发挥总体优势。

要面向全体学生,面向学生的每一个方面,要承认学生存在差异,坚持因材施教,关心学生全面发展,培养学生的特长,转化学习有困难的学生。学校管理者在课外辅导管理中,应注意抓好以下工作。

1. 课外辅导要贯彻因材施教的原则。既要课内辅导,又要课外辅导;既要集体辅导,又要个别辅导。要根据学生的实际,基于大数据进行分析,采取个性化的辅导方式。

2. 教师要进行有效指导。要建立学有特长和学有困难的学生花名册,制定培养优秀生和辅导学习有困难学生的计划,定人、定时、定内容。指导学生制定自学计划、阅读教材和参考书、查阅文献资料等,指导学生掌握学习规律和科学的学习方法,合理安排学习时间,提高学习效率。指导教师要深入了解和掌握学生的学习情况,及时做好辅导答疑和补缺扶差等工作。辅导答疑一般采用个别答疑的方式,对学生提出的普遍性疑难问题,可进行集体辅导。辅导答疑时要注意安排好辅导时间。指导教师要注意保护学生学习的积极性,耐心细致,既要热情帮助学习有困难的学生,帮助他们树立学习信心,克服知识上和学习心理上的障碍,给学习有困难的学生以厚爱,尊重信任他们,激励他们不断上进;又要注意培养优秀生,发挥他们的特长和爱好,拓展学习空间。

3. 教师要改进课外辅导方法。要从学生的实际出发,按照不同学生的不同特点,采取灵活多样的方式方法,特别要关注学有困难的学生和学有余力的优秀学生。对学有余力的优秀学生,重点放在知识的扩展和创造性思维的培养上,可采取适当布置提高性作业,向其推介课外补充读物,让其参加兴趣小组等办法,激励兴趣,发展特长,鼓励和支持他们拔尖,让他们的专长和爱好得到充分的发展;对学习有困难的学生以及因请假、旷课而影响了学业的学生,可采取个别辅导和小组辅导的方式帮助他们查漏补缺,加强学法指导,激发学习兴趣。对学习有困难的学生,除教师自己辅导外,还可以让学习好的学生协助。教师要采取多种方式与家长联系,争取家长支持,共同辅导教育好学生。

4. 教师要指导好学生的课外学习。如指导学生阅读教材和参考书,查阅文献资料;指导学生掌握学习规律和方法,养成自我获取知识和分析、认识问题的能力。教师有责任对学生在课外合法建立的有关学习小组或社团给予指导,特别是指导好社会实践活动,使课后三点半的课堂活动与每一课堂的教学有机地结合起来。

5. 辅导要讲究效益,避免疲劳战。放学后不能留学生集体辅导,个别辅导时间不宜过长。凡有住校生的学校,都要组织住校学生上晚自习,并安排教师坐班辅导,解决学生学习中的疑难问题。

6. 严禁用课外辅导代替课堂教学。辅导只宜个别进行,不可采用集体讲课的办法。有的教师利用课外辅导时间,给全班学生讲新课,实际上是增加学生学习负担。课外辅导要安排在学生自习或课外活动进行,不得妨碍其他学科教学,不得强制学生统一购买教材目录以外的教辅资料,不得借故加重学生的课业负担和经济负担。

(五) 考评管理

考评是指学生成绩的检查与评定。学生成绩检查与评定是学校管理中的重要工作之一,也是检查教学效果、改进教学工作的重要措施,它能起到督促学生努力学习的作用,对保证教学工作的顺利进行和教学质量的提高有着十分重要的意义。

学生成绩检查与评定,具有反馈功能。学校管理者通过对学生学业成绩检查与评定获得教学信息,并对得来的信息进行分析,就可以了解教师教、学生学两方面的情况,找出整个学校教学工作中存在的问题,从而对原来制定的教学工作的具体措施、教师的安排使用重新作调整,调动一切积极因素,推动教学质量的提高。教师通过对学生学业成绩检查和评定,可以了解学生掌握知识、技能的水平,知晓自己的教学效果。一方面,认真总结教学正反两个方面的经验,肯定优点,找出缺点,以便发扬好的教学经验,改革教学中那些不完善的地方。另一方面,可以针对学生的学习内容、学习方法、学习态度等进行指导。

学生成绩检查与评定,具有竞争功能。学生通过对其学业成绩的检查与评定,能从自己学习结果的反馈中及时获得矫正信息。高分或好的评语,能增强学生的竞争意识,鼓舞学生的学习信心,提高学生的学习兴趣,产生推动学生的"内动力"。得到差分或不太满意的评语的学生,只要教师善于引导,也会变压力为动力,促使他们发奋用功,迎头赶上。同时,学生及时了解自己的学习缺陷,就能加以弥补和改进,调整自己的学习,明确努力方向,争取在竞争中获胜。家长从学生学习结果的反馈中了解子女在校的学习情况,也能针对他们学习上存在的优缺点,配合学校进行教育,帮助学校提高教育和教学质量。

对学生学业成绩检查主要运用考查、考试两种方式进行。

1. 考查管理。考查就是对学生平时或非基础学科学习效果的检查。考查指的是平时在课堂教学、作业批改、课外辅导、实验实习、课外实践活动中等对学生进行学业成绩检查和评定,以检查教学效果。平时考查应有成绩记载。经常有计划地考查有利于提高教学效果。

(1) 使教师教学做到有的放矢。教学是师生双边的活动,也是动态的过程。要想及时、经常性地了解学生的学习情况,教师就要对学生进行经常性的考查,发现问题,才能及时弥补和改进。

(2) 能及时矫正学生学习偏差。考查反馈出来的信息,暴露出学生在学习上的缺陷和错误,教师可以根据学生在学习上存在的问题,进行有针对性的指导和纠正。

(3) 促使学生养成良好学习习惯。考查中发现学习存在的问题,在教师的指导和鼓励下,学生及时改正错误,及时复习,及时练习,及时提问,长久以往就会形成良好的学习习惯。

(4) 减轻学生学习负担。学生学业负担重,除了教师布置作业多外,还有学生自己的原因。他们平时学得不扎实,基础知识和基本技能掌握不够,做题速度慢,效率不高。考试因为底气不足,基础不牢,运用不够,成绩自然不理想。考查可以督促学生注重平时的学习,及时解决学习中的疑难和困难,化小疑为释然,这样就会不断提高自己的做题速度,提高运用知识解决问题的能力,学习负担就会减轻。

(5) 促进学生全面发展。有些学科不需要用纸笔对学生进行测试检查,可通过学生的平时表现、实践锻炼等方式进行。如音乐和美术可通过艺术素养测评来进行考查,体育可以对照学生体质健康标准进行考查,做到对学生德智体美劳实施全面考查,避免重智育,轻德育、体育、美育和劳动教育。

在教学过程中,教师通常采用如下方法进行学生学业考查。

课堂提问。教师在课堂上提出问题,要求学生口头回答或者板书回答,是进行成绩考查时经常采用的一种方法。它的特点在于教师进行考查时可以直接看到或听到学生的反应,了解回答的质量,而且可以根据需要进行适当的启发、追问、反诘等。

随堂测验。这是指在课堂上提出问题,让学生以书面形式进行回答,以考查学生对基础知识掌握的程度和运用基础知识解决问题的能力以及形成技能、技巧的程度的一种方法。它的特点是可以在较短的时间里,对全班学生进行考查。可以是10—20分钟,也可以是45分钟或40分钟一节课时间。

检查作业。经常检查学生的课内和课外作业,可以使学生巩固所学知识,熟练掌握技能和技巧,还可以培养学生独立完成作业的习惯。检查学生作业的方式通常有以下几种:教师在课堂提问时,指令部分学生回答或板书回答,然后查看他们的作业,给予评分;教师在课堂上用很短的时间对学生的课外书面作业,用巡视的方法进行检查,给予评分;采用经常检查、轮流检查或重点抽查成绩不理想、作业潦草的学生作业,给予评分;按期全班收齐作业,分批检查部分学生的作业完成情况以及质量,然后予以评分。

日常观察。教师采用日常观察的方法对学生进行考查,可以经常了解学生的学习质量以及影响学生学习的各种因素,从而帮助学生树立正确的学习态度,提高学习效率和质量。教师可通过课内、课外以及参加学生活动细致观察和了解学生,也可通过与学生谈心谈话了解学生情况。

实验和操作。物理、化学、生物、科学、信息学等学科的实验和操作,可以使学生从观察和操作中获得一定的知识,使书本知识和生产实践联系起来,并能培养学生独立进行实验和操作的动手能力。通过学生做实验和实际操作,教师可以考查学生的实验技能和操作技能,考查学生所掌握的基础知识和基本技能。教师可以通过对学生实验和操作全过程的考查给予评分。

达标测试。对于体育学科,教师可以根据中小学生体质健康标准,通过学生实际参加体育达标测试予以评分;对于音乐、美术学科,可以根据中小学生艺术素质测评办法进行测评,并予以评分。

2. 考试管理。考试就是依据课程标准,结合教材和学生实际,对学生应该掌握的知识、技能和运用知识的能力进行全面系统的检查,并予以评分或给予等级评定。考试是检查和评定学生学业成绩以及教师教育教学效果的一种总结性手段,是调节学生学习、改革教学、提高教学质量的依据,也是贯彻党的教育方针,落实立德树人根本任务,培养德智体美劳全面发展的社会主义事业建设者和接班人的目标要求。这就决定了考试具有培养功能和选拔功能。仅就目前的考试形式,有闭卷考试、开卷考试、口语考试和实验操作考试等。考试主要通过学生做试题的方式呈现出来,如何命好试题,是值得认真研究的问题,也是整个考试成败的关键。

(1) 命题管理

2019 年 11 月,教育部发布《关于加强初中学业水平考试命题工作的意见》(教基〔2019〕15 号),特别强调要"依据课程标准科学命题。各地要将义务教育课程设置方案所设定的除综合实践活动外的全部科目纳入初中学业水平考试范围,促进学生认真学好每门课程,完成国家规定的义务教育学业。考试具体方式由省级教育行政部门依据学科特点确定。取消初中学业水平考试大纲,严格依据义务教育课程标准命题,不得超标命题"。

考试大纲是明确考试标准和控制命题行为的纲领性指导文件,也是复习备考的依据。考试大纲通常具体说明考试的目的、性质、内容范围和考查能力层次的要求,同时还包括试卷结构、试题形式、题型分布、分值分配和考试时间等信息。一般在考试前几个月确定并发布。命题必须严格依据考试大纲,否则算超出范围。制定考试大纲的本意是根据考试的性质和要求将课程目标"细目化""操作化",便于学校、教师和学生组织教学和复习备考,但事实上考试大纲的作用远远超出了服务考试环节与教育教学活动的功能,它不仅指挥着毕业升学的备考,甚至直接取代了国家课程方案和课程标准,负效应日渐明显,主要体现在以下三个方面。

一是考试大纲成了事实上的"指挥棒"。考试大纲让师生可以"依纲据本",考试大纲说什么,教师就讲什么,学生就练什么,教师按考试大纲押题,学生按考试大纲备考,学校按考试大纲考核,一切围绕考试大纲转,生怕对考试大纲理解上有任何偏差。考试大纲之外的许多知识被"忽视",能力、方法、情感、态度、价值观、核心素养等诸多"育人元素"被视而不见。

二是考试大纲导致了"减负"遥遥无期。考试大纲的规定越具体,应试就越被"套路",考试大纲难度节节攀升,教学也跟着层层加码,学生的负担也会越来越重。

三是考试大纲制约了教师的教学思想和学生的发展。教学本质上应该是开放的、多维的,但考试大纲却制约了教师的教学思想,备课必须以考试大纲规定的内容为范围,上课就是对考试大纲内容的挖掘,提问只是对考点的变相摸底。教师日复一日研究考试大纲,眼界日趋狭窄,就只剩下会讲题、会猜题,这样的教学既不能造就出开放性的教师,更不能培养出思维敏捷、富于创新精神的学生,长期以往就会落入"唯升学"的怪圈,妨碍学生全面发展,有悖于立德树人的教育宗旨。

多年来,教育工作者也习惯大型考试要有考试大纲,方便命题,也有助于复习时把握重点。在教育部发布《关于加强初中学业水平考试命题工作的意见》(教基〔2019〕15号)之前,各种考试一直依据考试大纲命题。取消考试大纲,严格依据课程标准,这是与时俱进的必然选择。取消考试大纲,确立课程标准是指导教育教学纲领性文件的地位,有助于充分发挥其服务教学和评价的基本功能,使日常教学根据课程标准的要求有序进行。

取消考试大纲有利于科学评价初中教育教学。中考成绩常常成为社会和一些地方教育主管部门对初中教育教学进行评价的重要乃至唯一标准。课程标准是否得到认真落实,中小学生能否构建完整的知识结构以及是否形成系统的教育性经验等,往往得不到科学有效的评价。即便与课程标准相对应的、专门用于评价学生学业的初中学业水平考试,也没能得到科学定位和深入开发。取消考试大纲可以为达到"构建德智体美劳全面培养的教育体系"这一要求营造重要的也是基本的认知平台和外部环境。

取消考试大纲有利于还原中考的本真。考试大纲不像课程标准那样面向所有中学生以及中学教育教学的全过程,它指导考生备考而不是日常教学。取消考试大纲,以课程标准为依据,有助于还原中考的本来面目:初中学业水平考试(简称"中考")是义务教育阶段的终结性考试,是全面衡量中小学生在学科学习方面能否达到毕业要求的水平考试,考试结果是高中阶段学校招生录取的主要依据。同时,中考还是教育行政部门管理和引导学校认真执行国家课程方案和课程标准,进一步规范教育教学行为,科学评价教育教学质量的重要手段。

考试命题对学校教育教学具有重要引导作用,是健全立德树人落实机制、扭转不科学教育评价导向的关键环节,对于全面贯彻党的教育方针和发展素质教育具有重要意义。

(2)命题指导思想

落实立德树人根本任务。考试命题工作要坚持正确的政治方向,注重加强对学生理想信念、爱国主义、品德修养、知识见识、奋斗精神、综合素质等方面的考查,积极培育和践行社会主义核心价值观,弘扬中华优秀传统文化、革命文化和社会主义先进文化,引导学生树立正确的国家观、民族观、历史观、文化观和宗教观,促进学生德智体美劳全面发展。

依据课程标准科学命题。要将义务教育课程设置方案所设定的除综合实践活动外的全部科目纳入初中学业水平考试范围,促进学生认真学好每门课程,完成国家规定的义务教育学业。考试具体方式依据学科特点确定。取消初中学业水平考试大纲,严格依据义务教育课程标准命题,不得超标命题。

发挥引导教育教学作用。考试命题要注重引导学校落实德智体美劳全面培养的教育体系,引导教师积极探索基于情境、问题导向、深度思维、高度参与的教育教学模式,引导学生自主、合作、探究学习,充分发挥考试对推动教育教学改革、提高学生综合素质、促进学生全面健康成长的重要导向作用。

(3)命题的基本原则

指导性。要有利于贯彻党的教育方针,坚持立德树人,体现素质教育的思想,面向全体学生,坚持以学生发展为本。命题要发挥对学校实施素质教育的正确导向功能,促进学生德智体美劳全面发展,引导教师改进教学,引导学生学会学习。

基础性。初中阶段是义务教育的重要阶段,义务教育是公民教育。要严格按照学科课程标准和初中教学的实际命题,考查学生最基本的思想道德素养和文化科学素养。

全面性。命题要在全面检查学生核心基础知识和基本技能的基础上,重视对学生运用所学知识分析、解决实际问题的能力的考查。试题要注意联系社会实际和学生生活的实际,反映课程标准对学生知识与技能、过程与方法、情感态度价值观等方面的基本要求,体现人文素养、科学素养和环境意识的课程目标,提倡学科间的相互融合与渗透。

科学性。科学性是命题的基本要求,也是保证试题质量的关键。要保证试题内容的准确性,要坚决避免出现政治性、知识性、技术性等方面的错误。

适切性。要体现学业考试的性质,严格控制试题难度,要有利于各种程度的学生都能考出自己的水平;题目设置要有一定的区分度,起点适当,坡度适宜。试题的题量要适中,在充分发挥传统题型特点的基础上,积极探索使用新题型,要妥善处理各种题型的使用和搭配。

规范性。要严格按照命题工作的程序和要求组织好命题。

(4) 命题的基本理念

坚持以生为本,切实体现素质教育面向全体的要求,严格依据课程标准命题,而不是依据某一版本的教材,必须体现课程改革的方向。试题应反映课程标准对学生的基本要求,切合中小学教学实际,杜绝繁、难、偏、怪题。

强调能力立意,克服试题的"能力技能化"的倾向,重视对学生运用所学的基础知识和基本技能分析问题、解决问题能力的考查,试题的着眼点和着力点主要放在考查能力上。

强调应用性,试题的选材和编制应注意联系社会实际和学生生活实际,加强理论和实际相结合,考查实践能力,真正改变教学中的机械训练、题海战术的状况和理论脱离实际的应试教育倾向。

增强探究性,注意考查创新意识,引导学生注重探究过程和方法、注重培养学生科学地认识事物、分析现象和把握规律的能力。试题灵活开放,有助于学生拓展思维空间,便于创造性的发挥。

注重综合性,注意学科的内在联系和知识的综合,引导学生关注对所学知识适当的重组与整合;在考查对所学知识的组织、存储、提取、理解运用、分析综合等能力的基础上,强调考查学生对知识结构体系的把握能力。引导学生在平时的学习中注意加强对各学科知识的联系和综合运用。

坚持教育性,试题应坚持立德树人,注意体现积极的价值取向,强调科学精神和人文精神,强调人与自然、社会、协调、和谐发展的现代意识。试卷结构与形式上要有所创新,体现对学生的人文关怀。

体现时代性,注意结合社会热点、焦点问题,以引导学生关注国家、人类和世界的命运。

(5) 切实提高命题质量

提升试题科学化水平。初中学业水平考试主要衡量学生达到国家规定学习要求的程度,兼顾学生毕业和升学需要。要结合实际,对各学科考试时长、容量、难度等提出规范要求。试题命制既要注重考查基础知识、基本技能,还要注重考查思维过程、创新意识和分析问题、解决问题的能力。结合不同学科特点,合理设置试题结构,减少机械记忆试题和客观性试题比例,提高探究性、开放性、综合性试题比例,积极探索跨学科命题。拓宽试题材料选择范围,丰富材料类型,确保材料的权威性,杜绝政治性和科学性错误。充分考虑城乡学生学习和生活实际,增强情境创设的真实性、典型性和适切性,提高试题情境设计水平。规范试题语言文字,防止出现表述错误和歧义。客观性试题要有确定的答案。

严格规范命题程序。要对考试命题工作程序提出规范要求。命题前要加强命题人员培训,学科命题组要充分研讨、统一思想、明确命题基本目标,严格按照制作多维细目表、研制试卷清样(包括参考答案或答案示例、评分标准)、试卷校对、审核确定、签字付印等流程,认真开展命题工作。强化审题工作,严格执行试题命制人员和审核人员分离制度,认真开展试卷政治性、公平性、科学性、技术性、程序性审查和学科交叉审查,确保命题质量。

国务院办公厅《关于新时代推进普通高中育人方式改革的指导意见》（国办发〔2019〕29号）也对高中阶段的考试和命题工作提出如下明确要求。

规范学业水平考试。普通高中学业水平考试主要检验学生达到国家规定学习要求的程度，考试成绩是学生毕业和升学的重要依据。除综合实践活动课程纳入综合素质评价外，国家课程方案规定的其他科目均实行合格性考试，考试内容为必修内容。语数外、政史地、理化生等科目合格性考试由省级统一命题、统一组织实施，鼓励有条件的地方将技术科目和理化生实验操作纳入省级统一考试。体育与健康科目合格性考试按照省级要求由地市统一组织实施；艺术（或音乐、美术）科目合格性考试由省级确定具体组织实施方式。省级统一组织实施的合格性考试应安排在学期末，高一学生参加考试的科目原则上不超过4科。高校招生录取所需学业水平考试科目实行选择性考试，考试内容为必修和选择性必修内容，由省级统一组织实施。

深化考试命题改革。学业水平选择性考试与高等学校招生全国统一考试命题要以普通高中课程标准和高校人才选拔要求为依据，实施普通高中新课程的省份不再制定考试大纲。优化考试内容，突出立德树人导向，重点考查学生运用所学知识分析问题和解决问题的能力。创新试题形式，加强情境设计，注重联系社会生活实际，增加综合性、开放性、应用性、探究性试题。科学设置试题难度，命题要符合相应学业质量标准，体现不同考试功能。加强命题能力建设，优化命题人员结构，加快题库建设，建立命题评估制度，提高命题质量。

经实践发现，考评管理应该注意的问题主要如下。

（1）严把命题质量观。学校考试命题要严格规范考试内容，合理控制考试难度，不得超越国家课程标准和学校教学进度。要切实提高命题质量，注重考查基础知识、基本技能和教学目标达成情况，注重增加综合性、开放性、应用型、探究性试题比例，体现素质教育导向，不出偏题怪题，减少机械记忆性试题，防止试题难度过大。试题要有利于培养学生分析和解决问题的能力；有利于发展学生的智力，鼓励学生的创新，反对死记硬背和只重知识、轻视能力的做法，更不允许引导学生猜题，弄虚作假。

（2）严格控制考试次数。小学一二年级不进行纸笔考试，义务教育其他年级由学校每学期组织一次期末考试，初中年级从不同学科的实际出发，可适当安排一次期中考试。学校和班级不得组织周考、月考、单元考试等其他各类考试，也不得以测试、测验、限时练习、学情调研等各种名义变相组织考试。初中毕业年级为适应学生毕业和升学需要,可在下学期正常完成课程教学任务后,在总复习阶段组织1—2次模拟考试,坚决禁止抢赶教学进度、提前结课备考。初中学业水平考试仍按国家和省级教育行政部门有关规定执行,除初中学业水平考试外不得组织任何与升学挂钩的选拔性考试。

（3）合理运用考试结果。严格依据课程标准和教学基本要求确定考试内容,命题要符合素质教育导向,不出偏怪考题。考试成绩实行等级评价,一般分4至5个等级。严禁以任何形式、方式公布学生考试成绩及排名,不得以升学率作为评价教师工作的标准。考试结果不排名、不公布,以适当方式告知学生和家长,不得将考试结果在各类家长群传播。不得按考试结果给学生调整分班、排座位、"贴标签";初中各学期期中、期末考试成绩和初三下学期模拟考试成绩不得与升学挂钩。教师要运用考试结果精准分析学情教情,有针对性地对学生进行帮扶辅导,科学研判教学工作的重点、难点,切实改进课堂教学,不断提高课堂教学效果。学校要加强对考试结果的整体分析,对教学质量作出科学判断,有针对性地加强教师教学指导和培训。

（4）限制竞赛评优活动。不得组织学生参加社会上未经教育行政部门审批的评优、推优及竞赛活动。

（5）吃透考试改革精神。全面实施基于初中学业水平考试成绩、结合综合素质评价的高中阶段学校招生录取模式。强化高考育人导向,深化考试内容改革,普通高中学业水平等级性考试和高考命题要以普通高中课程标准和高校人才选拔要求为依据,促进教、学、考相一致。创新试题形式,增加综合性、开放性、应用性、探究性试题,加强情境设计,杜绝偏题怪题,注重紧密联系社会生活实际,克服命题结构固化和学生机械刷题的倾向,引导学生提高分析问题、解决问题的能力。

五、学生学的管理

苏霍姆林斯基指出:"不应当把学习仅仅归结为不断积累知识、训练记忆和死记硬背。死记硬背会使儿童变得迟钝和愚蠢,既有害于儿童的健康,又不利于儿童的智力发展。我的目的是要努力做到,使学习成为丰富的精神生活的一部分,使这种丰富的精神生活促进儿童的发展,丰富他的智慧。我的学生的学习不应当是死记硬背,而是在游戏、童话、美、音乐、幻想和创造的世界里进行的生机蓬勃的智力生活。我希望孩子们成为这个世界的旅行者、发现者、创造者。"[1]学生掌握知识,有一个科学的学习过程,这个过程应包括制定学习计划、预习、上课、复习、作业、考试和小结等环节。管理学生的学习,就要对学生学习的各个环节提出质量要求,并进行合理的组织。

(一)学习计划管理

学习计划是学生进行学习的行动纲领,可以促使学生进一步明确学习目的,增强责任感,积极努力地完成学习任务。做事无计划,常常是忙而无序、顾此失彼、事倍功半。学习计划对学生取得良好的学习效果是非常重要的。学习计划可以激发学习热情,养成良好的学习习惯,提高学习效率,促进学习目标的实现,磨炼学习意志。

学习计划可由学生个人制订,也可由学生学习小组制定。它一般包括以下内容。第一,对上学期学习情况的分析,扼要地说明上学期学习的主要成绩和存在的问题。第二,提出本学期努力的方向和目标。目标要具体明确,要切合实际,不能太高,也不能太低,既要估计到发展的可能性,也要留有余地,确定在自己"最近发展区"之内。第三,提出具体努力措施,便于执行和检查。如制定的目标是什么,要有具体数字支撑;实现目标,有哪些措施;这些措施在执行过程中,可能会遇到什么困难;如果遇到困难,怎么克服;在执行过程中,有没有人来起监督作用。

制订学习计划必须从科学、合理地利用课余时间入手。

一要考虑全面。学习只是学生生活的一部分内容,除了课内学习之外,不可能将课余时间全部安排学习。制订学习计划时,必须将学习与其他各项活动统筹安排,除了学习、吃饭、睡眠外,应该把娱乐和锻炼时间算在内。也别忘了留一点与朋友、家人聊天的时间,看电视、听音乐、上网的时间等。

二要安排好常规学习时间和自由学习时间。常规学习时间主要用来完成教师布置的作业,消化当天所学的知识。自由学习时间是完成教师布置的作业后,学生自己支配的学习时间,这是学习计划中要做出具体安排的时间。可以有两种安排,参加辅

---

[1] 苏霍姆林斯基 著:《给教师的建议》,教育科学出版社,1984年,第269页。

导班,弥补自己学习中的欠缺,或拓宽知识面,或彰显特长与爱好;提高自己,深入钻研,发挥自己的学习优势。要围绕一个专题,集中时间专门解决,解决后,再换一个专题,这样效果会比较明显。

三要把长计划与短安排结合好。长计划不能订得太具体,很难在这个月就把下个月每天干什么全都定下来。但下个月在学习上要解决哪几个主要问题,心中应当有数。而本月的第一个星期要解决什么问题,第一个星期每天干什么,就应当订得具体。这样,就把一个较长时间内才能完成的学习任务分到每周、每天去了。有了具体的短安排计划,长远计划中的任务就可以逐步得到实现;有了长远计划,可以在完成具体学习任务时,心中有了明确的学习目标。

四要从学习实际出发。不少学生在制订学习计划时劲头很足,但忽略了自身的实际情况,结果执行起来困难重重,效果不明显。学生制订计划时,要分析自己将要掌握的知识和能力是什么,学习时间有多少,学习上的缺欠和漏洞有多少,教师的教学的实际进度如何等。

五要留有余地。计划的具体内容和实施步骤是在学习之前拟定的,是设想,要想把计划变成现实,还要经过一段时间的努力,计划订得再实际,也难免会出现估计不到的情况。如某个阶段的学科难度大,作业多,这样计划中的常规学习时间则会增加,自由学习时间会减少,计划中的学习任务可能就完不成。学习计划不能订得太满、太死、太紧,要留有机动时间,以适应临时变化的情况,这样完成计划的可能性也就会增加。

六要提高时间的利用率。要学会在不同时间安排不同学科的学习,这样取得的效果也会不同。如心情比较愉快,注意力比较集中的时间,可以安排比较枯燥,或自己不太喜欢的科目。零星的、注意力不易集中的时间,可以安排做习题或学习自己最感兴趣的学科。学习活动和适当的文体活动交替安排,文科和理科的学习交替安排,口头作业和书面作业交替安排,相近的学习内容不集中安排在一起等等。

七要注重效果,及时调整。在计划执行到一定阶段以后,就应当检查一下学习效果如何,以便及时调整计划,使计划更加切实可行。如可以结合写日记,不断记录计划的执行情况,使自己感受到不断进取的喜悦,增强信心,还有利于总结和改进。

学生制订计划后,可能会出现计划赶不上变化,制订了也不能坚持,多种原因导致计划难于落实的现象。在落实计划时,要注意以下几点。

（1）注意计划执行的自我管理。为了确保计划的落实，应在实践中对计划实施状况进行定期的自我检查、自我督促、自我验收。可制作一个计划验收表，每完成一个项目，就打上一个"/"，一段时间进行一次验收。若未完成计划中规定的任务，应查找原因，想出办法，确保计划的全面落实。

（2）确保计划安排的学习时间。对于学习基础不好的学生来说，在开始阶段自己可支配的自由学习时间几乎没有或者很少，因为每天能完成教师布置的作业就已经很不容易了。刚开始执行计划时，可能会觉得时间特别紧张，这时需要占用一部分个人的娱乐和休息时间，但也要确保计划的完全落实，只要坚持下来，过于紧张的学习状况就会改变。随着学习水平的提高，学生常规的学习时间会逐渐减少，自由学习时间会逐渐增加，自己掌握学习的主动权会越来越大，计划的落实度和效果就会越来越增强。

（3）计划实施应选一个固定的场所。学生的课余时间可以到自习室或图书馆去学习，选择一个较少干扰的位置学习。若在家里学习，要尽量避开让学生分心的东西和景物，营造清新和宁静的学习氛围。

（4）在固定的时间学习同一科目。将学习的地点和学习内容的安排固定下来后，长期坚持按计划学习，就能形成一种生活规律，建立一种"条件反射"：时间一到，就可以很快安下心来开始某一科的学习。恪守时间和学习内容的计划，能促进良好习惯的形成。

（5）计划学习时不要兼顾其他事情。学习就是学习，娱乐就是娱乐，干任何一件事都必须专注，不能把学习、娱乐和消遣同时进行，否则会影响学习计划的完成。

（6）注意计划执行中的合理调整。当计划执行到一个阶段后，就应该检查一下学习的效果，并对原计划中不适宜的地方进行调整。如检查自己的课余学习是否遵循了学习计划的安排？计划规定的学习任务是否完成？执行计划以来学习效果如何？若未完成计划，其原因是什么？是安排得太紧或是太松等。只有通过检查，才能发现问题，明确哪些地方需要修改，哪些地方需要补充完善，从而对原计划进行科学而合理的调整。

（7）制订计划要有安排、讲效率。长计划，短安排，在制订相对较长期目标的同时，一定要制订短期学习目标，要切合自己的实际，保证目标通过努力完全可以实现。挤时间，讲效率，制订课后时间安排计划表，充分利用时间，把放学回家后吃饭、休息、学习的时间统筹安排,形成习惯。

作为学校管理者和教师,要指导学生制订学习计划,组织检查学生学习计划的执行情况、落实情况以及修改计划,从而促使计划有效的全面落实。计划不检查就等于不落实。

(二) 预习管理

预习是对新课的学习准备,是培养学生自学能力和提高听课效果的重要措施。预习的质量常常与听课的效果成正比,预习为听课做准备,增强听课的目的性,可以提高听课的效果。通过长期坚持预习,学生可以养成认真读书的习惯,形成自学能力。

预习就是课前的自学,有的学生以为,反正教师上课都要讲,预习不预习无所谓。实际上,在平时的学习中,预习对每一位学生都非常重要。首先,预习可以提高课堂的学习质量。在学新知识时,经常会用到旧知识旧概念,但随着时间的推移,有的已经忘记了,通过预习可以扫除课堂学习的知识障碍。每一个人的接受能力和程度也存在着差异,但教师上课则是按照同一个速度去讲。学生在听课时出现了问题,现查阅书本来不及,也不可能;问教师和同学,就要中断教师的讲课和干扰同学听讲,也不行,只有通过预习可以解决这个问题。此外,预习可以提高听讲的水平和加强记课堂笔记的针对性。学生经过预习再去听讲,上课时的积极性和目的性往往比没有预习的要强。预习的时间总是有限的,再加上个人能力的限制,在预习时,不可能把教材全都领会了,总会遗留一些不懂的问题,盼望上课能得到解决,这样听课时的积极性和目的性就自然增强了,听课也更加轻松了。在记笔记时,也能做到心中有数,可以着重记书上没有的部分,至于书上已有的内容,则可以少记,或者下课时再补记。其次,预习可以促进自学能力的提高。当今世界发展迅猛,知识经济初见端倪,终身学习已经是人们必备的素质。通过预习,学生首次接触新知识,自己读,自己思考,长期以往,阅读速度会加快、思维更加敏捷,更善于分析综合、归纳推理、抽象概括等,能较快地发现问题和抓住问题的本质,不断提高自己的自学能力。最后,预习可以改变学习的被动局面,变"要我学"为"我要学"。通过预习,使上课的质量提高了,上课的内容也能听懂了,课后复习和做作业的时间也大大节省了,学习的积极性当然也会提高了。学习不再是教师、家长压迫下的苦学、厌学,而是自己主动的学习,主动的探究,自己变成了学习的主人。

预习从时间和内容上可以分成三类,即课前预习、阶段预习、学期预习。课前预习是上新课前对所学内容的预习,为上好一节课做必要的准备。课前预习要在前一天完成作业后通览一下教学内容,初步理解新课的基本问题和思路,必要时可适当圈注疑难问题,以便在上课时专心致志听讲得到解决;同时复习与学习新知识有关的旧知识,要试着确认本节的重点和难点,找出听课时应重点予以解决的问题。阶段预习是指预习一章(课)或有关的几章(课)内容,这需要比较长的时间才行。阶段预习一般采用浏览或读目录的方法,初步分析学习内容的结构及以前所学内容的联系、单元(章节、课)分布情况等,做到对全书内容梗概有较清晰的印象,初步了解教材编排顺序及内在联系。学期预习是指在开学前,在假期里,把新教材先自学一遍,了解一下学科的知识体系,以便站在全局的高度进行学习。会学习的学生,在假期里都会自觉地抓紧时间进行学期预习,这样就能在学习紧张时减轻压力,使紧张的时候不感到紧张。这种调节,可以使学习忙时不忙,闲时不闲,可以使学习变得轻松愉快。

预习的基本要求是通读新课文,分析新内容,标出不懂的地方;对不懂的地方进行初步思考,提出要解决的问题;新课后面的思考题或习题,最好想一想解题的思路和方法,如果有时间,可以粗略做一做,把不会做的题做上记号,提醒听课注意;写好预习笔记,根据实际需要,可多可少,关键是要找出重点、难点、疑点,带着问题听课,提高听课效果;如果时间许可,可以合上课本,回想一下看过并初步理解的内容,起到加强理解、记忆和检查预习效果的作用;根据课文内容阅读有关资料,解决预习过程中不懂的地方,若仍然掌握不了,可暂时存疑,届时可带着问题听课,集中精力解决疑难问题,以便为听课做好充分准备。

预习时需要记预习笔记,笔记可直接写在预习课文的天头、地脚,或书页的两边。也可专备一个笔记本,最好一个学科一个笔记本,便于积累,便于查找。通过记笔记可加深对课文内容的理解,知道哪些该重点掌握,哪些问题需要找同学讨论,或者向教师求教。另外,通过记笔记,带着问题听课,目的明确,动因明确,听课情绪必然高涨,收获一定比不做预习笔记效果大得多。

做预习笔记时要做到:

第一,列提纲。提纲包括课文的重、难点,公式的推导,原理的阐释,文字尽量简约通达;提纲因学科不同内容也不同,如语文学科还包括课文的分段、分层及段意、层意,数学、物理、化学等学科应包括对知识点的理解及知识点间的内在联系。

第二，记补充的内容。这里的补充内容是指课文涉及，但没有具体阐释的，而且必须知道的。如补充的词语解释，作者的有关介绍，公式、定理的推导、论证，相关知识或最新研究成果等。

第三，记疑问。在预习过程中必然有一些疑问，这些疑问若一时解决不了，可先记录下来以待上课或有时间请教同学或教师解决。

第四，记心得体会。通过预习，做笔记，查资料，问同学，对课文内容必然有新的体会，新的理解，新的感悟。可以把这些体会、理解、感悟简明扼要地记录下来，这对进一步学习将有很大好处。

学生预习时需要注意以下几点：

第一，灵活安排预习时间。要从学生实际的学习情况出发，预习时间的安排，要服从于自己的整个学习计划。要根据每天的空余时间来决定预习的科目。对学习上有困难的学科要优先考虑，花比较多的时间做好预习工作，对自己能很好掌握的学科，预习时就可以轻轻带过。另外，同样的课程对基础薄弱的学生来说，平时的预习要更注意补缺，巩固旧知识；对基础扎实、有研究能力的学生，预习工作就可以变成深入的自主性学习。课前预习安排的时间可长可短，如果时间充裕，时间可长点；时间紧张，可短点。预习的时间长短，要服从学习的整体安排，不要因预习时间过多而打乱整体计划等。

第二，学科不同采用的预习方法不同。如数学、物理、化学等理科课程，知识特点多以抽象逻辑思维为主，多采用较为精细的方法；而语文、外语、道德与法治、历史等课程，多以形象思维为主，可多加强记忆。

第三，预习要持之以恒。预习作为一种好的学习习惯，要用心，不是为预习而预习，不能浅尝辄止，需要持之以恒，久久为功。

第四，根据教师授课特点预习。不同教师有不同的讲课风格。有的教师在上课时基本依据教材，把整个教材讲一遍；有的教师则喜欢对教材的重点和难点做讲解，对于一般性、简单的内容则一带而过。对于第一种教师，学生预习时应该把握教材的重点和难点；而对于第二种教师，学生在预习时需要扫清新课中的简单问题。

第五，预习不宜全面铺开。全面预习是不现实的，时间没那么多，预习质量也难以保证。对于学习基础差的学生,可选择一两门自己感到最吃力的学科进行。预习时也不要平均使用力量,对于自己比较擅长和学得好的学科,可少安排预习时间;时间紧张时,为了确保重点学科,甚至可以不预习。

学校管理者不仅要要求教师指导和组织学生预习,而且应要求教师对学生的预习情况有真切的了解,并在教学中充分运用学生预习的成果,抓住重点、难点、关键点和学生预习中的疑点,进行有的放矢地点拨和讲解。对大多数学生已经弄懂的地方,教师可以略讲或不讲,通过作业来巩固检查,辅导学习有困难的学生。

(三)上课管理

上课是学生学习过程的中心环节,其他各个学习环节都是直接或间接地围绕上课这个中心环节来进行的。学生的上课状况如何,直接影响学生的学习质量。因此,学校管理者要重视对学生上课的管理。

充分的课前准备是提高听课效率的前提,教师应要求和指导学生从多方面做好课前准备。

物质准备。上课前,必须准备好课本、练习本、笔记本,要削好铅笔、装好圆珠笔等,有时还要准备好模型。不要等到教师讲课时再找这找那,这样不仅会浪费课堂上的宝贵时间,而且还会打乱听课思路。

心理准备。正确的态度是以平静、轻松和愉悦的心情迎接新课和教师的到来;应该想到在新课堂上自己又将学到新的知识和本领,从而感到兴奋,产生一种心理期盼。只有在这种心理状态下进入课堂,才能确保获得听课的高效率。

生理准备。学习是一项艰苦而复杂的脑力劳动,大脑是唯一能够进行学习和思维活动的器官。要使大脑保持清醒,并在整个课堂学习中维持一种兴奋状态,就必须确保每天有充足的睡眠和充分的休息。据调查,现在中学生睡觉晚的很多,由于睡眠不足,课堂学习中大脑的活动处于一种半抑制的疲劳状态,学习效率自然不高。有的学生不吃早餐,整个上午的学习都处在饥饿状态中进行,身体长时间没有能量补充,血液中缺糖,大脑活动根本无法进入兴奋状态,特别是到上午第四节课时,一些不吃早餐的学生常常因饥饿而学习分心,连听课注意力都无法集中,更不要谈去理解和思考问题了。

知识准备。这主要是通过预习的方法来实现的,预习是上课的前提,是决定听课效率高低的最主要因素,是最为重要的课前准备工作。由于在预习过程中了解了新课的学习内容,排除了听新课的知识障碍,课堂学习也就主动多了,听课也轻松多了。

对学生上课的基本要求是做好上课前的各项准备;遵守课堂常规,集中注意力,专心听讲;围绕教师讲课重点积极思考,既要敢于发问,又要认真思考教师所提出的每个问题;概括教师讲课要点,做好笔记,特别要记下不懂的问题,以便课后继续钻研或请教师辅导。

要做到专心听讲是很不容易的,最重要是要克服"走神",思想不能开小差。不少学生一方面抱怨学习时间太少,另一方面上课时又因为"走神"而把大量的时间浪费掉。那么如何做到专心听讲?

一是要寄希望于课堂。课堂学习占据了学生大部分的学习时间,如果不充分加以利用,不在教师指导下提高觉悟,增加知识和提高能力,那就等于丢掉了最重要的学习时间。要通过提高课堂的利用率,来减轻课下的学习负担,提高学习质量。一个学习动机端正,学习目的明确,希望通过课堂学习来满足自己强烈的求知欲的学生是不容易在上课时"走神"。

二是要尽快进入学习状态。预备铃声一响,就要迅速进入积极的学习状态。可以回忆上节课教师讲的内容,也可以回忆预习时的思路和没有解决的问题。这样就会较容易进入本节课的学习。

三是不要钻"牛角尖"。上课时,教师总要从一个问题讲到另一个问题。如果第一个问题学生没听懂,不要在课上死钻"牛角尖",而要迅速记下来,接着往下听讲,不懂的地方留待课下再去研究,或课间有时间问教师,这样就可以保证听课的连续性。假如第一个问题没听懂,就一个劲儿想,教师又不会因为学生在思考这个问题而停止讲课,等学生从"牛角尖"中醒悟过来时,听课的连续性已经遭到破坏,思路也接不上,造成一步掉队,步步跟不上,整堂课全听不懂的后果。上课时钻"牛角尖"的现象属于注意力不能及时正常转移的"走神",在学生中比较普遍,为了避免这种现象,上课要紧跟教师的思路,有问题记下来下课再说,保持思维的灵活性。

四是要当课堂的主人。要积极参与课堂内的全部教学活动,不当旁观者,要积极思考教师提出的每一个问题,认真观察教师的每一个演示实验或操作,要大胆举手发表自己的意见,认真参加讨论,有选择地记笔记等。

五是课间不要从事太兴奋的活动。利用课间看侦探小说、言情小说,下象棋或围棋,或者打闹吵闹,或做作业,或做激烈的活动,这样做到上课铃声响时,学生还处于兴奋状态,这些兴奋波会干扰正常的听课。课间十分钟最好走出教室,到外面散散步,晒晒太阳,呼吸点新鲜空气;瞭望远方,看看绿树和花草,使自己疲劳的视力得以恢复;可以和同学聊聊天,讲讲笑话,尽量谈些使人轻松、愉快的事情,使自己的身心充分放松;也可以做些轻微的体育活动,通过积极的休息,及时缓解大脑的疲劳。每个学生只有合理地安排好课间休息,才能既有利于自己的身心健康,又能提高自己的课堂学习的效率。

六是要多考虑学习的需要。学生的学习不能完全根据兴趣而定,自己感兴趣的学科要听,不感兴趣的学科也要听。通俗易懂、幽默风趣的内容要听,理论性强且抽象、比较枯燥的内容也要听。只有这样才能使所学知识系统化、理论化,进而提高学习质量。

提高听课效率除了课前预习外,还应注意如下几个方面。

一是看板书。教师授课前总是精心准备的。为了上好每节课,让学生掌握应学的知识,教师总是反复钻研教材,认真写教案,反复推敲板书的内容。板书的内容包括每节课的重点(含知识点间的内在联系)。认真看板书,就可以掌握教师传授的知识要点和获得的技能技巧。

二是听过程。为让学生掌握所传授的知识要点,教师总是围绕精当的板书进行叙述、分析,或推理论证。通过这个教学过程,学生可进一步掌握知识的要点及知识点间的内在联系,由点到线,再到面,使所学的知识进一步活起来。在整个传授过程中,每个学生都应当注意教师分析问题的思路,注意教师讲的每个环节,注意教师讲解的要点,注意教师反复强调的地方,注意教师讲课中的提示,注意演算的每个步骤,以了解其来龙去脉。

三是记要点。课堂笔记除记板书的内容外,还应简要记下教师讲授的精彩要点,或反复强调的地方,或生发开来的内容。它们是对板书的补充。记下这些精彩之处,便于加深对所学知识的理解,便于课后复习,以巩固所学的知识。

四是会质疑。要带着"问题"听课,课前预习留下的疑点、难点问题,若是通过教师的讲授业已解决,就在笔记上注明,说明对知识的掌握已进入了一个新的层次。若是仍未解决,可举手发问,寻求教师和同伴的帮助。会质疑者都是勤学好问,肯动脑筋的人。久而久之,必然学问日斗,成绩不断提高。

五是补笔记。已解决的疑点、难点,课后应在预习笔记上注明,表示问题已得以解决。还可记教师纠正别的同学做题的错误,避免自己犯同样错误。记教师概括的知识要点和总结的解题规律。

六是重两头。上课开头起着承上启下的作用,是概括上节课讲的主要内容,引出本节课讲述的新知识,结尾是一节课结束后的高度概括和总结,听好小结可以明了本节课的主要内容。学生千万不能忽视这"两头"。

教师要指导学生掌握课堂学习的有效策略。要做好上课前的准备工作,如知识的准备、物质的准备(书、练习本、各种文具等)、精神的准备(心情愉快、感兴趣等)、身体准备(简单地说不打瞌睡、不生病等);上课时,要集中精力,专心听讲,不遗留任何疑点,不要忽略听教师讲课的开头和结尾,因为这是最容易"走神"的时候;要勤于思考,不仅要"听",更要用"心"去想;要正确处理好听课与笔记的关系,记笔记不能影响听课与讨论问题,思考问题,要以听为主,以记为辅;不能只注重记住结论,更要注重得出结论的过程和方法,不仅要知其然,而且要知其所以然;要学会交流,学会与同学、教师的交流,敢于并善于思考问题,提出问题,表达自己的见解和主张,即要使自己的思维处于积极状态,不要因为过于紧张、疲劳而影响学习的情绪及学习的效果;要善于配合教师,捕捉自己发表观点的机会,与教师一起共同营造和谐的教学氛围,提高课堂45分钟的学习效率。对于自习课,要以消化刚学过的内容,完成教师规定的作业为主,在此基础上可以复习以前所学内容,预习第二天的新课程内容,利用自习课提高自己的自学能力。

为了使学生能够在课堂上主动地进行学习,学校管理者还应当注意要求教师在上课时把学习的主动权交给学生,不搞填鸭式教学,要充分发挥学生的主体作用,积极启发学生的思维,调动学生学习的积极性和主动性。

(四)复习管理

复习是学生整个学习过程的重要环节。复习能再现课堂所学知识,及时复习能使学生进一步消化教材,减少遗忘,达到巩固知识的目的;复习能使所学知识系统化,从而加深理解,有利于掌握新的知识;系统化了的知识也有利于运用,复习是把知识转化为技能的过渡环节。学校管理者应当重视对学生复习的管理,并对学生的复习提出要求,给予必要的指导。

能够在课堂上把一天所学的知识全部掌握是非常困难的,这就需要通过课后的复习来进一步掌握,以达到较高的掌握水平,从而为做好作业打下扎实的基础。不少学生不重视课后复习,常常把课后复习排斥在外,一放学就先赶作业,由于有的知识还没有真正领会和巩固,就要不断地翻书查课本,即所谓"查字典式的作业法"。凡是作业涉及到的知识,则可以得到"课后复习",而没有涉及到的知识,则没有得到"课后复习",这样所学知识的完整性和系统性就受到了很大影响。久而久之"糊涂"的东西就变得越来越多了。学生首次出现的错误往往成为今后再次出错的隐患。学习心理的研究表明,纠正错误比预防和避免错误难得多。错误的认识经过一次作业的巩固和强化,再来纠正自然比刚开始出现认识错误时就纠正要难。如果学生又没有作业后纠正错误的习惯,也许这些一次性的错误会成为永久性的错误。为了避免这种现象,正确的方法是在做作业前应进行课后的复习。课后复习要查漏补缺,全面复习当天所学的内容,做到月月清、周周清、日日清、堂堂清、段段清,不留疑难到明天。

对学生复习的基本要求是认真回忆课堂上所学内容,追忆教师讲课的过程;复习要有重点,主要复习新课中的重点和难点;复习要动脑筋,要记住基本公式、定理和概念,要掌握知识间的联系,达到融会贯通;复习要有计划,注意把经常复习和阶段复习结合起来。

教师要指导学生掌握课后复习的方法,主要有以下几点。

(1) 复习要及时。德国著名教育家、心理学家艾宾浩斯的遗忘曲线告诉我们:刚刚记熟的材料,过半小时测试,识记材料可保留58%;过一小时则只剩44%;再过一天,则忘掉全部材料的2/3;六天后仅剩25%;一个月后还剩21%。可见,遗忘的进程不是均衡的,发展趋势是"先快后慢",即遗忘在识记后很快便开始,且遗忘得很多,以后逐渐减慢,到一定时间后,几乎不再遗忘。复习不仅必要,而且还必须及时。

(2) 尝试回忆。即合上课本,独立地把教师上课的内容回想一遍;如果想不起来,可以翻看课本,接着再回忆,尽量自己回忆。可以及时检查当天听讲的效果,可以提高记忆力,增强看书和整理笔记的针对性,养成善于动脑思考的习惯。此方法还可用于周末小结和其他复习中。

(3) 间隔重复。复习就要重复,没有重复就没有复习。科学重复除了要深入思考外,还要注意两次复习间隔的时间要合理,先密后疏。在"要忘还未忘"时复习,坚持经常复习,不搞突击性复习。通过反复阅读教材,弄清教材内容之间的联系,找出关键点,使厚书变"薄"。

(4) 联想联系。不能孤立地看待所学知识,要善于产生联想,把知识点放在"知识网"中去看待,质疑探究,注重发现知识的内在联系,努力去联想可能产生的逻辑关系。注意复习的方法和技巧,循环往复,螺旋上升。

(5) 交叉复习。长时间使用同一种复习方法,单调枯燥,容易疲劳厌倦,效果也不好。应当交叉变换复习的方法和内容,提高复习效率。

(6) 多感官并用。只要条件允许,脑、眼、手、口、耳并用,可以增强复习效果。

(7) 整理好笔记。通过回顾、补充、完善所学内容,使知识进一步系统化,学习时也会更加专心致志,学习效率也会大大提高,长久坚持下去,学习质量肯定会大幅度提升。

(8) 关注重点弱点。复习不能平均用力,要在重点和自己的薄弱点上多下功夫。既要与教师、多数同学保持"大同步",又要根据自己的实际安排自己的"小计划",进行自我调节,解决针对性和实效性的问题。

(9) 精读教材。教材是学生学习的重要载体。精读教材即教师讲完课后,学生深入钻研教材,领会教材中的每一个概念、原理及相互关系,从整体上把握教材,做到完整、准确地理解并消化教材的全部内容。学生的许多学习困难问题,基本在教材中能找到解释。尤其是课后复习、周末小结都应当反复研读教材,对基本概念、定理、定律、重点内容、例题等反复思考,反复理解,吃透本质。

课后复习应按照下列程序进行:"过电影"、整笔记、做作业、看参考书。"过电影"主要是学生去回忆教师讲课的内容,通过"过电影",可以检查自己的听课效果,发现自己知识的薄弱环节,提高自己的记忆力。课堂笔记不可能记得很全,课后整理笔记能较快地再现课堂上教师讲过的重点、难点内容,及时有效地强化对新课知识的理解和记忆。做作业是复习的环节之一,通过做作业,可以复习巩固所学知识,发现学习中疑点和薄弱环节,提高运用知识分析问题和解决问题的能力。看参考书就是围绕教师讲课的中心内容找来教材以外的书籍,及时巩固、消化教师上课所讲内容,可以学会从不同角度、用多种方法解决同一问题。

学生在学习过程中经常会遇到一些测试,如单元考试、期中考试、期末考试,甚至中考、高考。特别是一些较大的考试,就直接面临着系统复习有关知识并进行再加工学习。系统复习不是单纯的重复,而是通过复习,使所学的知识水平和能力比初次学习时要高得多。这种复习的好处表现在:通过对旧有知识的回忆重现,使所学知识进一步巩固化;通过查漏补缺,使所学知识进一步完整化;通过融会贯通,使所学知识进一步系统化;通过综合应用,使所学知识进一步实用化,大大提高学生运用所学知识解决问题、分析问题的能力。

系统复习的基本要求

要做好准备工作。复习前,要利用平时零星的时间,围绕复习内容把有关的笔记、书本、作业、试卷和参考书等一一准备好,这样在复习时间里就可以专心思考。

要围绕中心内容进行。复习时,要确定复习的中心内容,按照知识体系确定复习内容。尽量选择与讲新课关系密切的内容复习,复习的内容不必太多,要适当,并注意文理搭配、口头与书面搭配。

要做一定量的综合性习题。目的是检验复习效果,加深对所学知识的理解,培养运用知识分析问题、解决问题的能力。通过做综合性习题,可以进一步使知识完整化和系统化,并以此培养学生综合运用知识的能力。

要有集中的时间和安静的环境。复习时,要处理较多的知识,要看、要想、要写、要查资料、要设计表格等,这是比较费时的脑力劳动。需要有集中时间和安静的环境,否则就会影响复习效果。

要制作复习笔记。及时记录通过思考形成的完整而系统的知识体系,是学生学习的成果,能减少学生的复习时间,而且还能帮助学生产生联想,提高复习效率。

系统复习四步骤

第一步是阅读。就是围绕复习的中心内容,认真地看书,看笔记,看作业、试卷、错题集等。通过阅读使掌握的知识迅速回到原来曾经达到过的水平。在阅读过程中,如果发现了不懂的问题要及时弄懂;发现了没有记住的知识,要想办法记住。在阅读时,要以新课程标准为依据,以课本为主,围绕课题这个中心,着重抓基本概念和基本原理的领会;阅读前,尽量采用尝试回忆的办法,先自己考考自己,看看独立掌握知识的情况;阅读的速度要依据对知识掌握的实际水平来决定,不要平均使用力量;在阅读过程中,要随时把好的想法记录下来,作为下一步整理复习笔记的原始材料。

第二步是整理,即整理出系统复习的笔记。通过艰苦的思考,形成完整而又系统的知识,应珍惜这个学习成果,并及时用复习笔记的形式记下来。整理复习笔记时,要力求简明扼要,一目了然。要适合自己使用,详略得当。有了复习笔记,时常拿出来看看,可以起到提纲挈领、强化记忆、帮助回忆的作用。复习笔记是学生心血劳动的结晶,又是知识的精华,一定要保存好,以便随时取用。

第三步是练习。通过适当做题去发现问题,然后再深入地去看书钻研,加深领会,继而再做题,这个过程是可以不断深入的,可以培养运用知识解决综合问题的能力。

第四步是熟练。对记忆、表达和解题要达到熟练的程度。要按照记忆规律反复记忆,认真练习。对基本概念和原理,对典型的习题,要力求达到精益求精的地步。如果知识掌握不熟练,势必会影响做题速度,甚至由于其他原因而导致答不出题。通过复习,学生对知识不仅要懂,还要牢记,还要会运用;不仅要会运用,还要能熟练、高效率地解决问题。理科实验考试和技能操作,也要达到熟练程度。

当然在复习时,要合理安排复习时间;复习的形式要多样化,如新旧学习材料的对比、视觉、听觉、运动觉等多种知觉系统并用,由简到繁、由易到难、化整为零、积零为整等。

也可以利用章节目录检查复习效果。凡是教材,都有其章节目录,它是相关章节内容的概括与提炼。通过阅读章节目录可以对该教材的内容有个大致的了解。同样,在检查复习效果,特别是检查临考复习效果时,再重新阅读有关学科的章节目录,相信会有更大的收获。在开始复习时,可先看一下相关的章节目录,以确定复习的侧重点。目录熟悉,相关的内容肯定也很熟悉;同样,目录似乎很陌生,相关的内容也一定没有掌握或掌握得不够好。这样可避免平均用力,费时费力,在临考复习十分紧张的情况下,可提高时间的利用率。复习到一定程度,假如自己认为内容已经掌握,就可以合上书和笔记,通过阅读相应章节、目录来检测一下自己复习效果,若一看到目录,脑海中就出现该章节的内容,包括主要公式、定理、一些重要结论,也包括相应习题,特别是一些重要习题的特殊解法,以及该章节与其他章节内容的联系,那么,就说明相应内容已经复习得差不多了,可以暂时放一放了。若看到目录,感到还有些生疏,则说明复习得还不够,还要再下点工夫,继续复习,直到再看目录,觉得内容了然于心为止。阅读目录,还可以再现教师绘声绘色讲解及板书的情景,以及课堂讨论或实验的场面,这同样能唤醒主要内容的记忆,从而强化对知识的理解与掌握。

对于复习,可总结出想、查、看、写、说五步复习管理法。想:闭着眼睛想,在大脑中过电影。课后最需要做的是回想,每天晚上临睡前,想想一天都学了什么内容。查:回想是查漏补缺的最好方法。回想时,有些内容会非常清楚,有些则模糊。能想起来的,说明已经很好地复习了一遍,通过间隔性的 2—3 遍,几乎能够做到不忘。模糊和完全想不起来的就是缺漏部分,需要从头再复习。看:看课本,看笔记。既要有面,更要有点。既包括课程内容上的重点,也包括回忆的时候没想起来、较模糊的"漏缺"点。写:随时记下重点难点、漏缺点。一定要在笔记中详细整理,并做上记号,以便总复习时,着重复习重点内容。说:每天复述当天学过的知识,每周末复述一周内学过的知识。听明白不是真的明白,说明白才是真的明白。坚持 2—3 个月,概括、领悟能力明显提高,表达能力也会增强。

中考、高考对每个毕业班学生来说都是一次考验,它检验学生三年来的学习收获和成果。越是到了后期,时间就显得越来越重要,学生们可能感觉到时间不够用,谁能把时间利用好,把学习安排好,谁勤奋刻苦,谁学习方法得当,谁就能起到事半功倍的效果,在中考、高考中就能取得佳绩。结合多年教育教学实践,给学生们后期的复习提几点建议。

处理好各学科之间的关系,注重均衡发展。要树立"9－1＝0"的思想。中考的九门学科(语文、数学、英语、物理、化学、道德与法治、历史、体育、理科实验考试)都要重视,忽视任何一门学科的学习,都有可能影响中考成绩,在处理中考各学科的关系上,不能厚此薄彼,要均衡发展,重点突破,保优促劣,发挥总体优势。对于语文、数学、英语三门学科可以有所侧重,多投入些精力,但不能偏科。要确保自己优势的学科更加优势,促使自己劣势的学科逐渐变成优势学科,切忌顾此失彼。后一段时间要特别重视语文、英语、道德与法治、历史等文科的复习,须知必要的记忆对掌握和运用知识是非常有益的。对于物理和化学、道德与法治等合卷的学科,要提前做好磨合,科学安排答题时间,一定要使得会做的题目能够做完,不留遗憾。高考分文理科,文科包括语文、数学、英语、文综,理科包括语文、数学、英语、理综。对文科来说,尤其要提高数学成绩,有人说得数学者得文科。理科要注重理综成绩的提高,由于高考是选拔性考试,题目相对较难,学生要打下坚实的基础,才能在考场中发挥优异的成绩。

合理利用时间,学会学习与调节。后期的复习时间是极其宝贵的,对每一位学生来说都是均等的,关键是看哪一位能更加勤奋,更会利用时间。一部分学生学得很辛苦,很累,但效果不佳,成绩一直不理想,究其原因是多方面的。下列做法不值得提倡:做习题前不复习,甚至一边翻书一边做,作业速度慢;学习不能静下心来,易走神,甚至一边听音乐或吃东西或说话或看电视,一边做作业;上课不注意听讲,没有消化教师所讲的内容,甚至很多问题不懂;晚上学得很晚,第二天上课很疲倦,甚至打瞌睡,造成"恶性循环",时间和精力都耗了,做了无用功;没有掌握科学的学习方法,学习要讲究效率,不能死干,更不能蛮干;学习浮在表面,不能沉下心来,没有注重基础知识和基本技能的掌握,学习上大而活之,好高骛远,经常犯低级错误等。还有一部分学生一方面抱怨后期的复习时间太紧、任务太重,另一方面又让时间从身边白白溜走,集中表现在:上课不专心听讲,不积极思考,不懂装懂,课下又不及时复习巩固,作业速度慢,花费时间长;重视教师布置的书面作业,忽视应该掌握的口头作业,致使许多该记忆和掌握的问题和内容没搞清楚;学习不专注,甚至热衷与做一些与学习无关的事,如上网打游戏、看卡通漫画、追星等;学习上没有紧迫感,松、懒、散表现尤其突出,导致学习效率低下;学习不能持之以恒,高兴就学,不高兴就不学,致使学习出现间断性;学习目的不明确,对自己要求不高,致使时间概念不强等。

针对上述第一种情况,学生们一方面要不断改进和完善学习方法,学习和借鉴他人有效的学习方法为自己所用,合理安排好自己的学习,注重提高学习效率;另一方面在平时的学习和生活中要加强体育锻炼,注重劳逸结合,如在晚上学习时,可实施分段学习,适当给自己一点休息时间。又如针对"春困"现象,中午最好能适当休息一下,以确保下午和晚上的学习精力,要学会自我调节,使自己能适应后期的紧张学习生活。针对上述第二种情况,学生们一方面要增强学习的目的性,提高对学习重要性的认识,另一方面要避免上述现象的出现,不要让时间从身边溜走,要善于利用时间,合理安排好学习时间,不断提高学习效率。

科学安排,积极应对中考与高考。后期的复习时间紧、任务重,学生们要冷静对待,要做到忙而不乱,学而有效。做任何事都要有信心,遇到困难要有克服困难的勇气和决心,要相信自己,相信自己能通过努力实现自己的目标。有了信心,关键在于勤奋。一分耕耘,一分收获,大凡成绩优异的学生无一不是非常勤奋的,但勤奋不等于打疲劳战,要注意提高学习效率,不能单纯靠磨时间来赢得"心理上的安慰"。复习中,许多问题都是学生们已经学过或自己已经会了的,班级同学成绩参差不齐,教师授课的内容不可能都考虑得那么全面,都适合每一个学生,而且事实上也是不可能的。

对于学生们来说,要能静下心来上好每一节复习课,尽可能做到百分之百地巩固和理解所复习知识,切忌眼高手低,要提高复习效率。怎样做到高效率呢?具体有:要有明确的学习目标和计划,合理安排好各科的学习;要提高上课的听课质量,上好每一节课,提高作业速度;做习题要做到一次正确率,避免做重复劳动;做作业要注意作业质量,不能马虎和敷衍了事;要有支配复习薄弱学科的时间,不能一味地被教师布置的作业所控制;要主动学习,不能把完成作业,甚至是家长的压力作为唯一的任务,学习也是一种乐趣,看你怎么看,看你是否能沉下心来;要重视每一次的考试,及时补缺补差;学习要投入,不能三心二意等。越是到后期,越有一系列的考试举行,如理科实验操作考试、体育考试、学生综合素质评价、学校组织的模拟考试,最后是中考、高考,面对这些考试,学生们要以积极的心态去对待,要合理地安排好后期的学习,提高时间的利用率,认真对待每一次、每一科的考试,力争在每一次的考试中取得好成绩;要通过参加多次的考试不断总结自己所取得成绩的经验和好的做法,发现自己在学习上存在的不足;不断锻炼自己的考试心态,积累参加考试的经验,学会考试,以充分发挥自己的水平,实现自己的目标。

正确对待学校、班级和家长的教育和管理。中考、高考是学生们人生的两次大选择,这需要每一位学生要有紧迫感,有忧患意识,有竞争意识,更要有责任意识,去坦然面对。学生综合素质评价以公民道德素养、学习态度与能力、实践与创新、运动与健康、审美与表现等方面的基础性发展目标为基本依据,根据学生的平时表现、活动记录、学习作品、特长表现、奖惩情况等,力求全面客观反映学生的总体发展水平。这一方面是对学生的发展进行多维的评价,可说是对考试评价制度的一次有益的探讨,另一方面又要求学生注重多方面的发展,特别是在公民道德素养方面,要进一步严格要求自己,规范自己的行为,做一个文明、健康、合格的初中、高中毕业生。在后期的学习和生活中,学生们压力比较大,心情有时可能也比较烦躁,这很正常,这需要学生遇事要冷静,不能根据自己的性格要怎样做就怎样做,更不能义气用事,甚至做出违反班规和校纪的事。在学校,学生们要正确对待学校及教师的教育,服从学校的管理,要与其他同学和睦共处;在家里,学生们要尊重父母的劳动果实,尊敬父母,不要动辄向父母发脾气,要正确对待父母的教育和引导。

(五)作业管理

作业是学生学习过程中练习运用知识的主要手段。通过作业练习,学生可以及时检查学习效果,可以加深对知识的理解和记忆,巩固所学的知识,促进相应技能的形成和智力的发展。作业也是培养学生分析问题和解决问题能力的重要途径。

对学生作业管理的要求是:先复习后作业;作业认真,先审题后解答,所答要对所问,做完作业要检查;作业格式要规范,严格遵守全校统一标准,不符合要求的要重做;作业要独立完成,反对互相抄袭;作业要按时交,在按时独立完成的基础上,要求正确、整齐、迅速;凡是教师批改时指出的错误,要求学生及时弄懂,认真改正;允许一题多解,提倡独立思考,鼓励创造性。

做作业的关键在于,作业过程要力求完整。作业过程具体包括以下几个步骤。

(1) 先复习后作业。复习是做好作业的关键。只有复习得好,作业才能做得好。做作业前,先把教师所讲的内容认真地看一遍,弄清基本原理和概念、想一想这堂课讲了哪些内容、原理和概念?提出了哪些定理、公式?这些定理、公式是怎么得出来的?有何意义和作用?相互之间有什么关系?特别是对例题要明白,清楚它的典型性和代表性,解题时用了哪些方法,解题的思路是什么,突破口在什么地方等。全部弄清楚这些问题后再去做作业,作业才能做得既快又正确无误。

(2) 认真审题。做作业最关键的一步就是审题,连题都判断错了,所做的作业就会全部错了。认真审题就要多琢磨、细推敲,深思考。审题时首先要弄清楚题目的内容,所给的条件,有什么限制条件,有什么要求,需要联系哪些知识等。要思考好解题思路、方法、步骤,善于把一道题分解成几个部分,化大为小,化难为易,分清其中的已知和未知,弄清各部分的联系,设计好整个解题步骤,做到不明白题意不做题,不清楚方法步骤不下笔。

（3）细心做题。做题是表达思路的全过程,这个过程既要动脑,又要动手,要确保规范、正确,严格按照各类题的要求,仔细演算解题的每一步,得出正确的结果。只有平时做题认真细致,步骤完整,思路正确,表述严密,准确无误,考试才能照这种良好的习惯进行。

（4）认真检查作业。做完作业后认真检查,是保证作业质量的重要手段之一。作业做完之后,一定要认真检查之后再交上去,这样可以避免作业中的差错和漏洞。一般分五步进行：一是检查题目是否抄对；二是审题是否正确；三是运算是否正确；四是方法、思路、步骤是否正确；五是是否漏题未做。平时做完题要认真检查,考试时做完题更要认真细致检查,因为检查是发现和排除错误的重要方法。

（5）做完后要耐心思考。作业完成后,一定要耐心思考一遍,想想做题用了哪些概念、原理、公式,这道题与教材中的例题有什么关系,是否还有其他解法,稍加变化还能变成什么题目等。只有这样,才能把所学的知识融会贯通,达到系统掌握、触类旁通和举一反三的目的。对于难题,会溯源。查清楚题目所需知识清单,同步辨清知识间的内在联系；复原自己考试时的思维路径,查"堵"点、"歧"点；借助参考答案探究自身存在的盲点疑点甚至是漏点；每隔一段时间复习与检查一次。

（6）认真分析批改后的作业。教师把作业批改发回来后,一定要尽快翻阅。认真反思,耐心思考。做对的题目,想一想是采用什么样的思维和方法做对的,以后遇到类似的题目能不能触类旁通、举一反三；对做错的题目,要找出做错的原因。或是由于慌张、马虎、粗心大意而错,或是基础知识没有掌握,弄错了概念、定理、公式等,或是思路不对,小题大做,大题小做等。若是第一种原因,就要告诫自己以后做题要细心,若是第二种原因,就要在预习、听课和复习上下功夫,牢固掌握知识后再去做作业,若是第三种原因,就要认真钻研和分析例题,掌握解题方法,吸取经验教训,避免今后类似错误发生。对于错题,应建立错题本。分五部分：原题；错因；改正确与举一反三,正确即写出正确答案,过一个月再复习,如果还不会,就要举一反三,将本题相关的知识点或习题联系起来,写下来；归纳提醒,写出错题在什么地方；复习次数,每隔一段时间要复习一次,盖住原题自己再想一想。

(7) 习惯成自然。养成良好的学习习惯是走向成功的重要力量。认真做作业是个习惯问题,只要慢慢形成了耐心、细致地做作业的习惯,就能为学习的成功注入力量。

做作业是学生们经常做的事情。经常看到有的学生一下课就拼命地赶作业,做不出来时,手忙脚乱查书,查不到,就心烦,发脾气。甚至有的干脆抄袭别人的作业,而更多的则是与同学对答案。这些都是消极应付作业的行为。实际上,做作业能及时检查学习的效果,加深对知识的理解和记忆,提高思维能力,并为复习积累资料。提高作业质量的途径有多种。首先,要提高听课的质量。有的学生作业迟迟完不成,究其原因,就是在做作业之前的学习环节上"欠了债",导致欲速则不达,甚至重做,成了低效率的作业。比如上课所学知识没弄清楚,做作业前没有认真地复习,解答问题前没有认真审题等。其次,做题时提倡一次正确率。在做作业时,要求自己一次就要做正确。做作业前要有充分的准备,认真审题,独立思考,敢于挑战困难,经过思考仍然不明白的,可暂且放一放,不要钻"牛角尖",待有时间再考虑,实在考虑不出来,可主动请教师指导或请同学讲解。做题时也要有颗平常心,不能只顾速度不顾质量,要在确保质量的情况下追求完成作业的速度。再次,要养成良好的作业习惯。如要按时、按量、保质完成作业,不能敷衍了事,也不能拖沓;做作业要学会仔细检查,养成认真负责的态度;作业要工整、简明、条理清楚;作业发后还要认真阅读教师的批语,及时订正错误;要将作业保存好,甚至可将错误的作业或易错的作业单独收集保存,可随时看看问题的症结,避免类似的错误再出现;作业要独立完成,不能遇到问题,自己不动脑筋,就喜欢问家长、教师、同学等,甚至抄袭别人的作业;切记模仿做题,不能搞题海战术。

有时学生很苦恼,学习很勤奋,花费的时间不比别人少,也能按时完成作业,但准确率却不高,学业成绩不比别人好。遇到这种情况,就要静下心来分析准确率不高的原因。

首先是所学知识有没有真正弄懂。那种照葫芦画瓢式十有八九要出差错。任何知识都有其内在联系,要在知其所以然上下苦功夫,做到真正的融会贯通。这就要求认真预习,认真听课,认真复习,有不懂的地方问教师问同学,或查阅资料自己弄清楚。

其次,做作业前有没有弄清题意。审题是完成作业、提高准确率的重要步骤,题意没看清楚,给的是什么条件,要求解决什么问题,否则题目不可能做正确。尤其是新课程改革的今天,中考、高考客观题日趋减少,主观题日趋增加,能力考察题日趋增多,倘若不认真审题,那就十有十错。

第三,作业有没有条理,步骤是否合乎要求。作业条理不清,思路不清,背后是知识并没有弄懂,试想教师怎么会打红钩呢？现在中考、高考阅卷要求很严格,步骤不对,条理不清,即使答案侥幸准确也是要扣分的。

第四,做作业时是不是专心致志。不专心、粗枝大叶可不行,答题也不会准确。有些学生完成作业时一会儿干点这个,一会儿又干点那个,一心两用,作业怎么能准确！

第五,做作业是否一味追求速度。提高作业速度无可非议,但不考虑作业的准确率,一味追求速度是不可取的。重复检查重复做,只会导致时间浪费更多,而且也会影响做作业的情绪。做完作业要进行检查,争取一次正确率。

第六,做作业是否认识到位。学生要提高对做作业的认识,明白做作业应有的要求,不能马马虎虎,敷衍了事。做作业不能不认真,仅仅是为了应付作业。如有些学生不复习就做作业,为了赶时间玩耍,草草完成作业,或者一边玩一边做作业,一边听音乐一边做作业,一会儿吃一会儿喝,学习不安心、不静心,作业质量自然不高。

学生在写作业时必须牢记六个"不"。一是不计时不写作业,限时作业。记录作业时间,如20分钟写完英语,25分钟写完数学等。与作业无关的事不做,不能一会儿喝个水,一会儿吃个水果,一会儿听会音乐,不安心做作业,要有时间观念。二是不复习不写作业,先复习所学内容,然后再写作业。不能一遇到问题就在书上寻找,导致作业速度慢。三是遇到难题不钻牛角尖,百思不得先放过,然后再攻坚。不能因为遇到难题,浪费过多的时间,不会的可最后思考解决,或留着问教师和同学。四是不检查不写作业,作业做完后必须检查一遍。经常性检查作业,能提高作业的准确度,同时能发现作业中的问题。五是不小结不写作业,写完作业后,告诉自己学会了什么,得到了什么,哪些方面还有不清楚的地方,有什么体会。六是不抄袭作业,或同学作业,或参考书,或网上搜题。这是写作业的底线和品德问题。不会的一定要弄懂,否则会永远不会,只是糊弄自己,寻找暂时的过关与安慰。

学校管理者要重视对学生做作业的管理,提高学生对作业的认识和重视程度,通过教师指导学生作业的方法,交给学生做作业的技能和技巧,不断提高作业速度和作业质量。

（六）考试管理

考试是手段，不是目的。通过考试可以检测学生的学习效果，督促学生适时、全面地掌握和运用所学知识技能去分析问题、解决问题，使学生发现在学习中存在的问题、缺陷，及时调整学习过程与方法，提高学习质量。

学校统一组织的考试有期中考试、期末考试、毕业考试。升学考试有省级组织的初中学业水平考试和高中阶段学校招生考试（简称中考）、国家组织的普通高等学校招生全国统一考试（简称高考）。还有教师、教研组、年级组平时安排的随堂考试、单元考试、周考试、月考试、模拟考试等。对于平时安排的考试或测试，要指导学生重视每次考试，分析好每次考试，总结经验教训，不断提高考试成绩。对于像期中、期末、毕业考试，尤其是中考、高考这种带有高利害性的考试，学校管理者要加强对学生考试的指导和管理。

指导学生考前复习应具备良好的心态。学生首先要树立必胜的信念，这是最重要的复习心理素质。其次要有务实的精神，必须踏踏实实地复习，认认真真地做题与阅读，不能投机取巧，蜻蜓点水，大而化之。再次要淡化考试观念，对于考试结果要有预判，做好各种可能的思想准备，以积极的心态面对考试。最后要虚心请教，三人行必有吾师，虚心向教师请教、向同学学习。同时，要预防消极的复习心态。如总想要小聪明，投机取巧，猜题、押题，甚至喜欢作弊；上课不认真，复习不认真，考试无所谓，总抱有应付心态；平时不认真学习和复习，临时抱佛脚，寄希望于复习突击解决问题；复习产生急躁情绪，越复习越烦躁，找不准复习的定位标准；妒忌成绩好的学生，产生不友好、自私、封锁信息等不健康的心理等。这些都会影响学生自己的考试准备工作，甚至对自己的考试带来严重影响。

指导学生考试前的注意事项。初中、高中的学生经历了许多次的考试，但仍然有相当多的学生没有能在中考、高考中发挥出自己应有的水平。究其原因很多，其中中考、高考前没有充分准备好是一个重要的原因。初中、高中的学生经过三年的学习，应该说已经夯实了知识基础，加强了对知识综合运用的能力，已经成竹在胸了。这里主要针对参考中考、高考的学生提几点注意事项。一要做好知识上的准备。不能打无准备之仗，也不能打准备不充分之仗。要注重平时的知识学习和复习，只有平时基础打得牢,才能在考试时不紧张,所谓艺高人胆大,底气足。考前几天,要把各科的基础知识梳理一下,定理、公式再记一遍,不要再做偏题、怪题、难题;要合理地安排好各科的复习时间,以文科为主,以看书、记忆为主,以做题为辅,做到记忆与做题相结合,文理搭配,要集中复习教师曾讲过的重点及自己经常出错的问题;要找到要考的那门科目的感觉,做做准备活动,抽点时间看看即将要考的那门科目或做做简单的习题,哪怕是半个小时,也是非常好的。二要做好身体上的准备。考前一定要养精蓄锐,保持旺盛的精力和体力。要保证充分的睡眠,每晚不得超过 10:30,早上起床的时间最好与平时相同,使最佳的学习状态仍保持在上午 8:00 及以后,中午要按时午休,以保持正常的生物钟运转;考前不宜参加较大强度的体育运动,要注意"储存能量";考前要注意饮食卫生,生、冷等不易消化的食物尽量不要吃,要保持最佳的体能去参加考试。三要做好心理上的准备。考前要对主客观情况进行分析,正确评价自己,及时调整自己,使自己保持稳定的情绪和积极的心态。不能让自己思想负担过重、过分紧张、害怕和焦虑,导致复习时不专心,考试时有些会做的题目都没做出来。四要做好物质上的准备。考前要准备好文具、钢笔或圆珠笔、圆规、直尺、三角板、量角器、橡皮等,其中至少有 2 支较顺手的笔,特别是准考证不要遗忘;考前半天应去看看考场,熟悉一下考场的环境,要提前到达考场,千万不要迟到等。

指导学生调整好考试心态。 当学生进入考场内,保持良好的临场状态,迅速适应考场气氛,是考试获得成功的重要保证。

预备铃响以后,学生要控制自己的情绪,轻松地、积极地步入考场,在指定的座位坐好,按考场要求摆好文具和证件。这时,往往要等一段时间,学生可以做几次深呼吸,尽快使自己的情绪稳定下来,可以迅速地观察一下周围的考生和监考教师,但不要对他们产生过多的兴趣。学生应该仔细听监考教师讲述考场规则,预防无意之中犯规,并抓紧这一段时间做好应答准备。

学生应尽量避免因不熟悉考场纪律而惹下不必要的麻烦。如中考、高考中规定,考生不得在试卷上非指定任何地方写下姓名、考号或作特殊记号,但有的考生不以为然或不知道,导致试卷作废,非常可惜。试卷发下来,首先是按规定填好考试科目与准考证号码等栏目,填写号码要认真规范,一旦发生错误,任学生考得多么出色也是枉然。在填写情况还未允许答题的间隙和开始答题的最初 1—3 分钟,学生可以迅速地通览全卷,看看这份试卷共有几页,有哪些题型,各题型的分数分布如何,从而对整个试卷的题目容量、难度有初步了解,以便做出全局安排。例如,学生若发现题量很大,则书写速度要快一些,不要对个别题目仔细推敲,反复检查。另外,通览全卷可以对所有题目在头脑中留下一个印象,这样在回答前面的题目时,学生的大脑也在潜意识层对后面的题目所要求的知识作无意加工,这种准备对解决后面的问题是有帮助的。通览全卷也有利于各题间的相互联想,这对开阔解题思路,消除记忆堵塞现象也有好处。当然,对不适合通览全卷的考生来说,还是从头开始,顺序作答,在准确的前提下加快速度以免时间不够。

指导学生考试中的注意事项。 考生进入考场后,要先看看桌椅是否平稳。拿到试卷,在指定的位置,写好姓名和准考证号码,一定要认真填写,认真填写好了,心情也就平静下来了。答题时,审题要细致,不要怕费时间,如果题目审错了,整个答题就会出问题,或者做错失分,或者返工重来,浪费时间还影响情绪;审好题再下笔,看清不同题型的答题要求,准确找到解题路径,善于发掘隐含条件,消除思维定势。做题要信心,不要犯低级错误,切忌不要因题目简单而大喜过望,因为你觉得容易,别人也会感到容易,也不要因题目难度大而手足无措,失去信心,因为你觉得难,别人也会感到难,甚至更难。解题力求准确快速,尽可能做到一次正确率,因为受考试时间的限制,特别是数学、物理、化学的考试,考生可能根本没有检查题目的足够时间,要相信自己的答案,不要轻易改掉。做题要专心致志,全身心投入,不要东张西望,分散注意力,不要做这道题目还在想着那道题目,甚至还在想与考试无关的事;要努力克服不利的环境影响,使自己静下心来,即使是遇到难题,也不要心慌,不要紧张,想不起来,先放一放,也许在做后面的题目时会找到某种启示,切忌不要丢掉任何一道自己会做的题目;要合理地分配好做题的时间,先易后难,考虑问题要全面,如数学方程的根是否要检验、道德与法治及历史是否漏点、英语单词是否写错等;做数学、物理、化学试题时,打草稿最好能按题目顺序,以便后面检查方便。草稿纸不要乱扔,否则会有作弊嫌疑,不要想着作弊,不要把答案传给别人,因为这样是极端危险的。

做完试卷后,应当从头到尾认真检查一遍。这样做,一是防止漏题,一旦交卷后再发现漏做,可就来不及了,再后悔也无济于事;二是再次核对答案,检查各类题型的作答过程和结果,应当力求答案准确无误。在核对答案时,应当换一种思路,换一种方法,以防原先做题的思路有误,导致答案有误。另外,还要检查答题是否规范,表述是否准确,计算单位是否前后一致,不能把"千克"写成"克","分"写成"秒"。检查时不要轻率地改动原来的答案,一般来说,在模棱两可、不能对知识作正确回忆,而且自己也无法进行检验与推导的时候,宁可相信第一印象的答案是正确的。

在答卷过程中,还应注意卷面的书写格式,注意卷面的干净整洁,不能乱涂乱改,平时应当养成好习惯。有些试卷如语文等学科若卷面不整洁,有错别字,或书写不规范,中考、高考阅卷时还要扣分的。若卷面干净整洁,无错别字还要加分。有些题目的解答还需要整理思路,安排好解答顺序,在这种情况下就需要打草稿。经反复推敲修改后再誊抄到试卷上。若要演算,也应打草稿,并注意步骤,不能偷工减料,以便按顺序检查结果是否有误。

帮助学生掌握优秀学生的考试技巧。优秀学生在考试时,都有自己的考试技巧,下列几点做法最为突出。

第一,考试心态最为重要。特别是要有自信,要相信自己一定能考好,给自己以正向激励。即使没有十分把握,也要默念"我能考好",为自己鼓励,切不可患得患失,急躁不安。

第二,准备好考试必需的文具。考试时应按《考生须知》携带钢笔或水笔、橡皮、三角板、圆规、铅笔、小刀等,免得考试时因没带全而使自己莫名紧张。平时学校组织的考试,最好不用涂改液,而使用橡皮,与中考、高考接轨。

第三,了解考试基本流程。拿到试卷后应在规定位置写姓名、准考证号(座位号)。然后从头到尾看一遍,以便对试卷有个整体印象。组织答案要细心,关键字词、数据、中心思想、论据要抓准,论证要严密,要注意书写过程及运算过程。答题时可按顺序,一道题一道题地做,这样不至于漏题。也可以先做会做的题目,但有时心里不踏实,容易分心,老牵挂前面做的题目。究竟怎样好,可以凭各人的考试经验进行选择。

第四,应把握好不同学科各种题型的答题时间。若是数学考试,应考虑基础题共占多少时间,其中,填空题、选择题各占多少时间,计算题要用多少时间;若是语文考试,应考虑基础知识要多少时间,阅读要多少时间,作文要多少时间。针对中考物理和化学、道德与法治和历史合卷,或高考文综和理综,要科学安排各学科所用时间,一个底线就是一定要把会做的题目做完,不留遗憾。

第五,考试时心情要放松。若压力太大,不容易发挥正常水平,考不出好成绩。不要计较个别损失,不能因一题分值很小的题目不会做,就惊慌失措,乱了方寸,使思维混乱而影响大局。另外,要打开思路,大胆表述。现在的综合题往往是各种知识的综合,这就要开拓思维,注重各种知识的融会贯通,进行跨学科甚至跨领域的思考。当然也要尽量避免非智力因素造成的不必要失分。

第六,试卷做完后应当认真仔细地检查。看审题是否有误,看答案是否出错,看草稿或运算步骤是否正确。若有疑惑,在时间允许的情况下应当重新做一遍。有时应当换个思路,换个角度检查答案,以防忙中出错,力争把失误控制在最低点。

当然,考试还有其他技巧,如思维要活,思路要开阔,注意答题的多侧面、多层次,胆要大心要细,对应联想、串联联想等,都有助于快速准确答题。

前面所述的关于学生考试的问题,主要是针对学生参加中考、高考这样的大型考试,其他平时的考试,虽然没有中考、高考要求那么高,但是学生也必须对每次考试予以充分重视,相关考试技巧可借鉴。

指导学生重视试卷分析与改进措施。 考试完毕并不等于考试结束,平时考试结束后,当拿到教师批改过的试卷,学生首先关心的肯定是分数或等级,这是很正常的心理。看到分数或等级后,学生接下来就要关心试卷的分析,题目答错在哪里,并分析为什么会出错。

教师出题无外乎两个目的:一是检查自己授课情况,看哪些知识学生们已掌握,哪些还需要补缺补差,或强化训练;另一个是检查学生学习情况,学生应当从每一次测验中了解自己对所学知识掌握的情况,以便在以后的学习中及时采取措施应对。

要听好教师的讲评课。一边听,一边记,一边思考。可以把做错的题用另一种颜色改过来,甚至准备一个错题本,专门记录自己容易错的题目,以提醒自己注意;遇到有与自己不同的解法,应记录在考题旁;遇到有自己不理解的地方,如果没有机会提问,就在题目旁边做个记号,等下课后再与教师讨论。

要做好考试分析。通过分析,可以找出自己考试中存在的问题,如哪些题做错了,为什么会错;哪些题做对了,方法是不是很好,还有没有更好的方法;答题步骤能否精炼些,是否需要补充使之更符合要求等。要吃一堑,长一智。在以后的学习过程中就会把概念搞懂弄透,把知识间的联系梳理出来,使思维更严密、更科学,从而逐步摸索出更好的学习方法,使学习更有成效。

通过分析,可以研究教师出题思路、出题技巧、出题趋向等,这样可以增强复习的科学性和准确性。另外,研究全国各地中考、高考试卷对提高中考、高考的贴合度也是大有好处。有些题型如果见过了,学生在考试时就不会紧张,也就能从容作答,不至于因紧张而失分;如果学生没有见过,也可以从见过的题型来分析推断其解答策略。在分析全国各地中考、高考试卷过程中,学生还可以发现许多令人耳目一新的好题型、好题例,可以动手记下来,经常揣摩它,这有助于提高自己的应变能力。

尤其是对错误及错误产生的原因要进行详细分析。在分析错误时应注意是基础知识问题,还是综合运用问题。若是基础知识问题,看属于哪个知识点,还是哪个知识链的问题。若是综合运用题,要看是理解问题,还是语言表述问题。然后进一步分析,为什么会出现上述问题。可能有以下几种情况:第一种是平时所说的粗心大意。这类问题反映在审题时不认真,不细致。题目都看不清,或看不懂,甚至是看错了,下笔就写,结果当然可想而知。第二种是犯低级错误。如打草稿计算是正确的,抄上试卷时却错了。有的把计算单位写错,正、负号写错。第三种是基础不扎实,知识面狭窄,分析问题、解决问题能力差,导致题目出错,或者就是不会答题。

通过分析试卷,找出被扣分的原因后,就要对症下药,及时采取补救措施:若是粗心,以后要细致一点,试卷做好后,经认真检查后再交给教师,树立粗心等于不会的思想,因为粗心和不会结果是一样的,都没有得分;若是基础差,则应勤奋刻苦,补缺补差,尽快掌握所学知识。尤其是针对已出现的错误,要落实考后的改错,应再做一些同类的练习题,以进行补偿训练,避免将遗留的问题带到以后的学习中去。要多问教师,多向同学请教,更重要的是,要提高自己的自学能力。还可以做好自我评价,从横向评价和纵向评价两个方面进行。横向评价可以对自己各学科考试成绩的平行比较,以判断自己各学科发展是否均衡,也可以是与同学之间的比较。纵向评价是自己与自己的比较,就是把自己前后连续阶段的考试成绩进行评价比较。要保持良好的心态,无论考试考得好坏与否,应胜不骄败不馁,发现问题,弥补不足,学好基础知识,提高分析问题、解决问题的能力,同时扩大知识面,广泛涉猎,这样才能以不变应万变,成为德智体美劳全面发展的学生。

（七）小结管理

学习小结是培养学生自学能力、自我检查学习效果的一种学习方式。小结对于学生全面、深刻、系统、牢固地掌握知识与技能，提高学习能力有重要的意义。

最常用的小结是单元小结、阶段小结和全面小结。单元小结是指在学完一个章节或一个单元进行的小结。阶段小结是指学到一定阶段后要进行的小结。全面小结是指整个课程结束后进行的全面的、系统的总结。

学习小结还包括作业小结。一是总结解题方法。可专门准备笔记本，记录学习心得、典型的解题方法。二是总结典型题型。可把题目分类，什么样的题目，要注意什么，如何作答等。三是总结出现错误。可将经常容易出错的问题记录下来，分析出错原因，落实改错的具体办法，避免下次再出现类似错误。

小结的形式灵活多样，可采用学生自己喜欢的方式，或写成日记，或写成周记，或写成讲演稿，或写成发言提纲，回顾前段时间的学习情况，哪些知识掌握得牢固，哪些技能运用得不错，哪些地方存在缺漏，有什么经验，有什么教训，及时总结与反思，达到把前面学的知识条理化、系统化，提高学习能力和学习效果的目的。

学校管理者和教师应当重视对学生学习小结的指导和管理。

对学生学习小结的要求是：在阶段复习的基础上进行小结。要把每一课题的知识系统化，抽象出本质规律，然后用简明的文字概括出来，或用图解法示意，小结本段学习方法方面的经验和教训。

指导学生写学习小结应注意以下几点。

要言简意赅。学生对自己通过一段时间的学习进行小结，主要是分析优点和存在的问题，以便下一步改进。不必写成长篇大论，可有话则长，无话则短，主要是回顾与改进，达到警醒自己与提高学习效果的目的。

要抓住重点。学生小结的内容很多，要针对所学知识的重点内容、重点环节进行分析、回顾，或知识总结，或技能分析，或好的学法积累等，以便发挥优势，弥补不足。

要抓住问题。小结是为了改进与提高，抓住学习中存在的问题进行分析，是取得进步的重要手段。通过分析与诊断，知道问题存在的原因，这样就能做到对症下药。

要突出做法。要针对存在的问题，关键是制定问题矫正的措施，并不折不扣地加以落实。如果是学习态度问题,就要端正学习态度,勤奋学习,刻苦钻研,宝剑锋从磨砺出,梅花香自苦寒来;如果是学习方法问题,就要改进学习方法,提高学习效率,尤其是做好预习、听课、作业、复习等环节;如果是学习能力问题,就要制定提高能力的训练方法,所谓笨鸟先飞,勤能补拙。

要一以贯之。曾子曰:"吾日三省吾身:为人谋而不忠乎?与朋友交而不信乎?传不习乎?"其中涉及学生的主要是教师传授的知识是不是复习了?写小结一定要隔段时间小结一次,持之以恒,不能三天打鱼两天晒网。可以三天一反思,六天一小结,半月一回顾,一月一大结等等。通过不断小结与反思,让自己及时发现问题,及时纠正错误,及时采取措施,不断提高学业成绩。

六、 课外阅读管理

学生掌握书本知识,固然有赖于教师的讲授,但还必须依靠他们自己去阅读、领会,特别是学生只有通过独立阅读才能掌握读书方法,提高自学能力,养成良好的读书习惯。

开展课外阅读的目的是开阔学生的视野,扩展思维领域,培养读书兴趣,丰富精神营养,提高智力水平,提升思想觉悟。学生在初中阶段要达到能够阅读通俗的政治、科技和文艺书籍的水平,在高中阶段要达到能够比较熟练地阅读一般的政治、科技和文艺读物的水平。

学校在指导学生进行课外阅读时,要严格遵守教育部关于《中小学生课外读物进校园管理办法》的相关规定。要坚持方向性原则、全面性原则、适宜性原则、多样性原则、适度性原则。进校园的课外读物要符合主题鲜明、内容积极、可读性强、启智增慧的基本标准。针对违反《出版管理条例》有关规定的负面清单,学校要对校园课外读物进行一轮清理,同步建立清理清单和校园课外读物清单,根据实际需要做好课外读物推荐和管理工作,切实规范课外读物进校园管理,防止问题读物进入校园。

对学生的课外阅读管理,学校应提出以下要求。

一要科学选择课外读物。必须在课程标准和教科书所要求的知识基础上选择书籍,坚持课内延伸到课外,做到课内外有机结合。不允许学生阅读违背党的路线方针政策,污蔑、丑化党和国家领导人、英模人物,戏说党史、国史、军史的读物;损害国家荣誉和利益的,有反华、辱华、丑华内容的读物;泄露国家秘密、危害国家安全的读物;危害国家统一、主权和领土完整的读物;存在低俗媚俗庸俗等不良倾向,格调低下、思想不健康,宣扬超自然力、神秘主义和鬼神迷信,存在淫秽、色情、暴力、邪教、赌博、毒品、引诱自杀、教唆犯罪等价值导向问题的读物;存在违反宗教政策的内容,宣扬宗教教理、教义和教规的读物;存在违反民族政策的内容,煽动民族仇恨、民族歧视、破坏民族团结,或者不尊重民族风俗、习惯的读物等。学校要对学生在选择读物提出明确要求,告知学生什么样的读物可以选,什么样的读物不可以选,只有这样才能保证学生读书的正确导向和正能量。

二要认真推荐课外读物。学校是进校园课外读物推荐责任的主体,负责组织本校课外读物的遴选、审核工作。进校园课外读物原则上每学年推荐一次。推荐程序应包括初选、评议、确认、备案等环节。学校组织管理人员、任课教师和图书馆管理人员提出初选目录;学科组负责审读,对选自国家批准的推荐目录中的读物,重点评议适宜性,对其他读物要按推荐原则、标准、要求全面把关,提出评议意见;学校组织专门小组负责审核把关,统筹数量种类,确认推荐结果,公示并报教育行政主管部门备案。进校园课外读物推荐目录要向学生家长公开,坚持自愿购买原则,禁止强制或变相强制学生购买课外读物,学校不得组织统一购买。对家长自主购买推荐目录之外的课外读物,学校要做好指导工作。任何单位和个人不得在校园内通过举办讲座、培训等活动销售课外读物。对于国家在特定时期重点推荐的图书,有利于学生的健康成长的读物,学校要及时向学生和家长发布,便于学生和家长及时了解,根据意愿和需求进行购买。

三要大力开展读书活动。学校要大力倡导学生爱读书、读好书、善读书,可设立读书节、读书角等,优化校园阅读环境,推动书香校园建设。积极鼓励师生阅读书籍,利用世界读书日等节点,积极营造阅读氛围,倡导人人都来读书的好习惯。有条件的学校可开设图书馆课程,扩大学生的阅读面,提高学校图书馆和图书的利用率。注重开展形式多样的阅读活动,如演讲比赛、知识竞赛、诗词大赛、经典名著阅读分享会、红色故事会等活动,来提高学生阅读兴趣,培养良好阅读习惯。充分发挥家长在学生课外阅读中的积极作用,营造家校协同育人的良好氛围。

四要建立阅读激励机制。学校领导,尤其是校长要带头多读书,要定期向教师和学生推荐阅读书籍,以利于巩固和加强学校的价值观和学校文化建设。积极鼓励教师参加到阅读中来,定期开展读书分享会,以教师的读带动学生的读。通过家长和孩子的亲子共读,提高家长的阅读水平,帮助学生更好地阅读。学校可采用适当的形式对在阅读活动表现突出的师生和家长进行表彰和奖励。

五要加强课外阅读指导。对于阅读的广度、深度,学校要安排教师根据学生阅读能力和各学科的学习负担情况加以有效指导,不能让学生阅读放任自流。尤其要指导学生做好读书笔记。鼓励学生在自己的书上做记号、写批注、做摘录、写提要,培养写读书笔记的习惯和能力。在个人阅读的基础上,可以适当组织学生开展讨论、笔谈,办学习园地或交流心得体会,以巩固和增强读书收获。

六要根据学生实际情况进行。课外阅读必须是在学生完成规定学业,学有余力的情况下开展。不得荒废正课,单纯凭兴趣阅读或追求书刊故事情节,脱离正常的学习轨道。

七要把课外阅读纳入学习计划。做到有目的、有计划、有步骤。课外阅读量,可以根据年级特点规定上限或下限,既保证不影响规定课程的学习,又能拓展学生的知识面。可以设立学校师生读书排行榜,鼓励师生把读书纳入学习、生活、工作之中,让读书成为师生的自觉行动和精神食粮,让书满校园、书满家庭。

八要建立监督检查问责机制。学校要加强对学生携带进入校园读物的管理,发现问题读物应及时予以有效处置,消除不良影响。对于进校园课外读物未按规定程序组织推荐的;进校园课外读物不符合坚持的原则、根本标准、要求的;强制或变相强制学生购买课外读物的;接受请托、牟取不正当利益的;有关行政部门及其工作人员违规干预课外读物推荐的要给予严肃处理。

七、课外活动管理

课外活动是指学校在课程计划、课程标准和教科书范围之外,根据学生本人兴趣和自愿参加的原则,在课余时间对学生实施的多种多样有目的、有计划、有组织的教育活动。课外活动是学校整个工作的一个重要组成部分,是实现教育目的的重要途径。

课外活动有助于扩大学生的知识面,有助于发挥学生的特长,有助于陶冶学生的情操,有助于满足学生多样化的需求,有助于学生德智体美劳全面健康发展。为了切实减轻学生作业负担和校外培训负担,学校要对学生提供课后服务,课后服务和课外活动目的一致,含义基本相同,只是名称不同。

(一) 课外活动的特点

1. 自愿性。课堂教学要遵循教学计划的统一规定,学生必须参加,没有选择的余地,否则被视为违反教学规定和纪律。课外活动是在课余时间进行,学生可以根据自己的兴趣、爱好、特长自愿选择。

2. 灵活性。课堂教学是根据教学计划、课程标准和课程表进行的,有相对稳定的内容和形式,课外活动则不同,它不拘一格,灵活生动。活动项目众多,丰富多彩;形式活泼,讲究实效;参加人数可多可少,时间可长可短,即使同一内容,所采用的活动形式也可不同;可以是自学,可以是讨论;可以在校内,可以在校外;活动有动有静,动静结合。

3. 多样性。课外活动的内容可以不受教学计划的限制,又与课堂教学内容互为补充。这样既可以巩固加深教材上的各种知识和技能,又可以安排教材以外的各种知识与技能。

4. 开放性。只要符合教育要求、有利于学生身心发展的活动,在课外活动中都可以创造条件组织开展。课外活动为学生打开了广阔的生活领域,比课堂教学更具有开放性。

5. 综合性。课堂教学是按学科进行的,而课外活动是以活动为中心进行的,能为学生提供且同时运用多学科的知识、多方面的智力才能的机会。

6. 兴趣性。学生参加课外活动的内容和形式是学生喜闻乐见的,富有吸引力,能引起他们的浓厚兴趣,激发他们的探究心理,满足他们的精神需要。

7. 自主性。课外活动可以发挥学生的主动性、积极性。其活动的组织、计划的制定、采用的形式等主要由学生自己确定,教师只起辅导作用。要达到促使学生手脑并用、培养能力、发挥特长与爱好的目的,必须通过学生自己的实践,教师不应该也不可能代替学生的实践。课外活动要让学生独立活动,充分表现自己的独立性和自主精神。

（二）课外活动的内容

课外活动的内容有以下几种。

1. 思想教育活动。这类活动的目的，在于使学生关心国家大事，了解国内外形势，向英雄模范人物学习，立志成才，在思想品德等方面受到教育。如组织时事报告会、英雄模范报告会、演讲会，有教育意义的参观、访问、旅行、社会调查活动。可以结合传统节日纪念活动对学生进行教育，还可以组织学生与科学家、作家、世界冠军、航天英雄以及各行业顶尖人物见面、看有教育意义的电影、电视节目等。组织学生到军队参观、访问、接受军训，抓住有关的教育内容和时机开展多种教育活动，从点点滴滴、方方面面学习英雄，培养热爱祖国的思想感情。

2. 科学技术活动。这类活动的目的，在于使学生从小热爱科学，钻研技术，养成手脑并用的习惯，培养实际操作能力。可组织科普讲座、电脑机器人培训、电工、化工、无线电、电子计算机、编程设计、航空模型、航海模型、汽车模型、教具制作、野外考察等相关活动。

3. 文学艺术活动。这类活动以练习、排演、创作等实践活动为主，目的在于丰富学生的文化生活，提高学生文化素养，发展学生的爱好特长。除组织大型的文艺演出、诗歌朗诵、音乐欣赏等活动外，可以组织国学、歌咏、舞蹈、书法、绘画、乐器、摄影、雕刻等活动小组。

4. 体育活动。课外体育活动，主要是组织各种锻炼小组和竞赛活动，目的在于使学生养成经常锻炼的习惯，以增强体质。体育活动的项目很多，田径、球类、体操、游泳、武术、跆拳道、击剑、射箭、跳绳等，都是学生感兴趣的。

5. 学科活动。根据《教育部办公厅关于进一步明确义务教育阶段校外培训学科类和非学科类范围的通知》，义务教育阶段学科类是指道德与法治、语文、历史、地理、数学、外语（英语、日语、俄语）、物理、化学、生物学科。这类活动和课堂教学有紧密的联系，但不是课堂教学内容的重复，它不受教材的限制，目的在于使学生加深对知识的理解，扩大学生的知识面，培养学生运用知识的能力。如道德与法治方面的时事小组，语文方面的读书小组，物理方面的无线电小组，化学方面的爆炸小组，地理方面的气象小组等，既与课堂教学有密切联系，又扩大了课堂教学的范围。同时还可以组织一些学科竞赛活动,如作文比赛、数学竞赛、物理竞赛、外语朗诵比赛等。

6. 社会实践活动。这类活动目的在于培养学生创新精神和实践能力,培养学生参与公益活动奉献社会,体现大爱精神。如到敬老院慰问帮扶老人,参加植树绿化,参加公共场所卫生清洁,关爱残疾学生,进行调查探究活动等。

（三）课外活动的形式

课外活动的形式多种多样,大致有四种。

1. 大型活动。这类活动多为群众性的集会、报告会、各种讲座、集体参观访问、各种比赛等,由学校或班级组织。

2. 课后服务。这是学校利用资源优势,引导学生自愿参加,有效实施的各种课后育人活动,在校内满足学生多样化学习需求。学校可安排教师指导学生完成作业,对学习有困难的学生进行补习辅导与答疑,为学有余力的学生拓展学习空间,开展丰富多彩的科普、文体、劳动、阅读及社团活动,但不得利用课后服务时间讲新课。"双减"政策落地后,对课后服务提出新的要求,要保证课后服务的时间,提高课后服务的质量,拓展课后服务的渠道,做强做优免费线上学习服务。

3. 小组活动。这类活动小型分散,能照顾学生的兴趣爱好,活动起来方便。前面谈的各种活动内容,大部分应以小组活动为主,如学科小组、科技小组、文学小组、艺术小组、体育小组、公益服务小组、实践活动小组等,主要由班级组织,少数跨年级的,由学校组织。

4. 个人活动。这是学生在教师指导下独立开展的活动,目的在于充分发挥每个学生的积极性和创造性,培养他们独立工作的能力。如有计划地阅读报纸杂志,写读书心得,采集动物植物标本,制作模型,进行某种观察与实验等。

以上四种形式,应以课后服务、小组活动为主,大型活动不宜多开展,个人活动要有时间保证,以便充分发挥学生的独创精神。学生在同一时间内只能参加一项活动。如果时间允许,可参加两至三项活动。

（四）课外活动的管理措施

1. 加强组织领导。学生参加课外活动是自愿、自主的,如不加强领导,就会导致放任自流。学校要把课外活动作为学校教育工作的一项重要内容来抓。要成立学校课外活动工作领导小组,由校长任组长,分管校长任副组长,教导主任具体分管,各教研组有教师负责指导与本学科有关的课外活动,班主任要担负起本班课外活动的组织者和指导者的责任。总之,要做到层层有人负责。学校对课外活动应全面规划,要有长计划、短安排。大型活动应纳入学校行事历,使全校周知。要有一张课外活动总表,使各种活动井然有序地开展,不至于互相冲突。

2. 保证课外活动时间。课外活动能否开展起来,除了领导重视、教师素质较高以外,关键还在于是否有时间保证。缺乏时间保证的主要原因有两条。第一,学生课业负担过重。作业多、考试多,学生应付作业考试已是疲于奔命,没有心思和时间参加课外活动。这就是为什么小学生参加课外活动的人数和频次比中学生高的原因。第二,对课外活动的重要性认识不足。有的学校管理者认为课外活动是为课堂教学服务的,是"课堂教学的延伸和补充",甚至认为课外活动多了会妨碍学习,影响升学率,因而把课外活动放在可有可无的地位。对以上两个问题的解决,应切实按照素质教育的要求,严格按照课程计划和课程标准要求,均衡安排课程和作息时间,不得增加周活动总量,更不得增加学科的学时。严格控制作业量和考试次数,使学生有充足的时间参加课外活动。学校要充分利用资源优势,有效实施各种课后育人活动,在校内满足学生多样化学习需求。引导学生自愿参加课后服务。课后服务结束时间原则上不早于当地正常下班时间;对有特殊需要的学生,学校应提供延时托管服务;初中学校工作日晚上可开设自习班。学校可统筹安排教师实行"弹性上下班制"。

3. 提高课外活动服务质量。学校要制定课外活动服务实施方案,增强课外活动的吸引力。充分用好课外活动时间,指导学生认真完成作业,对学习有困难的学生进行补习辅导与答疑,为学有余力的学生拓展学习空间,开展丰富多彩的科普、文体、艺术、劳动、阅读、兴趣小组及社团活动。不得利用课外活动时间讲新课。

4. 拓展课外活动渠道。课外活动一般由本校教师承担,也可聘请退休教师、具备资质的社会专业人员或志愿者提供。教育部门可组织区域内优秀教师到师资力量薄弱的学校开展课外活动。依法依规严肃查处教师校外有偿补课行为,直至撤销教师资格。充分利用社会资源,发挥好少年宫、青少年活动中心等校外活动场所在课外活动中的作用。

5. 做强做优免费线上学习服务。教育部门要征集、开发丰富优质的线上教育教学资源,利用国家和各地教育教学资源平台以及优质学校网络平台,免费向学生提供高质量专题教育资源和覆盖各年级各学科的学习资源,推动教育资源均衡发展,促进教育公平。学校要积极创造条件,组织优秀教师开展免费在线互动交流答疑。要加大宣传推广使用力度,引导学生用好免费线上优质教育资源。

6. 建立辅导队伍。课外活动虽然坚持学生自愿、自主参加,但不等于说不需要教师的指导。如果没有一支热心课外活动、有一定专长的人组成的辅导队伍,活动就可能一哄而起,一哄而散,更不可能提高活动水平。因此,学校管理者必须重视课外活动辅导队伍的建设。这支队伍主要应由本校教职工中有某些专长的人组成。不管他在学校里担任什么工作,只要作风正派,在课外活动方面有一技之长,又有一定的组织能力,就可聘请他担任指导教师。凡被聘为指导教师的教职工,应计算工作量,成绩显著者应给予表彰和奖励。为弥补辅导教师不足,学校也可以和校外教育机构合作,通过合法的流程,由校外教育机构安排辅导教师参加辅导。学生家长中如有合适人选,也可聘请,以取得家长的支持。课外活动要持久地开展下去,就要求辅导教师要提高自身素质,上好每节辅导课或指导好每次活动。辅导教师要热爱学生,要有通过课外活动使每个学生的特长得到发挥的强烈欲望,要有制定计划的能力、组织管理能力及辅导特定项目的知识和技能,自身还要有强烈的求知欲,不断地更新知识,开阔视野。

7. 发挥团队会的作用。共青团、少先队和学生会是开展课外活动的重要力量。这些学生组织的活动内容,在很大程度上和课外活动结合得很紧。团、队、会的工作如不渗透到课外活动中去,就放弃了自己工作的主要阵地。团队会要发挥它们的宣传鼓动作用,动员团员、队员、会员积极参加课外活动;发挥它们的组织作用,课外活动主要靠学生自己来开展,发挥独创精神,团队会的学生干部要起骨干作用,发挥模范带头作用,以带动全校的课外活动。

8. 加强课外活动的考核。课外活动的考核方法,应采取平时考查和期末考查两种办法。考核的方式可分为五种:一看,看学生的各种小制作、小发明、小创作和读书成果,看学生的各种技能表演和展示;二比,举办各学科单项竞赛,通过竞赛结果评价学生的兴趣、爱好和特长发展;三听,以班队活动等形式举行科技成果和信息报告会,考查学生接触科学知识和口头表达能力;四测,利用口试、笔试,进行简易的智力测验,了解学生解决实际问题的能力,考查综合评定后,应予以登记造册;五评,评学生参加课外活动的成果,如科技类创新成果、文学艺术类作品、学科探究成果、体育技能展示、社会实践成果、调查报告等。对课外活动辅导教师也要建立考核机制,奖励优秀的,鞭策后进的,直至调换辅导教师岗位。

在满足学生多样化需求方面,课后服务发挥着重要的作用。但也存在着一些问题,需要政府相关部门、学校、家长、社会进一步合作把课后服务工作做得更好。如教师工作时间延长,原先的教研时间受到影响,即便改为网上教研、集体备课,仍要占用休息时间且不如面对面教研效率高;课后服务占用教师许多时间,教师的工作量增大,工作时间加长,长期以往可能会影响教师正常的教育教学工作,因为教师的精力毕竟有限;课后服务结束后,有些家长对孩子放任自流,任其投入网络游戏,忽视对孩子的正确引导,也有家庭"在校减负,回家增负",增加孩子额外学习负担;社会重视程度还不够,要加强对课后服务工作的宣传引导,形成正面舆论,推动全社会都来关心和支持。

八、教学组织形式管理

教学管理工作要通过多种组织形式来进行。教学组织形式管理就是关于教学活动应怎样组织、教学时间和空间应怎样有效地加以控制和利用问题。它是教学活动中最基本的要素。所有课程、教学方法、教学任务、教学原则等,最终都要通过一定的教学组织形式得以实现。当然,教学组织形式不能随心所欲设计,任何教学组织形式总会受到一些条件的制约,如社会对人才培养的要求、现时代学校教育内容的广度和深度、科学技术的发展为教学手段的变革所提供的条件等。时代变化了,教学组织形式也可能随之发生相应的变化,对其管理也会提高到一个新的水平。

(一)**个别教学制**。 这种形式盛行于资本主义社会以前的学校。由一个教师面对一两个学生授业,后来虽发展为一个教师一个班组的学生,但在一个班组里学习的儿童,年龄、程度、学习内容、进度各不相同,教师进行的仍是个别教学,只同一个个学生发生联系。当教师在某一个学生时,其余学生基本处于自流状态。这样的教学,学习效果差,效率不高。我国古代的私塾就属于这种形式。这样的教学组织形式还有一个致命的弱点,即不利于教育的普及和发展。

(二)班级教学制。 随着生产的发展和科学技术的进步,个别教学组织形式已不能满足社会对人才的需求,资本主义的发展使生产的规模和速度远远超过了历史上任何一个时代,因而相应地要求扩大教育规模,增加教育内容,加快教学速度等。近代的班级授课制是随着资本主义生产的产生而逐渐完善起来的。捷克教育家夸美纽斯在17世纪概括并建立一套班级授课制的教学制度:固定的、相同的开学时间,同年龄的儿童一起学习同样的内容,同时做同样的功课,教师对所教的科目作周密的计划,使学生每年、每月、每日甚至每时都有一定的学习任务。应该说班级授课制在教学组织形式上是一次重大的创新,它扩大了受教育的对象,普及了教育的内容,提高了教学效率,故逐步被世界各国的学校所普遍采用。

(三)导生制(又称倍尔—兰喀斯特制)。 18世纪英国工业革命后,工业生产需大批具有初级文化的工人。扩大初等教育面的客观要求日益迫切,英国的牧师倍尔和教师兰喀斯特在初中教育中倡立导生制。它是由教师先将年级较高,成绩优秀的学生集中起来进行讲授和训练,然后再让这些学生担任导生去转教其他学生。理论上说,按此制度一个教师可通过导生教几百个学生,迅速扩大初等教育的受教育面,但实际上,由于导生所能接受的知识极其有限,而他们所能传授给其他学生的学习内容就更为贫乏,因此这一制度存在不久就消失了。

(四)"新教育运动"中出现的教学组织形式。 19世纪末20世纪初,为了适应资产阶级自由竞争的需要,西方一些国家的教育家曾对学校教育制度进行了大胆的改革,人们称之为"新教育运动"。在新教育运动中,教育家们针对班级授课制只能强求各个儿童齐步前进、不能适应个别差异的弊病,提出了一些新的教学组织形式,其中影响较大的有设计教学法、道尔顿制和文纳特卡制等。这些教学组织形式都是针对传统的班级授课制的弊病提出来的。由于它们强调以学生的生活经验为基础,因而能引起学生学习的兴趣,激发学生的学习动机,使学生在独立发现问题、解决问题的活动过程中扩大知识范围,锻炼实际工作能力。但是,另一方面,这些形式都未能解决学科教学的系统性、逻辑性问题,使教育的作用降低。教师的主导作用服从于学生的自然兴趣,或是让位于机械的作业指定,结果对学生掌握系统知识带来负面影响。

(五)小班化教学。 小班化教学虽然也属于班级授课制,但由于其强调教学班学生数量少,因此引起人们的注意。随着经济的发展、人口自然出生率的下降,西方不少国家从上世纪 60 年代起逐步进入小班化教学的时代,中小学每个班级学生数一般在 20 至 30 人左右。实行小班化教学以后,教师和学生的互动密度大大增加,师生关系更为融洽,因材施教的目标实施有了条件,课堂教学的多样化也有了可能。所有这些都有利于提高教学的效果。在另一方面,班级规模的缩小意味着教学成本的提高,因此小班化教学在发达国家较为普遍,而在发展中国家则推行的较为缓慢。在 20 世纪 90 年代,我国部分大城市人口出生率已呈下降趋势,如上海在出现人口负增长的背景下开始尝试小班化教学。后来因为城镇化加快,城市学额增加,小班化进展缓慢,但农村部分学校班额下降,有了改革余地,为实施因材施教提供了可能,通常因师资等情况受阻,不足以缓解学科世界和生活世界的矛盾。

(六) **走班制教学**。 随着我国基础教育新课程改革的持续推进,尤其是高中新课程新教材新高考实施后,走班制教学组织形式在许多学校被要求实施。所谓走班制教学,是指学生根据自己的学习兴趣和学业程度,通过一定的申请、审批程序,自由选择在学校不同的课上进行学习,以接受最适合自己发展的教育。在实施走班制教学的学校中,学校针对不同程度、不同需求的学生,开设了层次不同且范围较广的必修或选修课程,为学生选择性地接受教育提供条件。走班制教学的实施有利于学生个别化教学和个性化发展,它体现了一种差异性教学的方式,同时也是分层教学的一种尝试。

当然,要使这一新的教学组织形式达到良好的效果,还有许多地方需要完善,尤其需要学校精心的设计,同时也要根据学校自身的师资条件和教学条件来加以组织和实施。特别是要适应普通高中新课程改革和高考综合改革,依据学科人才培养规律、高校招生专业选考科目要求和学生兴趣特长,因地制宜、有序实施选课走班,满足学生不同发展需要。如,北京十一学校立足每个学生发展的内动力,以 265 门课程、30 门综合课程、75 个职业考查课程、272 个社团、60 类学生管理岗位,提供给学生选择[①]。教育行政部门要指导学校制定选课走班指南,开发课程安排信息管理系统,加大对班级编排、学生管理、教师调配、教学设施配置等方面的统筹力度,提高教学管理水平和资源使用效率,构建规范有序、科学高效的选课走班运行机制。同时要加强走班教学班

---

① 李希贵,等.学校转型[M].北京:教育科学出版社,2014:15.

级管理和集体主义教育,强化任课教师责任,充分发挥学生组织自主管理作用。

（七）项目式学习。 项目指创造独特产品或服务的临时性工作,如制作一个广告、开展一项课题研究,常见于工程、技术、艺术、教育等方面。项目式学习就是让学生在完成项目的过程中进行学习,它不只是一种学习方式,更是一种组织形式。项目式学习中只有项目组,学生基于自身意愿自主组建或选择项目组,而没有固定不变的班级。项目学习关注与核心科目的对接,注重促进学生对数学、科学、技术等方面核心概念的深入理解;强调学生在试图解决问题的过程中发展出来的技巧和能力;引入现代技术,实现"知识可视化",为学生探究提供了更好的脚手架;强调动手做,创造各种制品如实体模型、录像带、绘图、游戏、网站等。项目式学习包括如何获取知识,如何计划项目以及控制项目的实施,如何加强小组沟通和合作。项目式学习通常是在一个学习小组中进行,学生在这个小组中有各自的角色,而这个角色会不断轮换,学生的学习是通过自己的思考和推理来实现的。有一种七步法,包括弄清概念,定义问题,头脑风暴,构建和假设,学习目标,独立学习和概括总结。简言之,就是弄清楚学生已经知道的,学生需要知道的,去哪里以及如何获得新的有助于解决问题的信息。教师的角色是通过支持、建议和指导来帮助学生更好地学习。项目式学习将传统的课业学习与项目学习有机结合,所要解决的核心问题是学习的现实性（直接性、真实性）与概括性（间接性、迁移性）之间的矛盾,要求在不牺牲学习现实性的前提下学到真正有用的东西,克服一般课堂教学中的虚假学习和肤浅学习。

（八）线上教学。 随着信息时代的到来,尤其是突如其来的新冠肺炎疫情影响,线下教学受到限制,一种全新的教学组织形式正在悄悄出现,并越来越受到人们的关注,这就是线上教学。线上教学其实有多种形式,有通过电视频道播放的形式,有利用网络教学的形式。慕课、翻转课堂、微课等不断改变教与学的方式。线上教学的特点是教师不在学生跟前,学生也不必非在教室内上课,在自己家中、宿舍、咖啡厅、茶吧等某个地方依然可以进行。线上教学不受地理以及师资条件的限制,因此受到人们的普遍欢迎。可以预料,随着信息科技的进一步发展,线上教学形式将会呈现出越来越强的生命力,甚至有专家预言,将来很有可能线上教学特别是其中的网络教育形式,会对现在的班级授课制提出挑战。尤其是新冠肺炎疫情影响下,学生不能到学校上课,线上教学更是发挥了重要的作用。但由于线上教学不同于线下课堂教学,主要是缺少师生之间面对面的互动交流,缺少教师对学生的有效监督和管理。学生们听课效果如何？教师的教学、辅导、答疑、批改作业效果如何？学校线上教学管理效果如何？德智体美劳"五育"并举如何落实？不让一个学生掉队如何做到等。这些都是教育主管部门、学校、教师、家长共同关心的话题。因此要加强中小学线上教学管理和督查,具体做到以下八个方面。

1. 督查线上教学方案。学校线上教学方案不能只进行学科知识的教学,要做到德智体美劳"五育"并举,落实立德树人。要遵循教育教学规律,坚持以生为本、因材施教原则,尊重不同学段、年级、学科教学特点,尊重学生居家学习的实际,遵循线上课堂教学的基本规律,遵循不同学段、不同年级学生、不同类型学生的认知规律、学习规律。坚持电视教学、网络教学与资源平台、社交平台等多种平台优势互补。

2. 督查对特殊学生的关爱。对确因特殊原因无法通过电视或网络参与线上学习的学生,学校要按照"一个都不能掉队"的原则,制定"一生一策"帮扶工作方案,采取学生自学、电话答疑或开学后单独组织教学等多种方式,尤其是对家庭困难的学生通过赠送播放设备、安装网络、赠送流量等方式予以解决,确保教育教学全覆盖,维护教育公平。要特别关注防疫阻击战一线人员子女、农村留守儿童、随迁子女、困难家庭子女及学习有困难的学生学习帮扶落实工作。

3. 督查线上课程安排。学校要根据国家课程方案和学科课程标准,制定线上教学安排,中小学每天学习时长要符合相关规定,比如小学一、二年级每天线上学习时间不超过 60 分钟,每次线上学习时间不超过 20 分钟;小学三年级至六年级每天线上学习时间不超过 80 分钟,每次线上学习不超过 20 分钟等。初中七、八年级每天线上学习时间不超过 150 分钟,每次线上学习时间不超过 30 分钟;高一、二年级每天线上学习时间不超过 180 分钟。要增加课间休息次数、延长课间休息时间,注意用眼健康。全面落实"五育"并举,科学实施线上教学。按照课程标准统筹安排教学进度,严禁超标准、超进度、超难度、超负荷教学,切实减轻学生课业负担。

4. 督查双师课堂落实。电视教学和网络教学采取"双师课堂"的形式,即采用教师录播或直播授课与本班教师网上管理、课后辅导双"配置"。班级任课教师要履职尽责,课前充分备课,精心设计教学预案,课中做好听课和线上管理,课后利用多种社交平台等线上方式做好答疑、作业批改和反馈以及个别辅导等工作。要指导学生、家长提前熟悉并掌握线上学习方法，点对点解决技术操作问题，帮助学生顺利进入课程。

5. 督查网络教研情况。学校要加强校本研修，有效利用社交平台，适时了解学生学习情况，科学使用信息化软件，保障师生顺畅交流，实现网络教育资源多样化。开展以学段、年级、学科教师为基本单位的集体备课、问题研究、资源共享，及时解决线上教学中的问题，优化线上听课管理、课后线上辅导答疑、作业反馈以及个别指导方法。

6. 督查课后辅导答疑。线上教学由于教师与学生不能面对面交流，对教学效果还是有一定的影响。要组织在"双师课堂"听课和线上管理的任课教师，通过电话、校园平台、教师个人空间、班级空间、微信群和QQ线上等社交平台提供辅导和答疑，及时解决学生在学习过程中遇到的困难和问题。

7. 督查班主任作用发挥。班主任要建立班级学习共同体，搭建学习交流平台，促使居家学习的学生自主学习、合作学习，进行探究性学习，积极开展学习交流，相互学习，共同提高。要联系相关学科教师，了解学生的学习情况，及时和家长沟通，帮助家长指导学生的学习。特别是要统筹学生作业量，不得安排过多、过难和学生无法独立完成的作业。根据居家学习的特点，要督促学生进行适当的体育锻炼，引导学生学会做些力所能及的家务活。要发挥班级家长委员会的作用，引导家长树立科学育人观、全面教育观，指导与帮助家长营造良好的家庭氛围，构建和谐的亲子关系。督促家长履行教育职责，共同制订学习、生活计划并监督计划实施，督促孩子科学规范使用电子产品，严格控制电子游戏和上网时间，保护视力健康。

8. 督查建立督查机制。学校要成立线上教学督查组，建立督查机制。每天了解每个年级、每个班级、每位教师线上教学情况，及时了解学生线上学习的效果，指导教师改进教学方法，提高课堂教学效果。同时，加强家长意见收集反馈，回应社会关切，及时化解质疑和矛盾。

九、教务管理

教务管理是保证正常教学秩序，提高教学质量的重要条件。教务管理主要内容有招生、编班、编排课程表、编排作息时间表和活动安排表、学籍管理、教务档案管理、图书管理、教学仪器和实验药品管理、电教设备管理等。

（一）**招生**。 招生要按照上级教育行政部门的要求,积极做好调查研究,严格执行招生政策,义务教育阶段学校要确保符合条件的适龄儿童能入学,确保一个不漏,严禁招生与收费挂钩。新生入学后要进行入学教育,加强学校的历史教育,使学生了解学校,增强自豪感和荣誉感；加强校风、校规、校纪和法制教育,使学生明白什么可以做,什么不可以做,什么鼓励去做,争做合格乃至优秀的学生。高中阶段要依据初中学生的学业水平考试成绩和学生综合素质评定结果予以录取,也要加强入学教育,树立正确的世界观、人生观、价值观,提前做好生涯规划,让学生尽快适应高中学习及生活。

（二）**编班**。 编班时要注意男女生混合编班；严格控制班额,小学不超过45人,初中不超过50人,人数大致相当,男女生约各占一半；成绩好差搭配,好中差均衡分配,不得分重点班或快慢班或所谓的实验班；学困生、行为习惯差的学生应分散到各个班级,严格禁止把所谓的差生集中到1—2个班,歧视学生；班级一经编定,就应该保持相对稳定,不得中途异常变动学生,尤其是将学生调到某个所谓的好班就读,班主任、任课教师及上课的教室也不要轻易再变动。

（三）**编排课程表和作息时间表**。 编排课程表要严格执行教育部颁布的课程计划和省级教育行政部门颁布的课程实施计划,不随意增减课时。课程编排要有利于提高学生的学习效率。例如应将语文、数学、英语、物理、化学等教学时数较多的学科安排在上午一、二、三节课。各学科要交错安排,以免学生课业负担过重。低年级除语文外,一般不要两节连排。要有利于教师的教学。例如要注意让每个教师在各班的教学时间保持适当的距离,以便学生有时间复习和消化,教师有时间备课和批改作业,也便于教师统一所教班级的进度。要有利于教学设备的充分利用,要考虑实验室、实验器材、功能教室、体育场地器材等的分配和使用,避免上课时不发生场地和器材的冲突。要有利于开展教研活动。要考虑给教研组、备课组空出一些共同的时间,以便教师集体备课、外出参加上级教研活动和开展教学研究。现在学校都要进行课外活动（或课后服务）,在安排时要有利于开展课外活动。安排课程表除上课、自习外,应将班会、团队活动、政治学习、学科备课时间、学生课外文艺活动、体育活动、科技活动、课后三点半活动、大课间活动、大扫除等作出合理安排,并固定下来,让全体师生心中有数,知道什么时间干什么事,参加什么活动。课程表一经排定公布,就不宜随意变动,避免打乱教学秩序。

学校为了方便可编排两套作息时间表,即秋冬属于上学期,主要根据昼短夜长的特点编排;春夏属于下学期,主要根据昼长夜短的特点来编排。

(四)学籍管理。 学籍管理要安排专人负责,学生的学籍名册要装订成册归档保管;建立学生电子学籍,记载学生每学期、学年的学籍内容;学生自一年级入学至毕业的成绩,要在学籍表上准确登记;小学升初中、初中升高中的毕业登记表,要分班、分级归档保管;学生转学、休学、复学、退学、肄业、毕业等证件的存根要妥善保管好;要籍随人走,不得空挂学籍甚至买卖学籍;要注重学生的学籍信息保管,任何无关人员无权查阅学生的学籍信息。

(五)教务档案管理。 教务档案管理主要包括教师业务档案管理和学校教学档案管理。教师业务档案包括教师基本情况、每学期所任课程、班级和节数,教学工作计划和总结,报刊杂志发表的或获奖的论文,观摩教学的教案,教师的听课记录,期中期末考试试题和试卷分析,评教评学的记录,考勤情况统计,参加培训情况,教研成果等。学校教学档案包括各种教学计划、总结、经验、报表,期中、期末考试试题,学生期中、期末考试成绩统计,新生入学成绩统计和情况分析,毕业生去向清册,全校的教学质量分析,升学考试各种数据统计,学校教导日志,学校层面的教研活动计划和总结,学校的教科研成果等。

(六)图书管理。 图书管理主要是学校图书馆的图书资料管理,学校应设专人管理。图书馆的主要任务是购书、保管和流通三个方面,同时要建立健全图书借阅和赔偿制度。选购图书,经费要专款专用,要征求教师和学生的意见,要依据教育部关于《中小学生课外读物进校园管理办法》选购图书,选购适合教师和学生阅读的图书,复本数不能太多;同时要与出版部门对接,实行图书定期更新制度,确保图书的时效性和实用性。图书保管主要是做好图书登记、编目、分类、上架等工作,注意防蛀防潮。图书流通要从方便师生出发,建立合理的借阅制度,做好新书的介绍工作,为保护图书,建立赔偿制度并严格执行。同时要积极创造多种方法,提高图书的使用率,不能让图书束之高阁。可以通过班级集中借阅,放入班级图书角,形成流动图书阅读机制。除图书馆外,设置学校图书阅览公共区域,如图书角,让师生随时可以阅读书籍,吸收养分。

（七）**教学仪器和实验药品管理。** 教学仪器和实验药品管理要根据教育行政部门的规定,配足实验员和仪器保管员。保管好实验仪器和药品,并按照教育部颁发的《中小学教学仪器管理办法》分类编号,分柜陈设。做到件件有标签,件件有账目,件件能使用;还要账物相符,账账相符,账册记录齐全,条理清楚,类别分明,便于取用和复原,并在每周末进行一次小整理,每学期进行一次大整理,保持常年性的规范陈设。对于危化品要严格使用程序,确保安全无差错。根据教师教学进度和通知,制订每周的分组实验和演示实验计划,合理安排实验场地、仪器和药品。协助教师做好预备实验,上好实验课,指导学生进行实验操作;实验结束后,认真整理各项仪器设备,清点药品,按柜复原;做好实验室的整理和卫生清洁工作。

（八）**电教设备管理。** 随着国家对教育经费投入的增加,为了加快教育信息化建设,大部分中小学都添置了多媒体教学设备。如班班通设备、录播教室、计算机教室、电子书包、多媒体教室、教师办公电脑等。学校要设专门电教人员来负责这些设备的管理。强化设备的管理,建立设备使用、保管、维修、报废、更新、责任制度。统筹教师使用设备时间,避免资源不足产生教学冲突。要充分发挥电教设备的使用效率,促进信息技术与学科教学的深度融合,尤其是随着信息技术的发展,对电教设备管理人员提出了更高的要求,比如管理人员要协助、指导教师设计并制作多媒体课件;根据教师安排,准备好器材、设备和教室;保管好各种电教设备,并进行检查维修;建立管理制度,做好设备、器材的发放和回收工作等。现实中,也存在学校重添置、轻使用电教设备的现象,由于电子设备的更新换代周期短,有的学校配置的电脑和录播教室,教师、学生的使用率很低,导致资源闲置与浪费,需要学校充分发挥电教设备应有的作用。

十、教学质量管理

教学管理是学校管理的主体部分,教学质量管理又是教学管理的核心。提高教学质量,是教学管理的出发点和归宿。学校教学管理的一切工作,归根结底都是为了切实保证和不断提高教育教学质量。

教学质量管理是指在正确的教学质量观的指导下,以提高教师教的质量和学生学的质量作为目标而实施的管理互动。教学质量管理包括以下三方面的内容。

(一) 全面教学质量管理

全面教学质量管理是把学生的全面发展作为教学管理的方向和目标,为提高教育质量实施的管理。也就是说学校教学质量管理所要达到的目标是全面的。从学生的质量角度来看,它既要重视学生的智育,也要重视学生的德育、体育、美育及劳动教育,要德智体美劳五育并举;既要加强基础知识和基本技能的训练,又要发展学生的智力,培养学生的能力,激励他们的创造性,落实学生核心素养;既要抓教师教的教学质量,又要抓学生学的教学质量;既要保证优秀拔尖学生成绩卓著,又使其他学生在达到合格标准的基础上不断提高,尤其不放弃、不抛弃任何一个学习困难的学生;既要使学生毕业后升学,适应高一级学校学习的要求,又能使学生接受必要的就业准备教育,掌握基本的生产劳动知识和技能,适应劳动就业的需要。从学校的工作来看,要使学校各部门的工作都得到优化,并处理好部门之间的协调关系,形成校内的教育支持合力。从学校与外部的关系来看,要处理好学校与家庭、社会以及教育行政部门之间的关系,为提高学校的教育质量积极创造良好的外部条件。从管理手段来看,要善于运用各种管理方法和技术来提高工作、学习质量。全面教学质量管理要求从系统整体上做到教学质量的全面提高,全面完成教学质量管理任务。关键是要强化课堂主阵地作用,切实提高课堂教学质量。教师要优化教学方式,坚持教学相长,注重启发式、互动式、探究式教学,教师课前要指导学生做好预习,课上要讲清重点、难点、知识体系,引导学生主动思考、积极提问、自主探究,积极辅导少数学习困难学生,使得他们跟上上课的节奏和脚步。融合运用传统与现代技术手段,重视情境教学,让学生在情境中学会知识,发展智力,提高能力,提升思想觉悟;探索基于学科的课程综合化教学,开展研究型、项目化、合作式学习,强化深度学习。精准分析学情,重视差异化教学和个别化指导,注重因材施教。要定期开展聚焦课堂教学质量的主题活动,注重培育、遴选和推广优秀教学模式、教学案例,培养学生德智体美劳全面发展。

（二）全程教学质量管理

全程教学质量管理，是指实施教学过程的每一阶段、每一环节的质量管理工作，从单纯管理、检验教学质量的结果，转向管理好教学全过程的工作质量。不仅要检查教学成果的质量，更要管理教学全过程的工作质量，而且要把重点放在教学过程的管理上。学生的学习成绩，是教学全过程工作质量的综合反映。离开教学全过程的质量，就谈不上教学成果的质量。教学过程具有阶段性，每一阶段又包括若干环节。教学工作计划、组织、实施、检查和总结，教师的备课、上课、辅导、作业批改、考试批阅、参加教育科研、指导学生开展实践活动、开展课外活动，学生制定的计划、预习、听课、复习、作业、考试、小结等每个环节，都直接关系到最终的教学成果。因此，教学质量管理要抓好各年级、各学科、各个教学环节的工作质量。对影响和形成教学质量的每个环节、每一阶段要提出明确的要求，采取有力的措施，重视日常教学管理，使整体教学过程质量实现最优化。尤其是要加强教学过程管理，健全教学管理规程，统筹制定教学计划，优化教学环节；开齐开足开好国家规定课程，不得随意增减课时、改变难度、调整进度；严格按课程标准零起点教学，小学一年级设置过渡性活动课程，注重做好幼小衔接；坚持和完善集体备课制度，认真制定教案。同时，要切实加强课程实施日常监督，不得有提前结课备考、超标教学、违规统考、考试排名和不履行教学责任等行为。还要完善作业考试辅导，统筹调控不同年级、不同学科作业数量和作业时间，促进学生完成好基础性作业，强化实践性作业，探索弹性作业和跨学科作业，不断提高作业设计质量。杜绝将学生作业变成家长作业或要求家长检查批改作业，不得布置惩罚性作业。教师要认真批改作业，强化面批讲解，及时做好反馈。从严控制考试次数，考试内容要符合课程标准、联系学生生活实际，考试成绩实行等级评价，严禁以任何方式公布学生成绩和排名。建立学有困难学生帮扶制度，为学有余力学生拓展学习空间。学校还要不断提高课外活动水平。天下大事必作于细，教学管理要精细化，注重细节管理，教育无小事，处处是教育。

（三）全员教学质量管理

全员教学质量管理是指全校教职员工及学生，包括家长和相关社会热心人士都参与教学质量管理工作。教学工作是学校的中心工作，涉及的面广，学校全体工作人员都与提高教学质量密切相关,不但主要科目的教师要参与,其他非主要科目的教师也要参与;不但上课的教师要参与,不上课的学校后勤辅助人员也要视情况为学校教学质量提供服务,不能将其仅仅看作是教师个人的事、学校教学业务部门的事。因此,学校全体成员都应该积极参与教学质量管理,各个部门都要以优质的工作来确保教学质量的提高。实施全员教学质量管理,要求学校建立符合教育特点的岗位责任制,实行科学的评估和奖惩制度,充分发挥学校成员的主体作用,调动其主动性和积极性,要求各在其位,各司其职,各尽其责,协调活动,保证质量地按时完成本职工作和学习任务,直接或间接地参与教学管理。

必需牢牢抓住教学质量管理过程的四个基本环节,即建立质量标准,开展质量检查,进行质量分析,实施质量控制。

建立质量标准。教学质量标准是教学质量管理的基础,有了质量标准,才能有明确的质量奋斗目标,每位教师也能明确自己工作的质量标准和要求,明确自己的工作方向。确立质量标准应包括教学成果的质量标准和教学工作过程的质量标准。教育部等六部门颁布的《义务教育质量评价指南》和《义务教育质量评价指标》在总体要求、评价内容、评价方式、评价实施、评价结果运用、组织保证等方面提出了明确要求。具体从县域义务教育质量评价、学校办学质量评价、学生发展质量评价三个层面进行。教学工作过程的质量标准包括备课、上课、作业、辅导、成绩考核等方面要求。学校要根据《指南》《指标》和学校工作质量标准,明确学校总体的质量标准;要从实际出发,根据学校实际情况,制定切实可行的各类具体的学校质量标准;要确定质量标准差异的范围和幅度,尽量使其控制在预期目标范围内。

开展质量检查。质量标准确定后,要对照所确定的质量标准对学生的质量和学校各项工作的质量进行检查,找出质量现状与质量标准之间的差距,为质量分析和质量控制提供数据。不论何种质量检查,都要做到客观公正,对事不对人;深入细致,不能大而化之;精心安排,不能随心所欲。

进行质量分析。质量检查完成后,需要对检查的数据资料进行科学分析,得出正确的评价结论,为采取正确的质量控制提供依据。学校在期中、期末进行检测完毕后,都要分年级、班级召开质量分析会,分析取得的成绩和存在的问题,找出背后的原因,及时进行补缺补差,必要时要进行个别约谈,反馈问题,跟踪指导。同时,还要根据检测的情况制定下一步改进和完善的措施。

实施质量控制。教学质量控制是对影响教学质量的因素直接加以干预,如总结和推广先进的教学经验,限制和偏离课程标准、有碍于质量提高的不利因素等。对教学质量实行控制,关键在于将经过质量检查和分析提出的改进教学的意见付诸实施,切实解决教学过程各个环节上存在的问题。要及时地获取各种反馈信息,对形成教学质量的各种因素进行合理的调控,采取积极措施,防患于未然。

十一、教学评价管理

教育评价事关教育发展方向,有什么样的评价指挥棒,就有什么样的办学导向。要完善立德树人体制机制,扭转不科学的教育评价导向,坚决克服唯分数、唯升学、唯文凭、唯论文、唯帽子的顽瘴痼疾,提高教育治理能力和水平,加快推进教育现代化,建设教育强国,办好人民满意的教育。评价学校办学质量,主要包括办学方向、课程教学、教师发展、学校管理、学生发展等五个方面重点内容,旨在促进学校落实德智体美劳全面培养要求,深入实施素质教育,充分激发办学活力,不断提高办学水平和育人质量。

教学工作是学校的中心工作,是实现教育目标的主要途径。学校评价要体现这个中心,真正把教学工作作为中心工作来抓。教学工作评价不仅包括教学思想、教学效果、教学方法及教学活动各个环节的评价,还包括各科教学情况和教学效果的评价。对学校教学工作评价主要看办学思想是否体现以教学为中心,德智体美劳全面安排、措施是否落实;是否面向全体学生,对毕业班是否统筹兼顾,对各类学生因材施教;是否依靠教师办学的思想等。对教师教学评价主要从工作绩效、工作职责、个人素质等方面进行,如教学是否认真负责,是否做到教书育人、为人师表;教学能力、管理能力、教研能力如何;教学效果、教研成果如何;学生、家长和同伴评价如何等。对教务处、教研组、备课组、年级组也要进行教学管理和教学质量评价,还要对学生发展质量进行评价。

(一)指导思想和主要原则

1. 评价的指导思想。全面贯彻党的教育方针,坚持社会主义办学方向,遵循学生成长规律和教育规律,加快建立以发展素质教育为导向的教育质量评价体系,强化评价结果运用,健全立德树人落实机制,构建德智体美劳全面培养教育体系,引领深化教育教学改革,全面提高教育质量,努力培养德智体美劳全面发展的社会主义建设者和接班人。

2. 评价的主要原则。坚持立德树人,牢记为党育人、为国育才使命,充分发挥教育评价的指挥棒作用,引导确立科学的育人目标,确保教育正确的发展方向。坚持育人为本,面向全体学生,注重综合素质评价,促进全面培养,引导办好每所学校,教好每名学生。坚持问题导向,从党中央关心、群众关切、社会关注的问题入手,破立并举,推进教育评价关键领域改革取得实质性突破。坚持科学有效,改进结果评价,强化过程评价,探索增值评价,健全综合评价,充分利用信息技术,提高教育评价的科学性、专业性、客观性。坚持统筹兼顾,针对不同主体和不同学段、不同类型的教育特点,分类设计、稳步推进,增强改革的系统性、整体性、协同性。坚持中国特色,扎根中国、融通中外,立足时代、面向未来,坚定不移走中国特色社会主义教育发展道路。坚持德智体美劳五育并举,坚决克服唯分数、唯升学的评价倾向。

义务教育学校重点评价促进学生全面发展、保障学生平等权益、引领教师专业发展、提升教育教学水平、营造和谐育人环境、建设现代学校制度以及学业负担、社会满意度等情况。国家制定义务教育学校办学质量评价标准,完善义务教育质量监测制度,加强监测结果运用,促进义务教育优质均衡发展。普通高中主要评价学生全面发展的培养情况。国家制定普通高中办学质量评价标准,突出实施学生综合素质评价,开展学生发展指导,优化教学资源配置,有序推进选课走班,规范招生办学行为等内容。

(二)评价方式方法

一要注重结果评价与增值评价相结合,关注学生发展、教师发展和教师的努力程度。二要注重综合评价与特色评价相结合。关注学校全面育人整体成效和学生德智体美劳全面发展情况的同时,注重差异性和多样性,关注每一所学校和每一名学生,促进学校特色发展和学生个性发展。三要注重自我评价与外部评价相结合。在引导学生、学校教师积极开展常态化自我评价和即时改进的同时,构建主体多元、统整优化、责任明晰、组织高效的外部评价工作体系。四要注重线上评价与线下评价相结合。建立学校、学生常态化评价网络信息平台及数据库,完善学生综合素质评价档案,并通过实地调查、观察、访谈等方式,了解掌握实际情况,确保评价真实全面、科学有效。五要注重评价与指导相结合。评价的结果应使被评者受到启发教育,自觉地发扬优点,克服缺点,修正错误。评价要有指导,只有评价没有指导,是消极的评价,达不到评价的目的。指导要在认真分析评价结果的基础上,结合评价对象的主观条件,从实际出发,提出积极建议,促使评价对象改进完善。六要注重定性评价与定量评价相结合。定性评价是对教育过程和结果从数量方面进行判定,侧重于事物质的方面。定量评价是对教育过程和结果的性质进行判定,侧重于事物量的方面。教学工作有的可以数量化,有的不易数量化,要把二者统一起来进行分析,不断提高评价工作的科学性、针对性、有效性。

尤其要树立全面发展的质量观和科学的教育评价观,综合考虑学生学科考试成绩与其他表现,科学全面地评价学生。要完善学习过程评价与考试结果评价有机结合的学业考评制度,加强学生学习过程评价,鼓励实践性评价,可以采用课堂观测、随堂练习、实验操作、课后作业等方式开展学生学习情况的即时性评价,通过定期交流、主题演讲、成果展示、学生述评等方式开展阶段性评价。要注重学生综合素质、学习习惯与学习表现、学习能力与创新精神等方面的评价。要创新评价工具手段,积极利用人工智能、大数据等现代信息技术,探索开展学生各年级学习情况全过程评价、德智体美劳全要素评价。

比较常用的方法有观察法,通过看材料、听课、检查作业和教学笔记,观看课间操、课外活动等了解情况;调查法,通过社会调查、家庭访问、与校内师生员工个别谈话等方式了解教育教学和管理活动情况等;测试法,通过在一定范围内对学生进行基础知识、基本技能及运用进行测验、考试分析教学情况;个案法,通过分析典型案例,了解教学情况,分析教学管理中存在的问题与需要改进的措施;跟踪法,通过对毕业生升学或工作情况进行跟踪调查,发现成绩和问题,以便进一步改进工作。

教学评价要看学校是否全面贯彻党的教育方针,坚持科学教育质量观,落实德智体美劳全面培养要求,坚持全员、全过程、全方位育人,深入实施素质教育,促进学生全面发展、健康成长。把立德作为育人首要任务,有效实施落实《中小学德育工作指南》的具体工作方案,将培育和践行社会主义核心价值观融入教育教学全过程,教育引导学生爱党爱国爱人民爱社会主义。

(三) 课程教学评价

一是看课程方案是否落实。开齐开足开好国家规定课程;规范使用审定教材,义务教育阶段不得引进境外课程、使用境外教材;加强课程建设,特别是德育、体育、美育、劳动教育等课程建设,重视法治教育、安全教育和心理健康教育,有效开发和实施地方课程、校本课程。二是看教学实施是否规范。要健全学校教学管理规程,统筹制定教学计划;按照课程标准实施教学,不存在随意增减课时、改变难度、调整进度等问题。要完善教师集体备课制度,健全教学评价制度,注重教学诊断与改进;校长深入课堂听课、参与教研、指导教学。要健全作业管理办法,统筹调控作业量和作业时间;严控考试次数,不公布考试成绩和排名;实现课外活动全覆盖,提高课外活动质量。防止学业负担过重。三是看教学方式是否优化。积极学习应用优秀教学成果和信息化教学资源,鼓励教师改进和创新教育教学方法,注重启发式、互动式、探究式教学,推进信息技术与教育教学深度融合;坚持因材施教、教好每名学生,精准分析学情,重视差异化教学和个别化指导,培养学生自主学习能力,帮扶学习困难学生;强化实践育人,积极开展劳动教育和综合实践活动,培养学生的社会责任感、创新精神和实践能力。

(四) 教师教学和发展评价

1. 教师教学评价。坚持把师德师风作为第一标准。坚决克服重科研轻教学、重教书轻育人等现象,把师德表现作为教师资格定期注册、业绩考核、职称评聘、评优奖励的首要要求,强化教师思想政治素质考察,推动师德师风建设常态化、长效化。大力表彰和鼓励优秀教师,发挥典型示范引领作用。严格遵守新时代幼儿园、中小学教师职业行为准则,建立师德失范行为通报警示制度。

突出教育教学实绩。把认真履行教育教学职责作为评价教师的基本要求,引导教师上好每一节课,关爱每一个学生。探索建立中小学教师教学述评制度,任课教师每学期须对每个学生进行学业述评,述评情况纳入教师考核内容。完善中小学教师绩效考核办法,绩效工资分配向班主任倾斜,向教学一线和教育教学效果突出的教师倾斜。落实中小学教师家访制度,将家校联系情况纳入教师考核。

2. 教师发展评价。一看师德师风建设是否加强。按照"四有"好教师标准,健全师德师风建设长效机制,积极选树先进典型,严肃查处师德失范行为;关心教师思想状况,加强思想政治工作和人文关怀,帮助解决教师思想问题与实际困难,促进教师身心健康。二看教师专业成长是否得到重视。实施教师专业发展规划,优化教师队伍结构,注重青年教师培养;健全校本教研制度,支持教师参加专业培训、凝练教学经验;教师达到专业标准要求,具备较强的德育、课堂教学、作业与考试命题设计、实验操作和家庭教育指导等能力,以及必备的信息化素养和信息技术应用能力;校长注重不断提高学校管理与教育教学领导力;重视加强班主任队伍建设,班主任认真履行岗位职责。三看教师激励机制是否健全。完善校内教师激励体系,坚持公开公平公正,注重精神荣誉激励、专业发展激励、岗位晋升激励、绩效工资激励、关心爱护激励;树立正确的激励导向,突出全面育人和教育教学实绩,克服唯分数、唯升学的评价倾向,充分激发教师教书育人的积极性、创造性。

(五)学生发展质量评价

改革学生评价,促进德智体美劳全面发展。树立科学成才观念。坚持以德为先、能力为重、全面发展,坚持面向人人、因材施教、知行合一,坚决改变用分数给学生贴标签的做法,创新德智体美劳过程性评价办法,完善综合素质评价体系,切实引导学生坚定理想信念、厚植爱国主义情怀、加强品德修养、增长知识见识、培养奋斗精神、增强综合素质。加强学生综合素质档案建设和使用,客观反映学生德智体美劳全面发展整体水平及变化情况;师生、家长、社会等方面对学校办学质量的满意度。学生发展质量评价主要包括学生品德发展、学业发展、身心发展、审美素养、劳动与社会实践等五个方面重点内容,旨在促进学生德智体美劳全面发展,培养适应终身发展和社会发展需要的正确价值观、必备品格和关键能力。

1. 德育评价

根据学生不同阶段的身心特点,科学设计各级各类教育德育目标要求,引导学生养成良好思想道德、心理素质和行为习惯,传承红色基因,增强"四个自信",立志听党话、跟党走,立志扎根人民、奉献国家。通过信息化等手段,探索学生、家长、教师以及社区等参与评价的有效方式,客观记录学生品行日常表现和突出表现,特别是践行社会主义核心价值观情况,将其作为学生综合素质评价的重要内容。品德发展可从三个方面进行评价。一是理想信念。了解党史国情,珍视国家荣誉,铸牢中华民族共同体意识,爱党爱国爱人民爱社会主义,立志听党话、跟党走,从小树立为实现中华民族伟大复兴的中国梦而努力奋斗的志向;会唱国歌,积极参加升国旗仪式;积极参加重要节日、纪念日主题教育活动,积极参加少先队、共青团活动;热爱并努力学习中华优秀传统文化、革命文化和社会主义先进文化,传承红色基因,增强"四个自信";积极向英雄模范和先进典型人物学习。二是社会责任。养成规则意识,遵守校规校纪,遵守法律法规、社会公德和公共秩序;爱护公共财物,保护公共环境,热爱大自然;节粮节水节电,低碳环保生活;积极参加集体活动,主动为班级、学校、同学及他人服务。三是行为习惯。注重仪表、举止文明,诚实守信、知错就改,朴素节俭、不相互攀比;孝敬父母,尊重师长、同学和他人,礼貌待人,与人和谐相处;自己事情自己做,他人事情帮着做。

2. 学业发展评价

严格学业标准。完善各级各类学校学生学业要求,严把出口关。对初、高中毕业班学生,学校须合理安排中高考结束后至暑假前的教育活动。完善过程性考核与结果性考核有机结合的学业考评制度,加强课堂参与和课堂纪律考查,引导学生树立良好学风。学生学业发展可从三个方面进行评价。一是学习习惯。保持积极学习态度,具有学习自信心和自主学习意识,善于合作学习,努力完成学习任务;掌握有效学习方法,主动预习,认真听讲,积极思考,踊跃提问,及时复习,认真完成作业。二是创新精神。积极参加学校兴趣小组社团活动,有小制作、小发明、小创造等科学兴趣特长;有好奇心、想象力和求知欲,有信息收集整合、综合分析运用能力,有自主探究、独立思考、发现问题、解决问题的意识与能力。三是学业水平。理解学科基本思想和思维方法,掌握学科基本知识、基本技能,达到国家规定的义务教育课程学业质量标准要求;校内、校外学业负担感受状况;养成阅读习惯,具备一定阅读量和阅读理解能力;主动参与实验设计,能够完成实验操作。

3. 体育评价

建立日常参与、体质监测和专项运动技能测试相结合的考查机制,将达到国家学生体质健康标准要求作为教育教学考核的重要内容,引导学生养成良好锻炼习惯和健康生活方式,锤炼坚强意志,培养合作精神。中小学校要客观记录学生日常体育参与情况和体质健康监测结果,定期向家长反馈。改进中考体育测试内容、方式和计分办法,形成激励学生加强体育锻炼的有效机制。学生身心发展包括两个方面。一是健康生活;营养健康饮食,讲究卫生,按时作息,保证充足睡眠,养成坐、立、行、读、写正确姿势;积极参加体育活动,坚持每天课内、课外锻炼身体各1小时,坚持做广播体操、眼保健操。树立珍爱生命、安全第一意识,掌握安全、卫生防疫等基本常识,注重日常预防和自我保护,具备避险和紧急情况应对能力;不过度使用手机,不沉迷网络游戏,不吸烟、不喝酒、不赌博,远离毒品。二是身心素质。体质健康监测达标,掌握1—2项体育运动技能,有效控制近视、肥胖、脊柱姿态不良等;保持自尊自信、自立自强,乐观向上、阳光健康心态,合理表达、控制调节自我情绪;能够正确看待挫折,具备应对学习压力、生活困难和寻求帮助的积极心理素质和能力。

4. 美育评价

把中小学生学习音乐、美术、书法等艺术类课程以及参与学校组织的艺术实践活动情况纳入学业要求,促进学生形成艺术爱好,增强艺术素养,全面提升学生感受美、表现美、鉴赏美、创造美的能力。主要看学生是否积极参加学校、社区(村)组织的文化艺术等各种美育活动;是否经常欣赏文学艺术作品、观看文艺演出、参观艺术展览等;是否掌握1—2项艺术技能,会唱主旋律歌曲,具备健康向上的审美趣味、审美格调,能够在学习和生活中发现美、感受美、欣赏美、表达美等。

5. 劳动教育评价

严格落实教育部《大中小学劳动教育指导纲要(试行)》关于不同学段、不同年级劳动教育的目标要求,引导学生崇尚劳动、尊重劳动。要明确学生参加劳动的具体内容和要求,让学生在实践中养成劳动习惯,学会劳动、学会勤俭。学校和教师要抓住关键环节,灵活运用讲解说明、淬炼操作、项目实践、反思交流、榜样激励等多种方式方法,增强劳动教育效果;开展平时表现评价、学段综合评价和学生劳动素养监测,发挥评价的育人导向和反馈改进功能。加强过程性评价,将参与劳动教育课程学习和实践情况纳入学生综合素质档案。积极参加劳动与社会实践,具有劳动习惯,具有尊重劳动、热爱劳动的观念,能够吃苦耐劳,尊重劳动者,珍惜劳动成果;积极参加家务劳动、校内劳动、校外劳动,具有一定的生活能力和劳动技能。具有社会体验,积极参与社会调查、研学实践、志愿服务和公益活动;在农业生产、工业体验、商业和服务业实践中,主动体验职业角色。

(六) 教学检查与评价

说到教学评价有必要就教学检查进行简要阐述。教学检查是依据教学管理目标与教学规范要求,对具体教学情况进行相应的检测与考察,鉴定和评价其教学目标与教学效果的实现情况,以便采取相应的措施更好地改进教学的管理活动。教学检查的内容是多种多样的,它包括与教学活动有关的各个方面。教学检查既可以是对教师的教学态度、教学方法、教学技能、教学效果情况的检查,也可以是对教师的教与学生的学双方情况的综合考察,还可以是对于教学有关的教学设备、教学设施等情况的检查。

具体教学检查的方法、形式灵活多样。可以采用笔试、口试、实验操作、体质健康达标测试等形式,也可以是座谈、汇报、实地观察、问卷调查等形式,还可以是查询资料记录、综合评论等形式;既可以采用全面定期的教学检查形式,又可以采用随时抽查的教学检查方式,还可以采用统一测试或考试的教学检查形式。

教学检查有利于教学质量的提高,有利于党的教育方针的贯彻落实,有利于教师综合素质的提高。就对教师的教学检查而言,可以检查教师的教学态度、治学精神、教学方法、教学环节、教学效果等。当然,不能把教学检查等同于教学评价。教学检查是上级教育行政部门,或行政领导,或督导人员对学校教学工作的裁判;教学评价是专家、同伴评价和学校教师的自我评价、自我完善相结合。教学检查只进行事实判断,而教学评价则包括事实判断和价值判断两个部分。有时也可委托第三方评估机构对学校教学质量和教学工作进行评估。

总之,加强教学常规管理不仅是学校应该重视的工作,更是教育行政部门应该重视的工作。教育行政部门和学校要树立正确的教学管理理念和教学质量观,不断强化教学管理,探讨教与学管理的新方法,注重教与学管理的精细化,充分调动教师的教与学生学的积极性,切实提高教学管理的效率,发展学生的核心素养,促进学生德智体美劳全面发展。

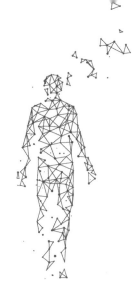

第五章 学校课程管理

探讨教学管理就必然要谈到课程管理。从源头看,课程问题最初都是在教学范畴内被讨论的。课程与教学及其管理都是学校教育中必不可少的基本要素,有时很难判断究竟是哪种概念涵盖了另一种概念。

一、课程管理概说

(一)课程管理的含义

课程管理是对课程政策、课程方案、课程制度、课程实施作出一定的规定。很多与课程计划、课程标准、教科书等相关的课程材料,都需要通过教育行政部门、学校及学校的每间教室一级一级地加以贯彻、体现。学校课程管理是指学校根据上级教育行政部门有关基础教育课程的政策文件,结合本校实际情况,为实现国家基础教育目标而对国家课程、地方课程和校本课程进行的规划、实施、开发、设计和评价的自主管理活动。

加强课程管理有利于国家课程、地方课程和学校课程的建设,可为三级课程管理体制的实现提供组织上、制度上的保证;可以使课程建设与实施过程中所急需的经费、设备、师资、教材等必要的条件发挥最大效益;可以有力促进课程系统的顺利运行,有效落实国家课程、地方课程和校本课程。

(二)课程的基本形式

当代课程的基本形式结构有学科课程、活动课程、潜在课程或隐性课程。

学科课程是依据教育目标和受教育者的发展水平从各门学科中选择内容、组成学科,以学科的逻辑体系制定标准,编写教科书,规定教学顺序、教学周期与学时、分科教学的课程。它是学校课程的基本形式。如我国基础教育课程改革设置的小学阶段的语文、数学、外语、道德与法治、科学、艺术、体育与健康等;初中阶段的语文、数学、外语、道德与法治、历史与社会(或历史、地理)、科学(或物理、化学、生物)、艺术(或音乐、美术)、体育与健康等。普通高中开设的语文、数学、外语、思想政治、历史、地理、物理、化学、生物学、技术(含信息技术和通用技术)、艺术(或音乐、美术)、体育与健康、综合实践活动和劳动等国家课程,以及校本课程。高中新教材的课程分为必修、选择性必修、选修三类。必修课程是由国家根据学生全面发展需要设置,所有学生必须全部修习;选择性必修课程是由国家根据学生个性发展和升学考试需要设置;选修课程是由学校根据学生的多样化需求,当地社会、经济、文化发展的需要,学科课程标准的建议以及学校办学特色等开发设置,学生自主选择修习。

活动课程又称经验课程,以儿童兴趣的发展为中心,是围绕儿童从事某种活动的动机组织的课程。活动课程以生活中儿童兴趣与动机为课程中心,课程范围和教学内容选择围绕这个中心进行组织,它突破学科界限,重视直接经验,主张"做中学"。如我国小学三年级至高中设置的综合实践活动,其内容包括信息技术教育、研究性学习、社区服务与社会实践、劳动与技术教育,目的是为了发展学生解决实际问题的能力。

潜在课程也称隐性课程,是广义学校课程的组成部分,与显性课程相对。它以潜在性和非预期性为主要特征。它不在课程规划中反映,不通过正式教学进行,通常体现在学校和班级的情境之中,包括物质环境(如学校建筑、校园景观、文化设施等)、文化环境(如校园文化、教室布置、课堂文化、制度文化、各种仪式活动以及学校核心价值观、培养目标、校训、校歌、学校标识等)、人际情境(如校长行为、教师行为、学生行为、师生关系、同学关系、校风、教风、学风、班风等),对学生起潜移默化的影响作用,促进或干扰教育目标的实现。实际上,潜在课程并不是习惯意义上的课程,而是一种比喻的说法,旨在说明学校生活中有许多因素也对学生的成长发生影响,这些影响有时甚至超过有意安排的课程活动。

(三) 课程设置、标准和教科书

课程设置即教学计划,是课程总体规划。它依据一定的培养目标选择课程内容,确定学科门类及活动,确定教学时数、编排学年及学期顺序,形成合理的课程体系。课程标准是单科课程的总体设计,它从整体上规定某门课程的性质及其在课程体系中的地位,是教材编写、教学、评估和考试命题的依据,是国家管理和评价课程的基础。它是整个基础教育课程改革系统工程的一个重要枢纽。教科书是依据课程标准和学生的接受能力编写的教学用书,它是教程和学程的共同依据,必须体现教法与学法的一致性,它的广度和深度必须体现为课程标准与学生可接受性的一致性。

二、我国的课程管理

我国实行中央、地方、学校三级课程主管制度。国家教育部制定并颁发指导性的课程计划,规定国家课程;省级教育行政部门根据中央的指导性课程计划,结合本地区具体情况,制定本省实施课程的计划,规定地方课程;学校再根据省级教育行政部门制定的课程计划,结合本校的传统和优势,对国家课程和地方课程及其课时作出具体安排,以实现国家课程和地方课程的校本化实施。这种三级课程管理体制,既可以保证国家对课程管理的统一要求,又给地方和学校一定的课程设置与实施自主权,有利于地方和学校积极性的调动及创造性的发挥。

国家课程是国家教育行政部门规定的统一课程,它体现国家意志,是专门为未来公民接受基础教育之后所要达到的共同素质而开发的课程。国家课程的开发主要是根据不同教育阶段的性质与培养目标,制定各个领域或科目的课程标准或教学大纲,编写教科书。它是一个国家基础教育课程计划框架的主体部分,涵盖的课程门类和所占课时比例与地方课程和校本课程相比是最多的,因而在决定一个国家基础教育质量方面起着举足轻重的作用。如我国对语文、历史、道德与法治三科教材实行全国统编、统一使用,就体现了国家意志和教育的本质属性。

地方课程是在国家制定的各个教育阶段的课程计划内,由省一级地教育行政部门或其授权的教育行政部门依据当地的政治、经济、文化、民族等发展需要而开发的课程。地方课程在充分利用地方教育资源、反映基础教育的地域特点、增强课程的地方适应性方面,有着重要的价值。

校本课程是以学校教师为主体,在具体实施国家课程和地方课程的前提下,通过对本校学生的需求进行科学的评估，充分利用当地社区和学校的课程资源，根据学校的办学思想而开发的多样性的、可供学生选择的课程。校本课程的开发主要依据党的教育方针、国家或地方课程计划、学校教育哲学、学生需求评估以及学校课程资源，强调以学校为主体和基地，充分尊重和满足学校师生的独特性和差异性，特别是使学生在国家课程和地方课程中难以满足的那部分发展需要得到更好的满足。校本课程是国家课程计划中一项不可或缺的组成部分。

实行国家课程、地方课程、学校课程相结合的课程设置模式。国家课程体现了国家对中小学教育的统一的基本要求，全国各省市各学校都要开设。地方课程的管理权限属于地方教育行政部门，开设地方课程能更好地适应本地区经济、社会发展的实际需要，更符合本地区教育发展的实际需求。学校课程由学校因地制宜进行设置安排，有利于发挥学校的积极性、主动性和创造性，有利于学校形成办学特色。在统一基本要求的前提下，实行多元化的教材选用机制。各地可以选用甚至自编教材，开始出现一标多本，即依据国家学科课程标准编写不同版本的教材。

三、我国课程改革的目标和重点

我国基础教育新课程改革的目标如下：从课程功能看，改变课程过于注重知识传授的影响，强调形成积极主动的学习态度，使获得基础知识与基本技能的过程同时成为学会学习和形成正确价值观的过程；从课程结构看，改变课程过于强调学科本位、门类过多和缺乏整合的现状，使课程结构具有均衡性、综合性和选择性；从课程内容看，改变课程内容繁、难、偏、旧和偏重书本知识的现状，加强课程内容与学生生活以及现代科技发展的联系，关注学生的学习兴趣和经验，精选终身学习必备的基础知识和技能；从学习方式看，改变课程实施过于强调接受式学习、死记硬背、机械训练的现状，倡导学生主动参与、乐于探究、勤于动手，培养学生搜集和处理信息的能力；从评价制度看，改变课程过于强调评价的甄别与选拔的功能，发挥评价促进学生发展、教师提高和改进教学实践的功能；从课程管理看，改变课程管理过于集中的状况，实行国家、地方、学校三级课程管理，增强课程对地方、学校及学生的适应性。

新课程改革的重点是明确区分义务教育与非义务教育，建立合理的课程结构，更新课程内容；突出学生的发展，科学制定课程标准；加强新时期学生思想品德教育的针对性和实效性；以创新精神和实践能力的培养为重点，建立新的教学方式，促进学习方式的变革；建立促进学生发展、教师提高的评价体系；制定国家、地方、学校三级课程管理政策，提高课程的适应性，满足不同地方、学校和学生的需要。

目前，高中阶段开始实行新课程新教材新高考，各地为了贯彻落实《中共中央、国务院关于印发〈深化新时代教育评价改革总体方案〉的通知》《国务院关于深化考试招生制度改革的实施意见》均制定普通高校考试招生实施方案。

如《安徽省深化普通高校考试招生综合改革实施方案》(2021年9月13日印发)指出，2021年启动普通高校考试招生综合改革，目标是改革考试科目设置，全面实施普通高中学业水平考试和综合素质评价制度，完善高校招生录取方式。到2024年，形成分类考试、综合评价、多元录取的考试招生模式，健全促进公平、科学选才、监督有力的高校考试招生体制机制，形成依据国家统一高考和高中学业水平考试成绩、参考综合素质评价的多元录取机制。改革的任务是完善普通高中学业水平考试制度，深化高考考试科目改革，实施高中阶段学生综合素质评价制度，改革统一高考招生录取模式，深化高职院校分类考试招生改革。

自2021年秋季高中新生入学起，全面实施普通高中学业水平考试。学业水平考试是根据国家普通高中课程标准和教育考试规定，主要衡量高中学生达到国家规定学习要求的程度，是保障教育教学质量的一项重要制度，分为合格性考试和选择性考试。合格性考试成绩是高中学生毕业、高中同等学力认定的重要依据，选择性考试是高校招生录取的依据之一。

关于科目设置。合格性考试覆盖国家普通高中课程方案规定的除劳动教育和综合实践活动课程外的所有科目。考试科目由统一高考科目和普通高中学业水平选择性考试科目组成。统一高考科目为语文、数学、外语3门科目，不分文理科，使用全国卷。选择性考试科目为思想政治、历史、地理、物理、化学、生物学6门。由考生根据报考高校要求，结合自身特长兴趣，首先在物理和历史中选择1门，再从思想政治、地理、化学、生物学中选择2门。

关于考试内容。学业水平考试由安徽省统一命题，考试内容以国家发布的普通高中课程方案和课程标准为依据。合格性考试以必修课程要求为准，选择性考试以必修课程和选择性必修课程的综合要求为准。

关于考试对象和时间。普通高中在校学生均须参加学业水平考试合格性考试,高中阶段其他在校生和符合条件社会人员也可报名参加。普通高中应届毕业生只有通过合格性考试,方可参加该科目的选择性考试。合格性考试时间另文规定,选择性考试的对象为符合教育部和安徽省规定的普通高校招生考试报名条件并已报名参加安徽省普通高校招生考试的人员。

四、加强学校课程管理

作为学校要适应课程改革的需要,切实加强课程管理,具体注意以下几点。

1. 提升学校课程管理的主体意识。为了更好地落实三级课程管理体制,学校必须提高课程管理的主体意识,增强课程开发的主动性与创造性,以便真正将国家课程标准落到实处。要实现这一目标,学校一方面要通过外在力量来唤醒、培养和建构学校课程管理的主体意识,另一方面以校长为代表的学校管理者则应该转变观念、提高认识,以主人翁的姿态来看待学校课程的组织、开发及建设。

2. 明确学校课程管理的核心职责。学校是真正发生教育的地方,所有课程计划只有到学校才能真正落实。所以学校一级的课程管理对于确保基础教育课程目标的实现范围和实现水平具有重要意义。学校课程管理包括两层基本含义,一是国家课程和地方课程的有效实施,二是校本课程的合理开发。主要职责有以下几个方面:一要制定学校学年课程实施方案。根据教育部和本省课程计划的有关规定,从当地社区和学校自身的实际出发制定实施方案,报县区一级教育行政部门备案。尤其要开齐开足开好课程,不增加语文、数学、外语等学科或缩减音乐、体育、美术等学科的国家课程要求。二要开发校本课程。依据国家颁布的学校课程管理指南,结合本校的传统和优势,独立自主或与校外有关机构或人士合作开发校本课程。在开发校本课程时,要充分发挥教师的主力军作用,多方听取对校本课程的意见和建议,特别是学生在学习过程中遇到的问题及解决办法,以便进一步完善校本课程。校本课程开发方案必须在规定时间内上报县区一级教育行政部门审议。校本课程要满足新课程、新高考的要求和学生多样化的需求。对于高中阶段为了满足学科走班教学的需要,学校要尽可能多地开发丰富多彩的校本课程,提供给学生进行选择。三要选用国家一级审定或省一级审查获得通过的教材。教材选用应体现民主原则,应该有教师、学生代表参加,并通过多种途径听取学生家长的意见。四要建立校本课程的内部评价机制。校本课程要反映国家和地方课程计划在实施中所遇到的问题,以保证校本课程与国家课程、地方课程在总体目标上的一致性和互补性。五要加强课程实施全方位管理。根据上级教育行政部门的规定,结合本校的实际情况,对学校的所有课程实施管理。特别是对教学、评价与考试、课程资源开发与利用等方面要进行自我监控,确保学校基本办学质量的稳定和提高。六要制定学校课程发展规划。根据学校实际,科学制定学校课程发展规划,突出国家课程校本化的举措,突出学校校本课程的开发,突出课程的有效实施。

3. 建立学校课程管理的规章制度。基础教育新课程不仅对课程目标与课程标准作了重大调整,同时在课程设置、课程内容、课程实施、课程资源的开发与利用、课程评价等方面赋予学校和教师较大的自主权。针对这种变化,学校原有的教学管理系统不足以完全满足相应的要求,因而需要建立新的学校课程和管理制度。当然,在建立新制度的时候,需要把握一些原则:要以政策法规为依据,保证国家课程的统一性和标准性,并配以必修课的教学设置来保证;地方课程要突出本土性和区域性,实施形式可以是必修课或选修课;校本课程要从学生和社区的需要出发,充分尊重学生的选修权利,强调多样化和个性化。无论哪一类课程建设,都要以学生和教师为主要服务对象,将学校的现有条件和教师及学生的需要有机结合起来,做到既符合课程建设规律,又具有可延续性和可操作性。

4. 提高课程实施能力。学校管理者要提高课程实施能力,坚持面向全体学生,因材施教,全面提高教育教学质量。尊重教育教学规律,注重培养学生的责任意识、创新精神和实践能力,落实学生核心素养。尊重教师的教学经验和智慧,积极推进教学改革与创新。了解课程编制、课程开发与实施、课程评价的相关知识和教材、教辅使用的政策以及国内外课程教学改革的经验。有效统筹国家、地方、学校三级课程,确保国家课程、地方课程的落实,推动校本课程的开发与实施,为学生提供丰富多样的课程教学资源。尤其要将立德树人根本任务落实到课程之中,坚持课程思政和思政课程并重,一方面加强政治学科建设,加强世界观、人生观、价值观教育,做到书本知识与现实巧妙结合;另一方面,强调全程育人,把世界观、人生观、价值观的教育与学科教学有机结合,让思政教育落实到各学科的教学过程之中。还要用创新思维推动课程优化。一要建设学科融合课程,包括建立大单元、跨学科、生活化课程,实现学科共育目标,如文史共生、数理相通、文理互鉴。二要重构校本课程体系,致力于生本德育、系列乡土文化、个性兴趣特长、生活延伸拓展、特色实践活动、技能课程群建设,既重视学生德行修养,又关注建立学科知识之间的联结。要认真落实课程标准,切实减轻学生过重课业负担,不得随意提高课程难度,不得挤占体育、音乐、美术及少先队活动等课程的课时。定期开展教学质量分析,建立基于过程的学校教学质量保障机制,统筹课程、教材、教学、评价等环节,主动收集学生反馈意见,及时改进教学及管理,严格落实手机、作业、睡眠、体质、读物等"五项"管理,严格落实"双减"文件要求。建立并完善促进学生全面发展的教育教学评价制度,不片面追求学生考试成绩和升学率。教师要研究新课程,研究新高考,切实转变教育观念,以学生发展为本,注重学生全面发展,优化教学方式,适应新课程、新高考带来的变化和要求,不拔高教学标准,不加快教学进度,切实提高课堂教学效率。定期开展学生学习心理研究,研究学生的学习兴趣、动机和个别化学习需要,采取有针对性的措施,改进课程实施和教学效果。

5. 开发和利用好课程资源。这包括校内课程资源和校外课程资源。一方面要最大限度地利用学校内部的课程资源,另一方面也要加强利用校外课程资源,帮助熟悉学生与学校以外的环境,了解社会现实,拓宽视野,增强社会责任感,提高综合实践能力。

一般课程资源开发主要有七个途径。第一,开展当代社会调查,不断跟踪和预测社会需要的发展动向,以便确定或揭示有效参与社会生活和把握社会给予的机遇而应具备的知识、技能、素质和核心素养。第二,审查学生在日常活动中以及为实现自己目标的过程中能够获益的各种资源,包括知识与技能、生活经验与教学经验、教与学的方式和方法、情感态度和价值观、学生发展核心素养等方面。第三,开发和利用课程实施的各种条件,包括图书馆、实验室、各种专用教室和科技馆、历史博物馆、革命烈士纪念馆、生态湿地公园等合理建设。如充分发挥学校和社会图书馆的功能,研发图书馆课程,培养学生阅读兴趣和阅读习惯,提高学生阅读能力,拓宽知识视野,提升学习目标。利用历史博物馆、革命烈士纪念馆等开发红色课程,让学生接受红色教育,传承红色基因,筑牢理想信念,成为国家栋梁之才。利用生态湿地公园开发环境保护课程,提高学生环保意识，增强环保能力，牢牢树立绿水青山也是金山银山的理念，从自身做起，从小事做起，关注环保，为碳达峰和碳中和作贡献。第四，研究一般青少年以及特定受教学生的情况，以了解他们已经具备或尚需具备哪些知识、技能、素质和核心素养，以确定制定课程教学计划的基础。根据学生的年龄特征、心理特征和发展规律，制定各学段、各学科教学计划和教学目标，有效实施教学过程。第五，鉴别和利用校外课程资源，包括自然与人文环境、各种机构、各种生产和服务行业的专门人才资源、社会实践活动场所，使之成为学生学习和发展的财富。第六，建立课程资源数据库，拓宽校内外课程资源及其研究成果的分享渠道，提高使用效率。利用大数据分析学生和教师的现实需求，将校内和校外的资源进行整合，建立方便快捷的数据库，有针对性地向学生和教师进行推介，让广大师生能充分利用现有课程资源，不断提高自己。第七，要根据学校的实际情况，广开思路，发掘校内外更加具有针对性和适应性的课程资源，从而更好地发挥它们的作用。如充分学生家长、社会热心人士、志愿者、党代表、人大代表、政协委员、专家、学者、新闻媒体记者等的作用，发挥老干部、老战士、老专家、老教师、老模范的作用，丰富学校课程资源。

在课程资源的开发和利用方面，要充分发挥学校教师的智慧潜能，挖掘教学资源，促进学生全面发展。教学活动的资源是课程资源的重要组成部分。开发教学活动的课程资源主要途径有以下几点。第一，了解学生实际需求。调查研究学生的兴趣类型、活动方式和手段，可以归纳出能够唤起学生强烈求知欲的多样化的教学方式、手段、工具、设施、方案、问题，以及如何设计和布置作业、安排学生课内外学习等，帮助学生尽快达到课程的目标要求。第二，确定学生学习状况。教师教学不仅需要了解受教学生目前已经具备了哪些知识、技能和素质，还要了解学生之间的差异，设计出大量的教学方案，组织多种活动，准备丰富的材料。教师只有掌握学生现有知识、技能和素质，才能根据循序渐进的原则实施因材施教，进行分层教学和个别化辅导。第三，反馈学生学习存在的问题。学生在学习过程中，经常会出现一些差错，需要教师及时指出，并予以指导。教师向学生指出学习中的差错，可以帮助学生找出课程学习中的难点和疑问，提高学生纠错的能力和水平，做到举一反三。教师还可以帮助学生建立错题集，归纳学生容易错的问题，便于学生温故而知新，温错而改正。第四，安排学生从事课外实践活动。教师要结合学生的实际，将学生在课堂上所学的知识、技能和核心素养恰如其分地运用于实践中,做到学以致用,并在实践中得到教育和启发。如学习数学面积、体积的知识,可以引导学生算算或估算身边物体的面积和体积;学习《道德与法治》的法律知识,可以引导学生积极参加社会实践活动,在活动中规范自己的言行,遵守法律,依法行事,不做违法犯罪的事,体现公民意识和社会责任意识。第五,提供参考性的学习方法与技能。各门学科都有自身的特点,也有自身的学习规律,教师可以将一些共性的东西归纳整理,帮助学生了解学科内涵,更有效地去学习,掌握学习和实践技能,由学会到会学转变,提高综合素质。第六,教师总结和反思教学活动。教学是项复杂的工作,是一种把一切事物教给一切人们的全部艺术。这需要教师不断地学习,不断地总结反思,善于向同伴、教研人员、专家学习,善于学习新课程、新教材、新理念,善于研究发生在身边的问题,充实教与学的知识库,不断提高教师的教和学生的学的水平。第七,充分发挥网络资源的作用。现代信息技术的发展突破了资源的时空限制,使得课程资源的广泛交流与共享成为可能。线上与线下教学互相融合、互相补充,教师授课和学习培训早已成为共享资源,学生深度学习不断加强,网络给师生学习与交流提供了有益的平台,也为教师提供了丰富的教学服务,为学生增加和丰富自己的学习生活经验提供了可能。

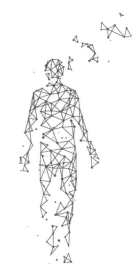

第六章 相关因素管理

一、教师管理

百年大计,教育为本;教育大计,教师为本。教师承担着传播知识、传播思想、传播真理的历史使命,肩负着塑造灵魂、塑造生命、塑造人的时代重任,是教育发展的第一资源,是国家富强、民族振兴、人民幸福的重要基石。一个人遇到好教师是人生的幸运,一个学校拥有好教师是学校的光荣,一个民族源源不断涌现出一批又一批好教师则是民族的希望。国家繁荣、民族振兴、教育发展,需要大力培养造就一支师德高尚、业务精湛、结构合理、充满活力的高素质专业化教师队伍,需要涌现一大批好教师。

教学管理离不开对教师的管理。教师管理是指对教师的任用、评价、专业发展的管理、激励等方面的一系列规定及其操作。教师管理的主要任务是合理组织教师队伍,提高教师综合素质,为教师工作学习提供服务,充分调动教师工作的积极性和创造性,实现提高学校教育教学质量的目的。

教师管理的基本特点。有的研究者认为,教师管理应当体现三大基本特点。一是对教师的日常管理要体现灵活性特点,包括不搞硬性的 8 小时坐班制,以开放教师的时间和空间,让教师选择最有利于提高工作效率的环境,最大限度地发挥其潜能;不硬性规定教师的教育手段和教学方法,以充分发挥教师的创造性;不单纯以学生成绩的优劣来评价教师工作的好坏,以全面地综合评定教师的工作业绩。二是在教师管理的过程中要体现参与性特点。要发动教师参与学校大事的讨论和决策,发扬民主,集思广益,并增加教师的认同感和责任感,以提高工作的效率。三是在教师管理制度上要体现重精神轻物质的特点。这包括注重和谐的学校人际关系的建立;为教师的进修提高和专业发展提供机会等①。也有的研究者认为,教师管理的特点体现在三个方面:在刚性管理和柔性管理上,一般以柔性管理为主;在权力管理和参与管理上,一般以参与管理为主;在定量管理和定性管理上,一般以定性管理为主②。

学校无小事,处处是教育。学校管理者要根据教师的工作特点和心理特点来管理教师。如针对教师劳动过程的示范性和教育性,就要充分发挥教师在教育教学中的主导作用,帮助教师坚持立德树人,树立正确的教育教学观;要敢于对教师进行严格管理,严格要求,引导教师身正为师,学高为范,以良好的品性去影响学生发展。针对教师劳动本身的复杂性和创造性,就要尊重教师的劳动,培植教师的创造力,帮助教师多出成果、出好成果;要教育教师以学生发展为本,热爱学生、尊重学生、理解学生、赏识学生,培养学生德智体美劳全面发展。针对教师劳动的个体性和独立性,既要充分发挥教师个体作用,也要注重教师团队作用的发挥;要保证教师有一定的自由支配时间,毕竟教师劳动没有时间和空间的限制;要积极鼓励教师发挥特长,敢于冒尖,又要教育教师不能过高地评价自己对工作的贡献,而忽视教师集体的力量。针对教师自尊心强、荣誉感强、求知欲强的特点,既要立足现在,又要着眼未来,善于使用和培养教师;既要注意教师的自尊心与荣誉感,又要鼓励教师积极参与学校管理;要加大教师的培训力度,提升教师专业发展等。

加强教师管理,特别要保证学校和教师的教育教学自主权。教育行政部门鼓励支持学校结合本地本校实际,办出特色、办出水平。强化学校课程实施主体责任,严格落实国家课程方案和课程标准,结合实际科学构建基于学校办学理念和特色的校本课程。学校在遵循学科教学基本要求的基础上,可自主安排教学计划,自主运用教学方式,自主组织研训活动,自主实施教学评价;对于学科间关联性较强的学习内容,可自主统筹实施跨学科综合性主题教学。充分发挥教师课堂教学改革主体作用,鼓励教师大胆创新,改进教育教学方法,开展丰富多彩的教育教学活动,积极探索符合学科特点、时代要求和学生成长规律的教育教学模式。严肃校规校纪,依法保障学校和教师加强对学生的教育管理。尊重和保障学生在学习中自主进行选择、参与、表达、思考和

---

① 安文铸.学校管理研究专题[M].北京:科学普及出版社,1997:200—205.
② 吴志宏.中小学管理比较[M].上海:上海教育出版社,1998:125—127.

实践。大力精简、严格规范各类"进校园"专题教育活动,有效排除对学校正常教育教学秩序的干扰,切实减轻学校和教师的额外负担。

教师管理主要包括四个方面内容,即教师资格与任用、教师考核评价、专业发展管理、教师激励。

(一) 教师资格与任用

新中国成立后,我国中小学实施的教师任用制主要有任命制和聘任制。任命制是指在定编、定员、定岗、定责的基础上,按照确定的学校教师职务的结构比例,由教育行政部门对符合任职条件的教师进行任命,任期由学校根据工作需要确定,教师的升、迁、转、调、退均由教育主管部门统一管理。聘任制即通过双向选择,以合同的形式聘请教师的制度。目前正全面推行教师聘任制。学校或教育主管部门、人力资源和社会保障部门、编办部门等实行面向社会公开招考,平等竞争,招考过程公开化,实现教师就业机会均等。教师凭实力上岗,教育行政部门或学校择优录用,实现双向选择,优胜劣汰。还有一种代用制,不属于法定的教师任用制度,在中小学客观存在,在教师数量不足的情况下,临时聘用的教学人员,被称为代课教师,或临时聘用教师。

国家要完善中小学教师准入和招聘制度。完善教师资格考试政策,逐步将修习教师教育课程、参加教育教学实践作为认定教育教学能力、取得教师资格的必备条件。新入职教师必须取得教师资格。严格教师准入,提高入职标准,重视思想政治素质和业务能力,根据教育行业特点,分区域规划,分类别指导,结合实际,逐步将幼儿园教师学历提升至专科,小学教师学历提升至师范专业专科和非师范专业本科,初中教师学历提升至本科,有条件的地方将普通高中教师学历提升至研究生。建立符合教育行业特点的中小学、幼儿园教师招聘办法,遴选乐教适教善教的优秀人才进入教师队伍。按照中小学校领导人员管理暂行办法,明确任职条件和资格,规范选拔任用工作,激发办学治校活力。从学校管理者角度,要遵循按需定岗,因事设职;择优聘任,鼓励竞争;人事相宜,责权利统一;地位平等,聘任公开的原则聘任教师。

(二) 教师考核评价

教师评价的目标一般指向教师工作的改进与提高。教师考核的目标则往往指向教师的去留、升降和奖励。教师考核重在对教师履职的效果进行考核。通过工作考核,一方面掌握教师的履职情况,发现问题,督促教师全面履行自己的职责;另一方面为教师的奖罚、续聘、升职提供依据。深化中小学教师职称和考核评价制度改革。适当提高中小学中级、高级教师岗位比例,畅通教师职业发展通道。完善符合中小学特点的岗位管理制度,实现职称与教师聘用衔接。将中小学教师到乡村学校、薄弱学校任教1年以上的经历作为申报高级教师职称和特级教师的必要条件。推行中小学校长职级制改革,拓展职业发展空间,促进校长队伍专业化建设。进一步完善职称评价标准,建立符合中小学教师岗位特点的考核评价指标体系,坚持德才兼备、全面考核,突出教育教学实绩,引导教师潜心教书育人。加强聘后管理,激发教师的工作活力。

完善相关政策,防止形式主义的考核检查干扰正常教学。不能简单用升学率、学生考试成绩等评价教师,但只要有激烈的升学竞争,教师考核就很难摆脱片面追求升学率的阴影。这种压力经过层层传递,会影响到教育的全过程。由于考试是最简单、最常用,表面上也是最公平的评价方式,很容易导致将教师考核与学生成绩和升学率挂钩。教师考核不看成绩看师德,又很难区分高低,极易流于平均主义,最终会影响考核的效果。还有不少地方政府和教育行政部门往往以所辖学校的升学率作为自己的政绩工程,明里暗里用升学指标评估学校,必然导致学校用学生成绩作为考核教师的重要指标,并最终与学校升学率挂钩。因此,教师考核不与升学率挂钩几乎是不可能的,事实上追求升学率并不完全错误,错误只是在于把升学率作为学校教育的终极目标,片面追求升学率。一实行定期注册制度,建立完善教师退出机制,提升教师队伍整体活力。加强中小学校长考核评价,督促提高素质能力,完善优胜劣汰机制。

由于教师工作的特殊性,既教书,又要育人。教师考核评价要妥善处理好三个关系。一是显性与隐性的关系。教师的显性工作,如出勤率、任课节数、撰写教案的数量、批改作业的数量、参加教研活动的次数、发表论文数量、所教班级学生成绩等。隐性工作,如对学生日常的思想品德教育、课堂教学中对学生的思想引导、与学生谈心谈话、与家长的有效沟通等。显性工作与隐性工作同等重要。二是定量与定性的关系。教育是一项需要用心投入的爱心事业,对学生的人格塑造、知识能力的培养、关键品格和核心素养的培养和造就更多地体现在潜移默化中,不是简单用几条量化指标可以考评得了的。教师的人格魅力与教学风格对学生的影响是长远的,学生的转变与发展也不是立竿见影的,需要教师反复抓、抓反复,需要教师耐心细致、充满爱心与责任。教学工作有可量化的部分,但不可量化的部分更多。如教师课时量可以量化,教学质量却难以量化;学生学业成绩可以量化,学生品行和个性发展则难以量化;教师的敬业精神、工作态度、创新意识、师生关系等方面对学生成长至关重要,但是难以量化,容易被考核忽略等。有的教师为了获得好的评价结果,可能会不择手段采用非法途径取得业绩。如不按照学校的规定加重学生课业负担;教师之间封锁信息,保守经验,甚至相互责怪、相互诋毁、互挖墙脚;工作中弄虚作假,投机取巧,相互蒙骗,甚至舞弊。学校不能完全以分数来代替考核,要将定量与定性两者结合起来。三是结果与过程的关系。在通常情况下,教师工作结果的优劣与其工作过程的好坏是一致的,但在某些情况下,教师工作结果并不是其工作真实过程的反映。如学生成绩的取得,有的教师是通过科学施教、轻负担、高质量取得,有的则是通过题海战术,加班加点,押宝猜题,加重学生负担取得,这两者当然要区别对待。有的教师培养的学生具有创新精神和实践能力,具有国际视野,勇于担当与负责;有的则培养出的学生靠死记硬背、循规蹈矩解决问题,没有创新性、批判性,缺乏质疑精神,是某种情况下的"宝宝男""乖乖女",缺少刚气和锐气,不能适应现代社会的发展需要。

(三)专业发展管理

教师专业化既是政府的责任,也是学校和教师个人的责任,从政府层面看,可以通过制定教师专业标准,完善教师资格制度,加大教师培训力度,提升教师待遇来加强教师队伍建设,加快教师专业发展。从学校层面看,可以通过制定教师专业发展规划,开展校本培训,创新教师专业发展评价机制,来加快教师专业发展。从教师自身看,要树立自主发展意识,制定职业生涯规划,选择恰当的发展路径与策略,来加快专业发展。影响教师专业化的因素很多,既有社会因素,也有学校因素和个人因素。社会因素主要是大环境因素,包括社会舆论定位、教育政策、不同行业的地位差异、家人的支持程度等。学校管理者对教师素质的重视程度直接影响教师的专业发展。不少学校的管理者不重视教师专业发展,原因是多方面的,如对教师培训不重视,培训经费不到位;教学工作压力大,怕教师参加培训影响工作;学校没有把培训纳入对教师的考核之中。教师自己也存在职业倦怠,缺乏对职业价值的正确认识和追求,自主发展的需求和动力不足,自身专业素质不高等。

有好的教师,才有好的教育。教师培训是加强教师队伍建设的重要环节,是实现教师专业发展的主要途径,是推进素质教育、促进教育公平、提高教育质量的重要保证。从总体上看,教师队伍整体素质还不能完全适应新时代教育改革发展需要,教师培训发展不平衡,特别是农村教师培训机会较少,教师培训制度有待完善,支持保障能力建设亟待加强。要围绕教育改革发展的中心任务,紧扣培养造就高素质专业化教师队伍的战略目标,以提高教师师德素养和业务水平为核心,以提升培训质量为主线,以农村教师为重点,开展中小学教师全员培训,努力构建开放灵活的教师终身学习体系,加大教师培训支持力度,全面提高教师素质,为基本实现教育现代化,建设人力资源强国提供师资保障。

开展教师全员培训。 国家要通过多种有效途径,有目的、有计划地对全体中小学教师进行分类、分层、分岗培训。采取研修培训、学术交流、项目资助等方式,促进中小学名师和教育家的培养,全面提升中小学教师队伍的整体素质和专业化水平。

以农村教师为重点,有计划地组织实施中小学教师全员培训,按照基础教育改革发展的要求,遵循教师成长规律,着力抓好新任教师岗前培训、在职教师岗位培训和骨干教师研修提高。对所有新任教师进行岗前适应性培训,帮助新教师尽快适应教育教学工作;对在职教师进行岗位培训,重点是帮助教师更新教育理念,深入钻研业务,学习新知识,掌握新技能,提高教育教学实际能力;对骨干教师加强研修提高,重点是帮助骨干教师总结教育教学经验,探索教育教学规律,进一步提升教育教学能力、教研能力、培训和指导青年教师的能力,在推进素质教育和教师全员培训中发挥引领示范作用。同时,要加强农村音乐、体育、美术、英语、信息技术、科学课程等紧缺学科教师培训。适应教育现代化和教育信息化的新要求,促进信息技术与学科教学深度融合,提高教师在教育教学中有效应用现代教育技术的能力和水平。

以中青年教师为重点,努力提升教师学历水平。在有计划地补充优质师资的同时,重点鼓励支持45岁以下中小学教师通过在职学习、脱产进修、远程教育、自学考试、攻读教育硕士等多种学习途径提高学历水平,特别是对专科学历以下小学教师进行学历提高教育。

大力加强班主任教师培训。 深入实施中小学班主任教师培训计划,建立健全班主任培训制度。针对班主任工作中的实际问题,加强班主任工作基本规范、班级管理、未成年人思想道德教育、学生心理健康教育、安全教育等专题培训,不断增强班主任教师的专业素养和教书育人的本领。

提高教师培训质量。积极创新培训模式。适应教学方式和学习方式的变化,采取集中培训、置换脱产研修、远程培训、送教上门、校本研修、组织名师讲学团和海外研修等多种有效途径进行教师培训。

不断优化培训内容。加强教师培训需求调研,根据实施素质教育的要求,并针对不同类别、层次、岗位教师的需求,以问题为中心,案例为载体,科学设计培训课程,丰富和优化培训内容,不断提高教师培训的针对性和实效性。

努力改进培训方式方法。改进教师培训的教学组织方式,倡导小班教学,采取案例式、探究式、参与式、情景式、讨论式等多种方式开展培训。鼓励教师自主选学,在培训课程内容、培训时间、培训途径、培训机构等方面,为教师提供个性化、多样化的选择机会,增强培训的吸引力和感染力。

积极开展教师远程培训。适应现代信息技术迅猛发展的新形势,充分发挥现代远程教育手段在教师培训中的作用,将集中培训与远程培训相结合,采取线上与线下相结合的混合学习模式,开展大规模的教师培训。

建立和完善校本研修制度。加强校本研修的指导和管理,促进校本研修与教研活动相结合,远程教育与校本研修相结合,理论学习与教学实践相结合,提高校本研修的质量和水平。鼓励和支持高师院校和中小学合作,促进教师专业发展。校本研修是校本培训的主要形式,是教师专业化的重要途径。下面就制约教师在校本研修中主体作用发挥的因素和发挥教师主体作用的对策进行分析。

校本研修就是以教师为主体,以解决发生在学校现场的教学问题为主的一种教研活动方式。通过建立以校为本的教研制度,能够促使学校建立新秩序,使学校创造一种有利于每个教师发展的氛围,建立相互尊重、相互信任、共同研讨、共享经验和共同发展的有效机制,从而为学生的发展服务,为教师的专业成长提供保障。

制约教师在校本研修中的主体作用发挥的因素。教师的自觉程度有待进一步提高。校本研修强调教师应成为研究的主体,教师应对在自身实践中切身感受到的、迫切需要解决的问题进行研究,自己提出问题、自己设计,研究的成果能够运用到教学实践中，并能有效提高教学质量，促进教师的发展。教师越是有经验，就会形成一种习惯，就越难以改变已有模式，所以，能不能意识到原有的不足或者愿意改变习惯了的教学理念、教学方式和课程，是进行校本研修的前提，也是教师专业发展的关键。在实际工作中，有的教师没有认识到校本研修的重要性，缺乏积极性、主动性、创造性，没有由"要我研"转变为"我要研"，从而影响校本研修的顺利开展和研究的深度。

教师本身在观念、时间和能力等方面存在限制。作为校本研修来说，并不是每一个教师都能完全胜任的。教师应具备研究的基本知识和能力；应秉承客观正确的研究态度；能充分运用各种资源，如研究人员、图书、期刊、网络、仪器、设备等。在这些前提下，教师还需要凭借自己的经验及观察力，捕捉到实际存在的问题，并对主要问题予以确认；在确认了问题后，还需考虑教师自身的制约因素及行动环境内外的制约因素，如教育观念是否转变，工作能力如何，实施研究的理论基础是否具备，有多少时间用于研究，有哪些人力、物力方面的限制，可能受到社会环境中的哪些人影响，可以找什么人咨询或商讨，等等。

学校领导的观念滞后。校本研修强调为了学校，在学校中，基于学校。校长是校本研修的第一责任人，这里的"校长"可能更多的指向学校中的最高管理层。因此，学校领导，特别是校长的观念直接影响学校的专业文化。如果没有研究意识的校长的支持，校本研修也就很难进行下去，更不必说教师主体作用的发挥了。作为校长应由"经验＋汗水"型转变为"教研＋睿智"型，要切实转变观念，做新课程校本研修的积极推动者和践行者。

专业引领的缺乏。自我反思、同伴互助、专业引领是校本研修的三个基本因素。教师在进行校本研修时，大多能研究自己的教学观念和实践，反思自己的教学行为、教学观念、教学效果，通过反思、研究，加之同伴的互助、共同研讨，在一定程度上更新了教学观念，改善了教学行为，提升了教学水平，提高了教学质量。但是随着校本研修的深入，离开了专业人员的参与，校本研修常常会自囿于同水平的反复，迈不开实质性的步伐，甚至会停滞不前，从而导致形式化、平庸化。由于受多种原因的限制，许多学校缺乏水平较高的专业人员的指导，这也导致新课程校本研修的发展不平衡，使有些学校从一开始就落伍了。

教学管理制度不健全。校本研修要创造有利于教师研究的氛围，使教师作为研究者、作为主人参与,带着疑问与困惑,进行理性的思考,而不是被动的接受,也不应该以任何形式、任何权威来压制教师个人的专业见解。由于部分学校教学管理制度还没有完全适应新课程改革的要求,忽视了教师理论学习制度的建立,这样在实践中的问题有可能会出现偏差,教师自己的观念也转变不了,行动也会滞后;忽视了建立教师与专业人员或权威专家的平等对话交流制度,使得信息得不到交流,经验得不到共享,商讨也不深入,从而使教师的专业化成长受到限制;忽视建立课题研究制度,课题研究流于形式,学校难以形成浓厚的学术研究氛围,从而对学校发展中存在的困难与缺点、学校面临的突出问题、教学中存在的问题等,难以找到合适的解决办法,对学校已取得的成功经验,难以挖掘出来并进行推广。

激励机制和保障机制乏力。苏霍姆林斯基说过:"如果你想让教师的劳动能够给教师带来乐趣,使天天上课不至于变成一种单调乏味的义务,那你就应当引导每一位教师走上从事研究的这条幸福的道路上来。"作为教师都有实现自我、发展自我的愿望,而以什么样的方式才能卓有成效地实现教师自身的可持续发展,以什么样的平台才会使大多数教师在专业发展上持久受益,这是一种精神上的激励。教师个体的教学活动、研究成果、教学成绩等,能否得到客观、公正的评价;评价的标准是否又是以学生的学业成绩为唯一的标准,这是教师在进行校本研修中所普遍担忧的问题,促进教师不断提高的新评价体系的真正建立,对教师也是一种激励。除了对教师进行精神激励外,对在校本研修中,科研成果、教学成果突出的教师要给予一定的物质奖励,也是必要的。进行校本研修还需要建立保障机制。如带领教师走出去参观学习,研究实践,开展教学研讨,聘请专家讲座,资料的购买,教学设施的添置等都要筹集资金来保障;同时要依据学校实际,确立校本研修的研究主题,制定和完善实施计划,组织校本培训和校本研修等等。但由于受学校人力、财力、物力等的限制,所有这些方面在不同程度上存在两种机制的建立有待完善和操作乏力的问题,从而制约了教师参与校本研修的积极性。

校本研修是自行应验效果,难以客观地诊断问题。在实际操作中,由于研究者或教育实际工作者比较强调校本研修的简单易行,要求松缓的一面,而忽视其计划性、系统性和潜在控制性,在某些方面不符合科学的严格要求,使得某些校本研修显得缺乏起码的可靠性和说服力,这也使得部分教师认为校本研修的意义不大,实用性和推广性不强,积极性难以充分发挥。

发挥教师在校本研修中主体作用的对策。坚持知行思交融。通过专家讲座或专题培训等方式,使教师逐步认识到校本研修的重要性和必要性,明白校本研修是以新课程为导向,以教师为研究主体,以促进每个学生发展为宗旨,要求切实解决新课程实施过程中学校所面对的各种具体问题,从而达到创造性实施新课程,实现课程改革目标,全面提高教育教学质量的目的。教师可以按照"问题——设计——行动——反思"的程序,去逐步确定研究的内容,设计研究的步骤,实施研究的方案,总结研究的成果。特别地,作为教师要把反思贯穿于教学与教研过程的始终,学会理性地去思考教学问题,提高教学监控能力、应变能力、总结评价能力和理论思维能力,不断推动教学质量的提高,进而为自己专业化成长提供经验。如可对下列在新课程实施过程中经常遇到的问题进行研究:如何在教学中处理好知识与技能、过程与方法、情感态度与价值观三维目标的关系?如何落实学生的核心素养?如何组织学生进行小组合作、探究学习?如何在大班额情况下对学生的个性差异进行指导?如何通过建立成长记录袋来对学生进行评价?如何开发校本课程?如何进行学科课程与信息技术的深度融合等。

坚持层次递进,共同成长。针对不同的教师要提出不同的自我反思要求。一般地,新教师(5年以下教龄)以自身的教学技能反思为切入点;中青年教师(5—10年教龄)以课堂教学策略反思为切入点;成熟型教师(10—20年教龄)以自身教学理念反思为切入点;专家型教师(20年以上教龄)以教育研究反思为切入点。积极开展与专业人员的密切联系,做好教师的分层培训,探讨校本培训的新方法。通过师徒结对,以老带新,以新促老,进一步发挥同伴互助的作用;通过专业人员的引领,教师可增加理论知识,丰富教育教学信息,进一步转变观念,并能以理论知识去指导自己的教学实践,这样便能更好地去破解发生在教学现场的"难题",达到共同进步、共同提高、共同成长的目的。

坚持研究与管理并重。通过以校为本的教研制度建设,要逐步形成教学、教研、科研、培训为一体化的校本研修机制,建立理论学习制度、平等对话交流制度、课题研究制度,进一步强化教学管理,充分发挥教师在校本研修中的主体作用。同时,要将教师的理论学习与经验传授、专题研讨、实践课研究等结合起来;将校本研修与集体备课、教学研讨、教学观摩、说课、评课、教学反思与交流、案例分析、问题会诊、教师与专家的对话、专题研讨、教育沙龙、校长论坛等结合起来。要在观念的碰撞与交流中达成新的共识,在实践与摸索中找到解决问题的途径。此外,要依据学校的实际,组织学校的职能部门、教研组、年级组,分学科、分年级积极申报教研课题,深入开展研究,做到人人有课题,人人参与课题研究,在校内营造良好的教科研氛围,努力建构研究型学校,在校外也要树立教科研兴校的新形象。

坚持和完善"三个"机制。导向机制。校本研修以新课程为导向,以解决学校实际问题为对象,以促进师生发展为宗旨。要充分发挥教师个人、教师群体和专业研究人员在校本研修中的作用,注重教师的个人反思,教师群体的同伴互助和专业研究人员的专业引领三种基本力量的有机整合,建立教师自我反思的教学制度和教师同伴互助的教学文化,以开放的心态积极主动争取来自各方面的专业引领,从而使学校形成正确的校本研修的舆论导向。激励机制。学校通过自身内部机制的改革,创造一个合适的平台,使教师能够开展实践性的反思,在反思中成长,实现自身价值,这是关键的激励;通过改革评价机制,消除教师的后顾之忧,使他们乐于进行校本研修;同时要制定校本研修奖励条例,对取得成绩的教师要进行表彰、奖励和宣传。保障机制。学校要建立一系列的保障制度,真正落实制定的各项措施,学校领导,尤其是校长要带头进行校本研修,发挥校长是第一责任人的作用,将校本研修与教师的考核、奖励、职评等挂钩,只有这样,才能充分调动教师的参与积极性。

坚持校本研修与其他研究方法相结合。由于校本研修本身存在着一些缺陷,常常以具体、现实情境为限,研究的样本受到限制,不具备代表性,因而内外部效度不高;加之校本研修并不是将结果扩大化,在更大的范围内推广开来,而是以解决问题为出发点的;在研究中,主管人员的不支持或教师群体间意见不统一,会造成协调上的困难,也会诱发对校本研修的歧义。在教育科研中有许多研究方法,校本研修不能取代其他的研究方法,只能作为其他研究方法的一种补充,不能过分夸大它的作用,要与其他方法结合使用。

大力加强师德教育。以师德教育为重点,增强教师教书育人的责任感和能力水平。重视教师职业理想和职业道德教育,学习贯彻《中小学教师职业道德规范》,将师德教育作为教师培训的重要内容。创新师德教育的方式方法,增强师德教育的实效性。开展丰富多彩的师德教育活动,广泛宣传模范教师先进事迹,弘扬人民教师高尚师德,将师德表现作为教师考核的重要内容,并与教师资格定期登记紧密挂钩。

健全师德建设长效机制,推动师德建设常态化长效化,创新师德教育,完善师德规范,引导广大教师以德立身、以德立学、以德施教、以德育德,坚持教书与育人相统一、言传与身教相统一、潜心问道与关注社会相统一、学术自由与学术规范相统一,争做"四有"好教师,全心全意做学生锤炼品格、学习知识、创新思维、奉献祖国的引路人。

实施师德师风建设工程。发掘师德典型、讲好师德故事,加强引领,注重感召,弘扬楷模,形成强大正能量。可根据具体情况采取不同的教育方法,如学校规模不同、教师年龄结构不同、校区情况不同、教育集团内部情况不同,可开展每月之星、身边的榜样、年度师德标兵或师德楷模等评选表彰活动,并进行展示宣传。也可召开师德经验交流会,树立典型,发挥榜样引领作用。

注重加强对教师思想政治素质、师德师风等的监察监督,充分发挥家长、学生、社会、新闻媒体、人大代表、政协委员的监督作用,强化师德考评,体现奖优罚劣,推行师德考核负面清单制度,建立教师个人信用记录,完善诚信承诺和失信惩戒机制,着力解决师德失范、学术不端等问题。

做好教师,要有道德情操。教师的人格力量和人格魅力是成功教育的重要条件。合格的教师首先应该是道德上的合格者,好教师首先应该是以德施教、以德立身的楷模。师者为师亦为范,学高为师,德高为范。教师是学生道德修养的镜子。师德需要教育培养,更需要教师自我修养。好教师要有"捧着一颗心来,不带半根草去"的奉献精神,自觉坚守精神家园,坚守人格底线,带头弘扬社会主义道德和中华传统美德,以自己的模范行为影响和带动学生。做教师就要热爱教育工作,要以自身的人格和行为去影响和培养未来的国家栋梁之才。

加强理想信念教育。提高思想政治素质。引导教师树立正确的历史观、民族观、国家观、文化观,坚定中国特色社会主义道路自信、理论自信、制度自信、文化自信。引导教师准确理解和把握社会主义核心价值观的深刻内涵,增强价值判断、选择、塑造能力,带头践行社会主义核心价值观。加强中华优秀传统文化和革命文化、社会主义先进文化教育,弘扬爱国主义精神,引导广大教师热爱祖国、奉献祖国。创新教师思想政治工作方式方法,开辟思想政治教育新阵地,利用思想政治教育新载体,强化教师社会实践参与,推动教师充分了解党情、国情、社情、民情,增强思想政治工作的针对性和实效性。要着眼青年教师群体特点,有针对性地加强思想政治教育。对教师,政治上充分信任,思想上主动引导,工作上创造条件,生活上关心照顾,使思想政治工作接地气、入人心。做好教师,要有理想信念。古人云:"经师易求,人师难得。"一个优秀的教师,应该是"经师"和"人师"的统一,既要精于"授业""解惑",更要以"传道"为责任和使命。

提高专业知识技能。做好教师,要有扎实学识。扎实的知识功底、过硬的教学能力、勤勉的教学态度、科学的教学方法是教师的基本素质,其中知识是根本基础。学生往往可以原谅教师严厉刻板,但不能原谅教师学识浅薄。"水之积也不厚,则其负大舟也无力。"知识储备不足、视野不够,教学中必然捉襟见肘,更谈不上游刃有余。在信息时代做好教师,自己所知道的必须大大超过要教给学生的范围,不仅要有胜任教学的专业知识,还要有广博的通用知识和宽阔的胸怀视野。好教师还应该是智慧型的教师,具备学习、处世、生活、育人的智慧,既授人以鱼,又授人以渔,能够在各个方面给学生以帮助和指导。

热爱尊重理解学生。做好教师,要有仁爱之心。爱是教育的灵魂,没有爱就没有教育。好教师应该是仁师,没有爱心的人不可能成为好教师。高尔基说:谁爱孩子,孩子就爱谁。只有爱孩子的人,他才可以教育孩子。教师的爱,既包括爱岗位、爱学生,也包括爱一切美好的事物。好教师对学生的教育和引导应该是充满爱心和信任的,在严爱相济的前提下晓之以理、动之以情,让学生"亲其师""信其道"。好教师要用爱培育爱、激发爱、传播爱,通过真情、真心、真诚拉近同学生的距离,滋润学生的心田,使自己成为学生的好朋友和贴心人。好教师应该把自己的温暖和情感倾注到每一个学生身上,用欣赏增强学生的信心,用信任树立学生的自尊,让每一个学生都健康成长,让每一个学生都享受成功的喜悦。好教师应该懂得尊重学生,使学生充满自信、昂首挺胸,又通过尊重学生的言传身教教育学生尊重他人。世界上没有两片完全相同的树叶,教师面对的是一个个性格爱好、脾气秉性、兴趣特长、家庭情况、学习状况不一的学生,必须精心加以引导和培育,不能因为有的学生不讨自己喜欢、不对自己胃口就冷淡排斥,更不能把学生分为三六九等。对所谓的"差生"甚至问题学生,教师更应该多一些理解和帮助。好教师一定要平等对待每一个学生,尊重学生的个性,理解学生的情感,包容学生的缺点和不足,善于发现每一个学生的长处和闪光点,让所有学生都成长为有用之才。

总之,要建设一支高素质专业化的教师队伍,就要提高教师培养层次,提升教师培养质量。根据基础教育改革发展需要,以实践为导向优化教师教育课程体系,强化"钢笔字、毛笔字、粉笔字和普通话"等教学基本功和教学技能训练。加强紧缺薄弱学科教师、特殊教育教师和民族地区双语教师培养。开展中小学教师全员培训,促进教师终身学习和专业发展。转变培训方式,推动信息技术与教师培训的有机融合,实行线上线下相结合的混合式研修。

当然,从学校管理者角度看,如何加快教师专业发展,是值得深入研究的问题,具体可以有如下做法。

加强师德引领,促进教师由他律向自律转化。"三寸粉笔,三尺讲台系国运;一颗丹心,一生秉烛铸民魂。"人们常说,教师是人类灵魂的工程师,教师职业是"太阳底下最崇高的职业"。现实生活中,由于教师的政治地位、社会地位、职业地位、经济地位等还没有达到预期的要求,加之市场经济氛围、行业收入的差距和社会不良环境的影响,教师的职业理想和职业信念需要进一步加强,教师的师德水平有待于进一步提高。从学校角度可以采取多种方法来加强教师职业道德教育。如学习必要的师德理论知识和法律法规知识,提高教师的师德理论水平和依法执教的意识;开展多种活动,发挥师德榜样的示范作用;实施情暖工程,提高教师的职业归属感;领导积极开展谈心活动,提升教师的职业意识和职业信念;建立必要的制度规范,约束教师的从教行为,增强敬业精神等。这些都属于对教师的他律行为,要想使教师的职业道德真正得以有效践行,关键还是要提高教师的自律意识,使教师由他律向自律转化,从而付诸在实际行动中。教师要在"捧着一颗心来,不带半根草去""千教万教教人求真""学高为师、身正为范""爱满天下"等崇高的师德精神影响下,不断提高自己的道德修养,能以真情、真心、真诚教育和影响学生,成为学生的良师益友,成为学生健康成长的指导者和引路人。教师不仅要"以渊博的知识培养人,以科学的方法引导人",更要"以高尚的人格塑造人,以优雅的气质影响人"。要树立高尚的道德情操和精神追求,甘为人梯,乐于奉献,静下心来教书,潜下心来育人,努力做受学生爱戴、让人民满意的教师。

整合管理、教学和德育,注重教师队伍优化组合。学校教师队伍如何进行优化组合是值得探讨的问题,整合管理、教学、德育是优化组合教师队伍的有效方法。

整合管理,使之服务于学校发展。目前学校大都实行聘任制,学校和教师签订双向聘任合同,一年一聘任,在目前的学校人事制度下,从实际效果看,大部分学校基本流于形式,只是完成一年一度的签字仪式。根据学校实际,可实行双向选择聘任制,学校聘任班主任,班主任聘任学科教师,学科教师选择班主任,学校根据教师和班级的特点适度进行微调,一年一聘任,三年一循环,教职工择优上岗,能上能下,形成了以班级为单位的合力,建立了有效的竞争激励机制,有力地促进了教职工队伍的优化组合。坚持严管理、轻负担、高质量、重特色的办学思想,修订完善各项管理制度,强化执行力度,规范办学行为,严格依法执教,从具体的细节上去管理教师,去提高教师的教学水平和教育教学质量。如制定《学校教学常规管理制度》《教学常规检查、监督制度》《期中、期末考试质量分析制度》《优秀教研组、备课组评选细则》等来加强管理,在教师的备课、上课、作业批改、辅导、课外活动、质量检测等常规管理方面不断探讨新方法、新举措,注重管理过程的精细化、科学化、民主化,向管理要质量,提高教师的整体教学水平。

整合教学,包括课程设置、教学活动、教学过程、课外活动及竞赛指导等。学校积极构建"三维课程体系",除了学科课程外,积极开设适合校情和学情的校本课程、活动课程等。如可开设学习方法课,加强对学生的学法指导;开设科技活动辅导课,加强学生对科技创新的参与和重视;开设国学课程,加强学生的国学素养,提高文化自信;开设体育类课程,加强学生身体和心理健康素质提高等。教学内容的多维性和课程设置的广泛性,给教师提供了多种展现自己能力的机会,调动了教师参加的积极性、主动性和创造性,挖掘了教师的潜能,发挥教师各自的特长和优势,进而发挥教师群体的力量。

整合德育,完善"三位一体"的德育网络,创新德育内容、方法和途径。以学生发展为中心,培养健全人格;以情感教育为主线,体现人文关怀;以道德实践为导向,注重体验创新。在教师实施教育的过程中,充分发挥教师的主导作用和学生的主体作用,把对学生的道德、法纪、心理健康等教育贯穿于教育的全过程,通过师生之间的交流互动和心灵感应,充分凸显爱生这一永恒的教育话题,使教师充分认识教育的功能和作用,进一步提升教师的敬业、乐业、奉献精神,提升道德修养,完善教师自我人格。

实施"名师工程",加快教师专业化发展。如何加快教师的专业发展,以提高学校的教育教学质量是学校特别关注的问题,也是学校可持续发展必须解决的问题。学校可以通过开展各种形式的教研活动,促进教师专业发展。要关注课堂、聚焦课堂,开展

"五课一条龙"活动,即集学课、听课、说课、评课、跟课为一体,用研究的视角梳理课堂,提高教学技能,提高课堂教学质量。关注青年教师的培养,可制定《青年教师业务素质提高培养计划》,通过师徒结对等形式,从思想政治素质、道德品质、业务水平等方面,帮助青年教师尽快发展。开展各种形式的教学竞赛活动,给教师提供展现自己的平台,锻炼自己,相互学习,相互借鉴,进而提高自己,发展自己。坚持每学期开展一次教学月活动,要求人人都要上公开课,分层次提出不同的要求,充分发挥名师、学科带头人和骨干教师的作用,通过评比和帮扶来提高各个层面教师的发展,避免在教师发展上"高原现象"的出现。坚持每学年开展一次集中的校本研修,教师对一年的教育教学工作进行总结反思,自己要制定年度自主发展规划,学校对教师的教育教学提出新的要求,不断提高教师研究水平和反思能力。

实施"教研兴校工程",提高教师教学教研质量。实施"教研兴校工程",要立足课堂,加强校本教研,以课题研究为抓手,开展新课程反思活动,以行动研究为主要方式,抓好教师教学方式和学生学习方式的研究,提高教师教学和教研的质量。根据学校的实际,开展许多有特色的教研活动,营造良好的教改教研文化氛围。定期举办教育沙龙和课改研讨活动,既有学科教学研讨,也有班级学生教育管理研讨,乃至学校的教育教学及管理研讨;既有资深班主任的有效经验介绍,也有年轻班主任的困惑和探讨,教师之间相互交流,相互学习,相互借鉴,不断提高,也增强了教师之间的合作意识。积极开展各个层面的课题研究,解决现实中教育教学存在的问题,提高教师的教研水平,提高教师的教育教学质量。如开展建立学生成长记录袋的研究,探索多元化的评价学生的方法;开展微格视频案例研讨活动,创新课堂研讨模式,提高教师的课堂教学水平。浓厚的教科研氛围,教师间的真诚合作和无私奉献,学校强有力的管理,不仅能使教师的教研水平提高,课堂教学水平提高,而且能使学校教育教学质量稳步提高。

重视教师发展性评价,提升教师综合素质。学校的发展关键要依靠教师,如何调动教师的工作积极性,进而提升教师综合素质是学校领导必须予以充分重视的问题。调动教师的工作积极性有多种方法,包括物质上的给予和精神上的肯定和安慰。重视对教师进行发展性评价,是新课程改革的要求,也是调动教师积极性的一种非常重要的方法。发展性评价要求对教师的评价以教师的自评为主,每学期教师可以撰写述职报告,学校领导、同事、家长、学生参与对教师的评价,不以学生的学习成绩作为唯一的评价依据,要以发展的眼光看待教师的工作和成长。学校要建立教师发展档案,包括教案、反思录、学习体会、经验总结、个案分析等,都可以作为对教师进行综合评价的依据。要健全和完善激励机制和保障机制,鼓励教师的突出劳动,鼓励教师脱颖而出。如制定《教育教学成果奖励办法》《毕业班中考、高考奖励措施》《班级综合管理奖实施办法》《教师教科研奖励办法》等,构建开放性的教育教学评价体系,建立健全重能力、重实绩、重贡献的校内分配机制,对工作出色的教职工及时给予表彰奖励。通过对教师进行发展性评价,在调动教师工作积极性的同时,要引导和促使教师反思自己的教育教学行为和教育教学成果,反思自己的专业技能和教学水平,反思自己的专业态度和专业品质,这样有助于加快教师自身的专业发展和高尚师德的形成,从而全面提高自身的综合素质,使自己成为高素质的人民教师。

鼓励教师善于总结反思,提高教学水平。在日常的教学活动中,教师重视课堂教学,抓学生学习质量提高,任务非常繁重。教师容易忽视对教学工作进行总结和反思,也缺少必要的研究。有的教师甚至认为,只要把书教好,提高学生的成绩,其他的不重要。实际上,教学工作本身是很复杂的,需要教师不断地学习,不断地总结和反思,才能适应新时代、新要求。教师教学的新知识、新技能、新策略、新素养有多种多样的来源——来源于研究,来源于新教材和新手段,来源于先进教学法的报道,来源于同事,来源于研究人员,来源于督导人员,来源于对教学的自我总结,来源于对课堂学习情况的思考等。教师们要不断考虑未来如何充实自己教与学的知识库,并且为增加这方面的知识做出不懈的努力。教师需要不断地提高自我总结和积极借助于他人的反馈来分析自己的学习需要和学习风格的能力。教师应该善于运用教学日志、研究小组和个人教学心得集锦夹、同事指导、他人帮助、同事建议等自我评价和合作总结的手段、方法与策略,提高自我总结和反思的教学水平。称职的教师都应该懂得如何去利用建立在研究基础上的各种资源,懂得在面对某种学习的需要时如何去追寻建立在研究或有效实践的基础上的新知识和新技能,既要能钻研教学,又要能拿出自己的研究成果与他人分享。

总结和反思教学实践经验有许多方法和技巧,它们的应用已经变得越来越广了。工作日志、录音带或录像带、个人教学心得集锦夹、教学反思等自我总结的方法和策略,不仅可以使教师给自己的教学实况留下记录,也可以使教师对自己的教学发展路径作长期的跟踪,还可以对自己的进步作长期的分析,进而找出有待进一步学习的地方。其他方法和技巧包括对初执教鞭的教师进行有组织安排的和无组织安排的同事观摩、研讨、辅导和帮助,组织研究小组或者举行各种形式的经验交流,加入各种专业活动网络等,都能使教师更好地了解教学研究的动态,逐步使自己成为教学知识的生产源。

在平时的教育教学管理中,学校要将刚性的管理和柔性的管理结合起来,在对教师进行发展性评价的过程中,要充分考虑和照顾教师的合理诉求,从多方面关心教师,爱护教师,以情感人,以理服人,尽最大努力帮助教师解决实际困难。要给教师提供发展的平台,提供展现自我的机会,积极听取教师的意见和建议,努力发挥教师的主人翁作用。

(四) 教师激励

教师行业对人的从业态度要求很高。积极性高的教师会更加主动工作,会为更深层次的教育教学效果付出额外的努力;更能承受工作带来的压力和痛苦,更不会轻易放弃目标;更能从学生和教育的需要出发去做事,而不只是从自身利益出发,有很强的责任感;更有可能会创造性工作,具有很强的内驱力,会形成难得的反思能力。研究表明,积极性比较高的教师会把工作与自身需要相结合,与自己的生活相融合,教育教学工作会成为自己生活的一部分……同等能力下,经过一段时间,积极性高的教师取得的成就往往会更高,学生的真实获得也更多;同样水平和基础的学校,教师积极性普遍高的学校会更易管理,也会发展得更好。影响教师积极性的变量非常多,综合各种研究可以发现,某一位教师的工作态度是否积极与他的年龄、性别、学历、教龄、职称、执教的学科、学历、收入水平、学校类型、学校水平、学生状况、是否做班主任、是在城镇学校还是乡村学校甚至与所在地域、婚姻状态等硬指标都有绝对关系,而且其中绝大部分因素都有可能成为决定性因素;教师的积极性还会与他的自我效能感水平、情绪控制能力水平、学科能力水平、责任感水平、是否喜爱教育工作和学生、教学难度、师生关系、师师关系、干群关系、学校整体水平、学生水平与状况、教师职业压力与生活压力、家庭状况等软指标有关,而且同样很多因素都有可能成为决定性因素。如何激发教师的活力,如何调动教师的积极性已成为教育领导者经常思考的问题。许多教育领导者对于激励理论在教师管理实践中的应用也表现出极大的热情,有的教育领导者以马斯洛的需要层次模型来分析不同类型教师的不同需要,以采取对应的措施来调动教师的积极性;有的教育领导者依据赫茨伯格的双因素论对教师管理中的保健因素和激励因素加以区分,采取措施增加激励因素的比重,充分调动教师的积极性。在实际工作中,要不断探讨教师激励的策略。主要有目标激励、物质激励、制度激励、情感激励、榜样激励、信息激励、培训激励等。

目标激励是指通过设置科学合理的教学管理目标,让教师看到实现目标的前景,激励自己不断努力去实现既定目标。学校工作,有集体目标、部门目标和个人目标几个不同层次。教师工作带有劳动的个体性与劳动成果的整体性的特征。不管是学校集体还是个人都希望自己的工作和事业有所成功,这是共同的。同时教师的需要、期望和要求也有各自不同的特点。学校管理者的责任就是要使全体教师明确本单位的奋斗目标及个人的工作任务和职责,使教师看到事业的希望、学校和个人的希望,觉得这个职业有奔头,个人工作有盼头,干起来有劲头。在制订目标时,一定要切合实际,既不是高不可攀,又不是举手可得的。目标定得合适,实现的可能性就越大,期望程度就越高,激励的作用就越大。实现目标激励,需要做到:一要明确目标及其意义。学校管理者要使教师明确国家提出的教育改革和发展总目标,还要知道所在地区和学校的具体教育工作目标。同时,也要明确不同年级和班级的教学工作目标等等。只有掌握了目标体系,明确了实现目标的意义,工作才有方向,有所追求,才能增强使命感和参与感。二要让教师自觉地制定实现目标的行动措施,充分发挥自己的特长和优势,努力争作贡献。如学校管理者要鼓励高级教师总结教学经验,著书立说,进行传帮带;鼓励中年教师采取多种途径更新知识,勇挑重担,成为学科带头人;鼓励青年教师树立事业心,练好基本功,成为未来的希望。三要帮助教师依据目标学会自我调节。在实施目标过程中,往往会碰到许多问题,这就需要通过信息反馈,不断进行调节、矫正,甚至补充、增强新的内容,努力保证目标方向不偏离正确轨道,使目标行动尽可能减少差错或失误。四要激励目标实现者。工作到一定阶段,比如半年或一年,要进行总结,对达标的集体或个人,给予精神或物质奖励,使目标成果得到及时肯定,实施经验得到发扬和传播。

物质激励包括普遍提高教师的经济收入,如提高工资待遇和绩效工资数额,对于工作成绩突出的教师给予物质奖励。尤其是目前义务教育阶段教师实施绩效工资制度,高级中学基本参考执行。绩效工资制度是建立在一定的工资标准和管理程序基础上的工资制度。它是通过对教师的工作业绩、工作态度、工作技能等方面的综合考核评估,确立教师绩效工资增长幅度,以科学的绩效考核制度为基础。目的是发挥绩效工资的杠杆作用,根本上消除平均主义的做法,体现多劳多得、少劳少得、奖优罚劣、奖勤罚懒的分配原则,建立科学规范的收入分配机制,调动教师工作积极性,促进教育事业发展。绩效工资分为基础性和奖励性两部分。基础性绩效工资主要体现地区经济发展水平、物价水平、岗位职责等因素,占绩效工资总量的70%,按月发放。奖励性绩效工资主要体现工作量和实际贡献等因素,在考核的基础上,由学校确定分配方式和办法,并在绩效工资中设立班主任津贴、岗位津贴、农村教师补贴、超课时补贴、教育教学成果奖励等项目。对教学效果的考核,主要以完成国家规定的教学目标、学生达到的基本教育质量要求为依据,严禁把升学率作为考核指标。绩效工资制有利于教师工资与可量化的业绩挂钩,将激励机制融于学校目标和个人业绩的联系之中,有利于工资向成绩突出者倾斜,提高教师的工作积极性;绩效工资全部由财政拨款,可以杜绝学校乱收费现象,可以使学校管理者全身心投入教学管理;绩效工资也有利于缩小地区差异和行业差异,保证教师收入与公务员相当。要健全中小学教师工资长效联动机制,核定绩效工资总量时统筹考虑当地公务员实际收入水平,确保中小学教师平均工资收入水平不低于或高于当地公务员平均工资收入水平。要完善教师收入分配激励机制,有效体现教师工作量和工作绩效,绩效工资分配向班主任和特殊教育教师倾斜。校长的绩效考核应与教师分开,由教育行政部门单独组织考核,其绩效工资应单列,不要与教师的绩效工资掺和,避免不必要的矛盾冲突。实行中小学校长职级制的地区,应根据实际实施相应的校长收入分配办法。

特别要大力提升乡村教师待遇。深入实施乡村教师支持计划,关心乡村教师生活。认真落实艰苦边远地区津贴等政策,全面落实集中连片特困地区乡村教师生活补助政策,依据学校艰苦边远程度实行差别化补助,鼓励有条件的地方提高补助标准,努力惠及更多乡村教师。加强乡村教师周转宿舍建设,按规定将符合条件的教师纳入当地住房保障范围,让乡村教师住有所居。政府要拿出务实举措,帮助乡村青年教师解决困难,关心乡村青年教师工作生活,巩固乡村青年教师队伍。在培训、职称评聘、表彰奖励等方面向乡村青年教师倾斜,优化乡村青年教师发展环境,加快乡村青年教师成长步伐。为乡村教师配备相应设施,丰富精神文化生活。这是激励教师的基础性工作,也是关键性工作。

在运用物质奖励时,学校管理者要注意处理好几个关系。一要正确认识和处理个人、集体和国家之间的物质利益关系,个人利益要服从集体利益和国家利益,国家和集体要关心个人利益。要划清正当的个人利益与个人主义的界限,要把物质利益与"一切向钱看"加以区别。二要正确处理眼前利益和长远利益的关系,领导者一方面要关心重视并尽可能满足教师的眼前利益,另一方面当眼前利益与长远利益发生矛盾时,要讲理想,要顾大局,坚持眼前利益服从长远利益。三要把发扬奉献精神与物质利益原则结合起来。精神激励不是万能的,同样物质激励也不是万能的,也有其局限性。如果过分依赖物质手段,忽视对教师的思想教育,就会滋生只讲报酬不讲奉献的雇佣思想和只讲个人利益不讲集体主义的拜金主义倾向。

制度激励是指通过制定各种教学管理制度,学校管理者经常与教师进行沟通,交流思想,从而激发教师在工作上、思想上重视学校教育教学质量的提高。一定的规章制度是日常的教学管理活动所不可缺少的。俗话说:"没有规矩,不成方圆。"在学校管理活动中,没有一定的规章制度,学校工作就会变得一团混乱。学校管理者要依据学校和有关部门所制定的各种科学、合理的规章制度,对教职工的思想和行为做出一种积极鼓励或批评、制止或反对,从而有效地调动教职工的工作积极性。在运用制度激励时,要做到得法、及时、适度。

情感激励是指学校领导通过与教师谈心、家访等方式与教师建立正式或非正式的情感联系,了解教师的发展愿望和遇到的种种困难,真诚地去帮助教师解决问题,尊重、信任、依靠教师办学,使教师心情愉快地投入教育教学工作中。尊重、信任和依靠教师,是领导情感投资的主要体现,没有或缺少对教师的热爱和尊重,领导工作就会失去活力和生机。工作中要摒弃官僚主义和随意发号施令,要多商量,勤协调,懂得情感的感召力,增加人情味,这是行政权力时有不及的。如果每项工作都能三分含情,七分叙理,做到情理结合,就会产生更好的效果。作为学校管理者,一要一视同仁地尊重、信任和依靠教师。尊重信任教师是对教师的一种价值肯定,当教师感悟到被信任时,便能产生荣誉感,增强事业心,工作起来不仅不是一种负担,而是一种享受,累并快乐着。学校管理者要面向全体,一碗水端平,不能有亲疏,有厚有薄,要使教师保持心理平衡,不能因为教师的能力有大小不同,工作效果有优劣之分,就采取截然不同的态度。二要出于公心,讲奉献,讲风格。要想教师之所想,急教师之所需,主动为教师排忧解难,努力解决教师急难愁盼的问题。三要研究教师的承受能力,量才使用。安排工作,要视教师的能力和水平具体考虑。不能为了把工作做好,就管、卡、压,强其所难,使教师处于畏惧和压抑的心情下工作,这样往往是不得人心的。四要讲究弹性领导。在工作中既要有原则性,又要有灵活性,还要有应变能力,工作不能太过教条。教师的劳动特点往往难以用时间来衡量。遵守作息时间,当然是要有要求,但不能管得太死,应该增加弹性,安排上要有劳有逸,有张有弛。

榜样激励是通过学校领导的以身作则和率先垂范或通过发现、总结和宣传校内外先进人物的典型事迹,激发教师向榜样学习,积极奋发有为工作。教师学习的榜样,大致有三种类型:一种是社会上的英雄模范和先进人物。这类先进典型,距离教师比较远,往往只是通过报纸杂志、广播电视、自媒体工具等获悉,学得不具体,影响不是那么强烈。再一种是顶头上司的榜样。这种直观的典型对教师影响很大。第三种是身边的优秀教师典型。这种榜样来自于一线群众之中,可信度高,具有可学性。培养和树立这样的典型,有利于直接指导工作,使点上的经验能迅速在面上开花。实行榜样激励要注意:培养和宣传典型,要实事求是,入情入理,生动具体,防止随意"拔高"和神话榜样;要用榜样去带动和教育群众,把榜样的先进思想、经验及时转化为思想成果和教育工作效益,造成一种一马当先、万马奔腾的局面。

信息激励是通过请教育同行、专家来学校做报告,向教师推荐报纸杂志、自媒体上有关教学改革的信息资料等方式,让教师在不断的信息交流中,提高自我发展能力。教师在教学中,由于自身教学工作任务重、压力大,相当一部分教师对教育形势的发展、国家和省市相关文件要求、教改相关信息关注不够,学习不够,这就需要学校管理者通过多种途径及时教师提供适宜的教育教学信息,以帮助教师能适应社会发展的需要,适应教育改革发展的需要。

培训激励是把培训作为一种福利,通过组织教师外出参加培训,达到开阔视野,更新观念,提升境界,不断提高自己专业发展水平的目的。随着绩效工资的实施,教师的其他物质奖励基本都不再发放,加上严格财务制度管理,以前通过变相外出旅游的方式也不复存在。现在教师出国、出省、出市学习的机会相对较少,而教师专业发展又迫切要求教师一方面要苦练内功,另一方面要借助他山之石提升自己,外出学习就是个非常好的机会。学校管理者要充分利用和安排教师外出学习的机会,让教师明白能外出参加培训是学校给予教师最大的福利。在安排教师外出培训学习时,要充分考虑教师的在学校表现、教师的业绩、教师的学科贡献、教师的教研热情等因素予以安排,充分发挥外出培训的激励作用。

上述种种教师激励策略反映了领导者从不同角度、不同侧面来调动教师工作积极性的手段与方法,它们之间不是完全割裂的,而是存在着相互交叉甚至部分互相包容。在教学管理中,学校管理者需要根据不同情况,综合运用各种激励策略,才能达到预期效果。在学校教学管理中,还要注重对教师群体的激励。因为教师激励的基本目的是为了调动教师积极性,改善教育教学工作质量,加速实现学校预定的办学目标。而学校教学工作是由学校全体教职员工共同承担的,学校教育教学工作质量的改善以及学校办学目标的实现也是以全体教职员工共同努力为基础的。从这个意义上说,教师激励要考虑的,不是某一两个教师积极性调动的问题,也不是将教师作为一个个孤立的个体来考虑他们每一个人积极性调动问题,而是要在学校组织整体背景之下考虑如何追求一种教师群体激励的效应。要在考虑全面的基础上突出重点,以有限的资源投入,去换取最大的激励效应。

特别地,学校要强化校内激励作用。要构建完善的教师激励体系,充分激发广大教师的教育情怀和工作热情。注重精神荣誉激励,积极开展优秀教师、教学能手、师德标兵和优秀教学团队等评选活动,充分展示教师的突出表现;强化专业发展激励,鼓励和保障教师参加培训、教研、学术研究等活动,及时帮助教师诊断改进教育教学问题,提高教育教学能力,促进教师专业成长;完善岗位晋升激励,切实落实教师岗位职责,把师德表现和教育教学实绩作为岗位晋升的重要依据;健全绩效工资激励,完善学校绩效工资分配办法,向教育教学实绩突出的一线教师和班主任倾斜;突出关心爱护激励,坚持把解决思想问题与实际问题相结合,加强思想政治工作和人文关怀,增强教师职业荣誉感和幸福感。教师管理中的激励,主要就是借助物质和精神刺激因素,调动广大教师学习、工作和社会活动的积极性,充分发挥他们智力和体力潜能的过程。做到目标设定和满足需要相结合;内在激励与外在激励相结合;物质激励与精神激励相结合;教师接受管理与参加管理相结合。

此外,我国还明确了教师特别重要的地位。突显教师职业的公共属性,强化教师承担的国家使命和公共教育服务的职责,确立公办中小学教师作为国家公职人员特殊的法律地位,明确中小学教师的权利和义务,强化保障和管理。要切实负起中小学教师保障责任,提升教师的政治地位、社会地位、职业地位,吸引和稳定优秀人才从教。当然,公办中小学教师要切实履行作为国家公职人员的义务,强化国家责任、政治责任、社会责任和教育责任。这都激励教师努力工作,不断进取,奋发有为,把教育教学工作做好,为培养德智体美劳全面发展的社会主义建设者和接班人多作贡献。

二、学生管理

学生管理是学校对学生在校内外的学习和活动进行计划、组织、协调、控制的总称。它是学校管理者组织和指导学生按照党的教育方针所规定的教育标准,有目的、有计划、有组织地使学生在德智体美劳各方面都得到发展,成长为社会主义事业的建设者和接班人的过程。学生管理的目的是帮助学生形成良好的学习习惯、生活习惯和行为习惯,使学生具有基本的自理能力、自治能力和独立生活能力,在德智体美劳各方面得到全面和谐发展。学生是教育教学工作的对象,是学校一切工作的出发点和落脚点。学生管理与教学管理密不可分,学生管理中有许多属于教学管理的内容,如学籍管理、学生成绩和档案管理、学生学习习惯的养成等,但学生管理中有许多教学管理不能涵盖的内容,但与教育教学质量提高相关联,如学生的德育管理、学生的常规管理、学生的心理健康教育、学生的体育管理、学生的美育管理、学生的劳动教育管理,还有班级管理、学生组织管理、学生自我教育管理等。学生管理是教育教学管理不可或缺的组成部分,教育教学管理活动应当围绕学生来展开,没有学生管理,教育教学管理体系就失去存在的理由。学生管理也能够为教育教学管理水平的提高奠定基础。对学生的管理是否有效得法,是否符合学生的身心发展特点,是否符合教育发展规律,是否贯彻党的教育方针,将直接影响教育教学质量是否能提高和教育目标是否能实现。

（一）学生德育管理

学生德育管理与学生学的管理密切相关,是学生德智体美劳全面发展的重要一级。学生没有良好的道德品行就偏离了教育本质,也直接影响学生未来的成长与发展。在中小学教育中存在着重智育轻德育,重说教轻实践,重校内轻校外,重考试轻行动,重内容轻方法,重表象轻内心、重思政德育轻其他学科德育等现象,这都影响着对学生进行德育管理的针对性和实效性。

1. 学生德育管理基本要求

一要始终坚持德育管理的指导思想和基本原则。

指导思想。始终坚持育人为本、德育为先,大力培育和践行社会主义核心价值观,以培养学生良好思想品德和健全人格为根本,以促进学生形成良好行为习惯为重点,以落实《中小学生守则(2015年修订)》为抓手,坚持教育与生产劳动、社会实践相结合,坚持学校教育与家庭教育、社会教育相结合,不断完善中小学德育工作长效机制,全面提高中小学德育工作水平,为中国特色社会主义事业培养合格建设者和可靠接班人。这是德育管理的根本。

基本原则。坚持正确方向,加强党对中小学校的领导,全面贯彻党的教育方针,坚持社会主义办学方向,牢牢把握中小学思想政治和德育工作主导权,保证中小学校成为坚持党的领导的坚强阵地;坚持遵循规律,符合中小学生年龄特点、认知规律和教育规律,注重学段衔接和知行统一,强化道德实践、情感培育和行为习惯养成,努力增强德育工作的吸引力、感染力和针对性、实效性;坚持协同配合,发挥学校主导作用,引导家庭、社会增强育人责任意识,提高对学生道德发展、成长成人的重视程度和参与度,形成学校、家庭、社会协调一致的育人合力;坚持常态开展,推进德育工作制度化常态化,创新途径和载体,将中小学德育工作要求贯穿融入学校各项日常工作中,努力形成一以贯之、久久为功的德育工作长效机制。

二要根据总体目标和分段目标实施德育管理。

《中小学德育工作指南》明确指出了总体目标和每个学段的目标。

总体目标是培养学生爱党爱国爱人民,增强国家意识和社会责任意识,教育学生理解、认同和拥护国家政治制度,了解中华优秀传统文化和革命文化、社会主义先进文化,增强中国特色社会主义道路自信、理论自信、制度自信、文化自信,引导学生准确理解和把握社会主义核心价值观的深刻内涵和实践要求,养成良好政治素质、道德品质、法治意识和行为习惯,形成积极健康的人格和良好心理品质,促进学生核心素养提升和全面发展,为学生一生的成长奠定坚实的思想基础。

小学低年级的目标是教育和引导学生热爱中国共产党、热爱祖国、热爱人民,爱亲敬长、爱集体、爱家乡,初步了解生活中的自然、社会常识和有关祖国的知识,保护环境,爱惜资源,养成基本的文明行为习惯,形成自信向上、诚实勇敢、有责任心等良好品质。

小学中高年级的目标是教育和引导学生热爱中国共产党、热爱祖国、热爱人民,了解家乡发展变化和国家历史常识,了解中华优秀传统文化和党的光荣革命传统,理解日常生活的道德规范和文明礼貌,初步形成规则意识和民主法治观念,养成良好的生活和行为习惯,具备保护生态环境的意识,形成诚实守信、友爱宽容、自尊自律、乐观向上等良好品质。

初中学段的目标是教育和引导学生热爱中国共产党、热爱祖国、热爱人民,认同中华文化,继承革命传统,弘扬民族精神,理解基本的社会规范和道德规范,树立规则意识、法治观念,培养公民意识,掌握促进身心健康发展的途径和方法,养成热爱劳动、自主自立、意志坚强的生活态度,形成尊重他人、乐于助人、善于合作、勇于创新等良好品质。

高中学段的目标是教育和引导学生热爱中国共产党、热爱祖国、热爱人民,拥护中国特色社会主义道路,弘扬民族精神,增强民族自尊心、自信心和自豪感,增强公民意识、社会责任感和民主法治观念,学习运用马克思主义基本观点和方法观察问题、分析问题和解决问题,学会正确选择人生发展道路的相关知识,具备自主、自立、自强的态度和能力,初步形成正确的世界观、人生观和价值观。

各学段的目标不同,在进行德育管理时就要根据学生的年龄特征、认知规律、教育规律和各学段的目标采取不同的管理方法。如小学低年级应该多开展一些亲近自然的活动,让学生感知保护环境,爱惜资源;参加一些简单的社会活动,教导学生懂得基本的文明礼仪,养成良好的文明行为习惯。小学中高年级应该组织学生参加社会实践活动,感受祖国山河的美好,感受人与人之间的相互友爱,遵守基本道德规范和文明礼貌,形成规则意识等,重在启蒙道德情感,引导学生形成爱党、爱国、爱社会主义、爱人民、爱集体的情感,具有做社会主义建设者和接班人的美好愿望。初中学段要通过对道德与法治知识的学习,积极参加学校和班级活动,分析发生在身边的案例等,帮助学生树立规则意识、法治观念,培养公民意识;通过积极参加劳动和社会实践活动,培养自己热爱劳动、自主自立、意志坚强的生活态度;通过学习中华优秀传统文化,增强民族自尊心、自信心,树立文化自信;重在打牢思想基础,引导学生把党、祖国、人民装在心中,强化做社会主义建设者和接班人的思想意识。高中学段要通过政治课和其他课程的学习,参加社会实践活动,分析身边人与事,分析国家的变化和人民生活水平的提高,感受社会主义制度的优越等,让学生树立制度自信、文化自信,增强民族自尊心、自信心和自豪感,初步形成正确的世界观、人生观和价值观,重在提升政治素养,引导学生衷心拥护党的领导和我国社会主义制度,形成做社会主义建设者和接班人的政治认同。

三要根据学生德育内容加强德育管理。

学生德育内容包括理想信念教育、社会主义核心价值观教育、中华优秀传统文化教育、生态文明教育、心理健康教育。学校管理者要加强这五个方面的教育。如加强理想信念教育,可结合党史、新中国史、改革开放史、社会主义发展史以及建党百年教育,培养学生对党的政治认同、情感认同、价值认同,不断树立为共产主义远大理想和中国特色社会主义共同理想而奋斗的信念和信心。如加强中华优秀传统文化教育,就要开展家国情怀教育、社会关爱教育和人格修养教育,传承发展中华优秀传统文化,大力弘扬核心思想理念、中华传统美德、中华人文精神,引导学生了解中华优秀传统文化的历史渊源、发展脉络、精神内涵,增强文化自觉和文化自信等。

四要有效实施学生德育管理。

要充分发挥课程育人、文化育人、活动育人、实践育人、管理育人、协同育人的功能。充分发挥课堂教学的主渠道作用,将中小学德育内容细化落实到各学科课程的教学目标之中,融入渗透到教育教学全过程。严格落实德育课程,按照义务教育、普通高中课程方案和标准,上好道德与法治、思想政治课,落实课时,不得减少课时或挪作它用。充分发挥思政课堂的育人功能,发挥思政课教师的育人作用。树立大德育观,人人都是德育工作者,人人都要践行社会主义核心价值观,人人都要承担学生人生导师的职责,人人都要热爱祖国、热爱中国共产党、热爱社会主义。围绕课程目标联系学生生活实际,挖掘课程思想内涵,充分利用时政媒体资源,精心设计教学内容,优化教学方法,发展学生道德认知,注重学生的情感体验和道德实践。根据不同年级和不同课程特点,充分挖掘各门课程蕴含的德育资源,将德育内容有机融入到各门课程教学中。

要加强校风教风学风建设,形成引导全校师生共同进步的精神力量。组织学生积极参加主题明确、内容丰富、形式多样、吸引力强的教育和实践活动,促进学生形成良好的思想品德和行为习惯。积极推进学校治理现代化,提高学校管理水平,将中小学德育工作的要求贯穿于学校管理制度的每一个细节之中。如完善管理制度,制定校规校纪,健全学校管理制度,规范学校治理行为,形成全体师生广泛认同和自觉遵守的制度规范;制定班级民主管理制度,形成学生自我教育、民主管理的班级管理模式。积极争取家庭、社会共同参与和支持学校德育工作,引导家长注重家庭、注重家教、注重家风,营造积极向上的良好社会氛围。建立健全家庭教育工作机制,统筹家长委员会、家长会、家访、家长开放日、家长接待日等各种家校沟通渠道,丰富学校指导服务内容,及时了解、沟通和反馈学生思想状况和行为表现,认真听取家长对学校的意见和建议,促进家长了解学校办学理念、教育教学改进措施,帮助家长提高家教水平。

2. 充分发挥班主任的育人功能

班主任是中小学日常思想道德教育和学生管理工作的主要实施者,是中小学生健康成长的引领者,班主任要努力成为中小学生的人生导师。这就要求班主任要具有良好的思想道德品质、较高的教育理论素养和专业知识水平,身心健康、富有人格魅力,善于做思想教育工作。要适应新时期教育工作中出现的变化,及时改进班主任工作,在德育管理中发挥更大的作用。具体做到以下几点。

一要坚持党的教育方针,落实立德树人根本任务。要坚持德育为先,把学校教育目标落实到班级日常管理工作过程中,注重学生正确的世界观、人生观、价值观和社会主义荣辱观的培养和形成,培养学生健全、独立的人格。引导学生培养学习兴趣,树立正确的学习目标,促使学生在德智体美劳方面全面协调健康发展。

二要关心每个学生和学生的全面发展。班主任要关心每一个学生,了解他们的内心世界,根据每个学生的特点,精心设计相应的教育方案,引导、帮助每一个学生健康成长,要特别注意关注学生中的弱势群体和边缘群体,为每一个学生的终身发展奠定基础。要坚持以生为本,以学生的全面发展为班主任工作的根本出发点,不仅要关心学生的学习，更要关心学生的思想道德、身体、心理、人格等各方面的发展状况。培养学生各方面的能力，提高学生各方面的素质，发挥学生的个性特长，充分发掘学生的潜能。班主任要善于做学生的思想工作，及时解决学生在学习和生活中遇到的困惑和问题，尤其是要解决学生的思想问题，加强理想信念、道德、法纪、心理等教育，帮助学生树立正确的世界观、价值观和人生观。

三要建立平等互信赏识的师生关系。班主任要平等对待学生，建立和谐的、朋友式的新型师生关系。尊重学生，注重与学生交流沟通的方式，做学生人生路上的良师益友。要遵循学生的年龄特点和身心发展规律。相信每个学生都有自己的优点，都有成才的强烈愿望，帮助每一个学生建立不断提高进步的目标；善于发现和激励学生的每一点进步，让学生始终在成功的喜悦中提高自己、发展自己。

四要强化班集体建设。建立并完善班级管理制度，通过建立科学合理的班级日常管理规范，促进学生良好习惯的养成。从小事、细微处着手，积极开展行为规范教育。建立强有力的班集体核心，培养和选拔好学生干部很重要，班级干部可以实行终身制即小学6年、初中3年、高中3年都担任班级干部，也可以实行轮流制。两种方式各有千秋，都是在挖掘学生自主管理班级的能力，实现学生自治管理，达到学生自我管理、自我约束、自我提高的目的。积极进行班集体文化建设，指导班集体通过开展班会、团队会、各种主题教育活动和丰富多彩的文体活动，丰富学生的生活，弘扬爱国主义、集体主义和民族精神，形成健康向上、积极进取的班风和有特色的班级文化，营造良好育人环境。确定班集体共同的组织目标，班集体目标是维系班级全体成员的纽带，是促进班集体发展的内驱力。在确定班集体目标时，要注意将目标的激励性和现实性有机统一起来。要制定远景目标、中景目标和近景目标，通过各种方法来不断调动班级成员实现目标的积极性，在完成目标的过程中不断加强班集体的建设。

五要组织学生积极参加社会实践活动。充分开发社区、学校和班级的各种教育资源，组织学生积极参加有益于身心发展和道德养成的各种社会实践活动，增强道德体验，培养学生正确的劳动观念和劳动习惯。

六要充分发挥纽带作用。积极主动地与其他课程任课教师、少先队、团委、政教处沟通，步调一致，形成合力，充分发挥集体教育的作用。加强与家长的沟通交流，积极建立与家长沟通和交流的有效渠道，实现学校教育和家庭教育的有机结合。加强与社会、社区的联系,善于利用各种资源让学生了解社会,参与社会,适应社会,服务社会。也让全社会都来了解教育、关心教育、支持教育,营造良好社会育人环境。

3. 加强学生网络道德教育管理

网络信息时代既给人们的工作、生活和社会交往带来了极大的便利,促进了社会道德的开放性、多元性,但也给道德教育带来许多负面影响。随着学生网民人数越来越多,对学生开展网络道德教育已成为人们日益关注的问题,加强学校网络道德教育刻不容缓。综合看来,网络信息时代面临的挑战主要为以下四类。

教育观念变化的挑战。网络学家曾预言,未来教育将是这样一幅情境:要学习知识吗?请你回家去;要玩吗?请你到学校去。这为未来教育勾画了一幅全新意义上的与过去截然不同的教育蓝图。当然这是一个渐变的过程。这必然促使人们的教育观念,特别是有关道德教育的观念会发生新的变化,教育价值观、教育哲学观、教育方法观、德育的科学观、民主观、开放观、终身观、发展观、德育的条件、手段方法、效果、模式等观念将随之变化;加之,学生通过网络可以获取到各方面的信息,扩大了知识面,对教师的教育观念、手段、方法都有新的看法。这一切都需要教育工作者切实转变教育观念,适应网络时代的要求。

西方国家不良影响的挑战。西方敌对势力一直对社会主义中国耿耿于怀,他们利用一切可以利用的手段对中国采取西化、分化、弱化的政策,网络也是其有力的武器之一。西方发达国家通过网络将自己的意识形态、世界观、伦理观、道德观等四处传播并强加于他国。那些涉世不深,阅历较浅,思想活跃,世界观、人生观、价值观正在形成过程中的中学生面临着网络的严峻考验。

黄色信息的挑战。互联网上的信息传播具有超地域性,这种传播方式使一些不良信息在网上肆意传播,造成对学生的精神污染,其中对学生影响最大的就是"黄色"信息。青少年正处于青春前期或青春期,对黄色诱惑的抵抗力较弱,一旦堕入,后果将不堪设想。

对学生身心健康危害的挑战。长时间上网,不仅会对学生的身体健康带来影响,而且会对学生的心理产生危害。在因特网的策源地美国,网络心理障碍已经像酗酒、吸毒和赌博等传统的社会问题一样,影响着青少年的身心健康。学生长时间迷恋上网,不但影响学习,引起视力下降,出现身体健康问题,还容易患上孤独症、精神分裂症,造成学生认知能力的迷失、情感情绪的冲突等。

针对学校网络道德教育面临的挑战,如下的相应对策可作参考。

充分发挥网络技术的育人功能。首先,教师应当转变教育观念。要充分认识网络在学生道德教育中的重要地位和作用,不仅要看到网络中的消极因素,更要看到网络给我们带来的积极作用和大好机遇;同时,还要注意改变我们的思维方式,切实转变观念。其次,尽快提高教师运用网络技术的能力。教师要充分利用多媒体,积极制作课件,使道德教育生动活泼,更加具有吸引力、感染力和辐射力;学校要运用校园网络,加强对学生的道德教育;有关部门要组织专家抓紧开发学校德育工作软件,积极推进学校德育工作信息资源建设。

教育引导学生树立正确的网络观。当前学生普遍偏重于网络技术的掌握和运用,经常为网上所传递的丰富多彩的信息和自由交往的形式所吸引,但对于网络给自身素质发展的影响,网络对社会道德的冲击、网络对人类生活的改变等问题缺乏深刻的认识和思考,甚至把网络变成好奇心,做恶作剧戏弄别人的工具,电脑"黑客"及病毒制造等不道德行为不断产生,因此,要大力普及网络知识,提高学生对网络的科学认识,使他们充分认清网络对心理健康的严重危害性,自觉树立网络心理健康观念;同时,加强网络道德规范教育,倡导网络道德自律,教育学生在网上多元道德体系中遵守适合我国国情和社会发展要求的道德规范,自觉强化自律精神和责任意识。另外,还要加强网络礼仪教育。教会学生使用网络礼仪,比如:正确书写地址,注意语气,善用表意符号等。这样既可提高中学生的自身修养,又起到了净化网络空间的作用。

严格校内教育管理,落实好防沉迷网络要求。学生沉迷网络容易导致心理问题和道德问题。教育部办公厅等六部门《关于进一步加强预防中小学生沉迷网络游戏管理工作的通知》(教基函〔2021〕41号)规定:"网络游戏企业可在周五、周六、周日和法定节假日每日20时至21时,向中小学生提供1小时网络游戏服务,其他时间不得以任何形式向中小学生提供网络游戏服务。"学校要严禁学生将手机带入课堂,学校提供的互联网服务设施,应安装未成年人网络保护软件或者采取其他安全保护技术措施,对有害信息进行过滤。学校教职员工发现学生进入互联网上网服务营业场所时,应当及时予以制止、教育。学校要广泛开展各类文体活动,引导学生培养兴趣爱好,自觉抵制不良网络诱惑。

加强网络监控,建立健全网络安全机制和防范措施。一方面利用防火墙技术,实现对网上无用和有害信息的"过滤"。古时候,人们常在寓所之间砌起一道砖墙,一旦发生火灾,它能够防止火势蔓延到别的寓所。这种墙因此而得名"防火墙"。为安全起见,在网络之间插入一个中介系统,竖起一道安全屏障,以阻断来自外部的威胁和入侵。中小学校园可采取以下防火墙措施:添置 PC 机,加装防火墙软件;或由网络管理员对网站进行镜像,实行必要的监控;或通过过滤技术对不健康的信息进行过滤,使用网络净化器等软件,最大限度地控制网络信息的污染。对于喜爱在家中上网浏览的学生,家中应安装反黄软件,避免网上毒瘤的出现;同时,家中要经常查看孩子的上网记录,查看系统日志记录,实行有效监督。既然我们给予了学生们可以接触到整个世界的工具,那么,学校、家庭、社会就有责任教育他们把这些工具用于正当、有益的途径。另一方面,加强对网络经营场所的管理、监督和检查,完善法规制度,依法规范网络经营者的行为,加大对"黑网吧"的打击力度。作为教师应该时刻关注这方面的动态,把最新的网络法规、管理规定等及时传达给学生。

加强网络安全教育,提高学生的选择能力和免疫力。网络是一个虚拟社会,进入网络就如同步入了一个地球村,里面形形色色的信息应有尽有,精华糟粕混杂一起,它既是一个信息的海洋,又是一个信息的垃圾场。对于自制力较弱的中小学生而言,往往经不住诱惑,怀着好奇心去寻找一些不健康的内容阅读,久而久之便沉迷于此,上瘾堕落。面对网络普及出现的一些新问题,没有必要因噎废食,让学生远离网络反而对他们成长不利,这种堵的办法是注定要失败的,唯一的选择是对网上的不良信息采取"免疫注射"的方法,提高学生的选择能力和免疫力。第一是提高学生的政治素质,强化学生的国家观念、集体观念,增强学生的政治敏感力和鉴别力,粉碎西方国家的西化、分化、弱化中国的美梦。第二是提高学生的道德素质。加强对学生科学正确的世界观、人生观、价值观、道德观教育,培养他们健全的人格和高尚的道德情操,使其在西方的价值观和腐朽生活方式、黄色信息面前,能够自觉地抵制诱惑。第三是使学生获得一些上网知识,告诉他们可能遇到的有害情况,应采取什么样的措施,以提高他们的自我保护能力。比如,未成年人上网须知中就有这样的规定:"不要让任何人知道你的密码,即使是最好的朋友;未经父母或监护人同意不要跟陌生人见面,如有必要应与父母或监护人同行,并约在公共场所;不要回复任何粗俗、暧昧或肮脏的电子邮件,上网时发现低俗的文字或不健康的图片应告诉父母或监护人"等。2011年11月20日团中央等八部门联合发布了《全国青少年网络文明公约》，要求青少年做到"要善于网上学习，不浏览不良信息；要诚实友好交流，不侮辱欺诈他人；要增强自护意识，不随意约会网友；要维护网络安全，不破坏网络秩序；要有益身心健康，不沉溺虚拟时空"。必要时，要组织学生参加以守则为主要内容的培训和考试，考试成绩合格才有资格使用校园网。

开展科学研究，加强网络心理问题疏导。网上世界的精彩丰富和网络文化的简单快捷，对学业负担较重的中学生具有极大的吸引力，也极易使之沉迷上"瘾"，导致网络心理障碍。因此，必须开展科学研究，掌握学生网络心理疾病的发生规律和科学的治疗办法；同时，应加强网络心理问题的疏导和调整，一是防患于未然。在学生上网前就应向学生传播有关上网可能导致心理障碍的信息，以及防止心理障碍产生的方法，使学生尽量避免上瘾。二是对已患上上网心理障碍的学生进行矫治。如适当控制上网时间，要求学生在上网的同时不要忽视与同学、家长、教师的人际交往；与家长保持密切联系，引导家长正确指导孩子上网；引导学生利用网络来帮助自己的学习，把网络当作图书馆、字典一样的工具使用；开展丰富多彩的课外活动和实践活动，使青少年视野开阔，不要把视野仅留在网上，毕竟网络只是我们生活的一部分而不是全部。

抢占网上阵地，营造有利于学生身心健康的网络氛围。互联网的竞争被称为"争夺眼球的战争"，意即谁能吸引住网民的注意力，谁就会在互联网上取得优势。目前，各种网络鱼龙混杂、良莠不齐，迫切需要我们占领网络阵地，营造健康的网络氛围。因此，要积极创建各种主题网站，还可以与其他一些优秀网站开展合作交流，在满足中学生上网需要的同时，为他们创造一个武装人、引导人、塑造人、鼓舞人的美好的网络精神家园。

总之，学校要深入贯彻落实立德树人根本任务，切实将党和国家关于中小学德育工作的要求落细落小落实，加强学生德育管理，加强学校思政课建设，根据形势发展尤其是网络信息时代带来的变革，着力构建方向正确、内容完善、学段衔接、载体丰富、常态开展的德育工作体系，大力促进德育工作专业化、规范化、实效化，努力形成全员育人、全程育人、全方位育人的德育工作格局。

（二）学生常规管理

学生在学校的主要任务是学习，教育行政部门和学校有责任帮助学生顺利完成规定的学业任务。本书第四章已经就学生学的管理做了详尽的论述，下面仅就学生的日常行为规范管理、学生的心理健康教育做些论述。

1. 学生日常行为规范管理

良好的行为规范是学生健康成长所必需的，也是教学任务得以完成的保证。《中小学生守则（2015 年修订）》《小学生日常行为规范（修订）》和《中学生日常行为规范（修订）》（以下简称《守则》《规范》）具体就中小学生日常行为规范做了明确要求。

如《中小学生守则（2015 年修订）》要求，中小学生要热爱祖国，热爱人民，热爱中国共产党；遵守法律法规，增强法律意识。遵守校规校纪，遵守社会公德；热爱科学，努力学习，勤思好问，乐于探究，积极参加社会实践和有益的活动；珍爱生命，注意安全，锻炼身体，讲究卫生；自尊自爱，自信自强，生活习惯文明健康；积极参加劳动，勤俭朴素，自己能做的事自己做；孝敬父母，尊敬师长，礼貌待人；热爱集体，团结同学，互相帮助，关心他人；诚实守信，言行一致，知错就改，有责任心；热爱大自然，爱护生活环境。

如《小学生日常行为规范（修订）》第 9—16 条要求，小学生自己能做的事自己做，衣物用品摆放整齐，学会收拾房间、洗衣服、洗餐具等家务劳动。按时上学，不迟到，不早退，不逃学，有病有事要请假，放学后按时回家。参加活动守时，不能参加事先请假。课前准备好学习用品，上课专心听讲，积极思考，大胆提问，回答问题声音清楚，不随意打断他人发言。课间活动有秩序。课前预习，课后认真复习，按时完成作业，书写工整，卷面整洁。坚持锻炼身体，认真做广播体操和眼保健操，坐、立、行、读书、写字姿势正确。积极参加有益的文体活动。认真做值日，保持教室、校园整洁。保护环境，爱护花草树木、庄稼和有益动物，不随地吐痰，不乱扔果皮纸屑等废弃物。爱护公物，不在课桌椅、建筑物和文物古迹上涂抹刻画。损坏公物要赔偿。拾到东西归还失主或交公。积极参加集体活动，认真完成集体交给的任务，少先队员服从队部的决议，不做有损集体荣誉的事，集体成员之间相互尊重，学会合作。积极参加学校组织的各种劳动和社会实践活动，多观察，勤动手。

如《中学生日常行为规范（修订）》在遵规守纪，勤奋学习（第 16—23 条）中要求，中学生要按时到校，不迟到，不早退，不旷课；上课专心听讲，勤于思考，积极参加讨论，勇于发表见解;认真预习、复习,主动学习,按时完成作业,考试不作弊;积极参加生产劳动和社会实践,积极参加学校组织的其他活动,遵守活动的要求和规定;认真值日,保持教室、校园整洁优美。不在教室和校园内追逐打闹喧哗,维护学校良好秩序;爱护校舍和公物,不在黑板、墙壁、课桌、布告栏等处乱涂改刻画。借用公物要按时归还,损坏东西要赔偿;遵守宿舍和食堂的制度,爱惜粮食,节约水电,服从管理;正确对待困难和挫折,不自卑,不嫉妒,不偏激,保持心理健康。

学校要按照《中小学生守则(2015年修订)》《小学生日常行为规范(修订)》和《中学生日常行为规范(修订)》的要求教育管理学生,教育学生遵守《守则》和《规范》,养成良好的学习、生活、体育锻炼习惯等,做德智体美劳全面发展的时代新人。

为了增强学生行为规范教育的有效性和针对性,学校要做到以下几点。

一是加强宣传和教育。让学生知晓《守则》和《规范》的内容,明确什么是正确的,应该做,鼓励做;什么是不正确,不应该做,禁止做,做到天天讲,月月讲,让《守则》《规范》深入学生心里,并化为自觉行动。班级可以制定《班级一日常规》《班级公约》等对学生提出要求,让学生共同遵守,共同约束自己的行为。

二是注重实际训练。中小学生的行为规范教育不是单靠灌输和说服教育就能奏效的,要加强学生的行为规范训练,反复抓,抓反复,发现问题,及时指出,及时整改,及时完善,在反复中提升学生自我约束能力、自我管理能力、自我教育的能力。

三是加大检查力度。通过定期和不定期对学校卫生、班级纪律、学校校纪校规等的检查,发现问题,及时通报,让学生对照《守则》和《规范》找差距,不断规范自己的行为。

四是加强评比表彰。通过评比,激励学生比学赶帮超,发挥榜样示范作用,激发学生自觉遵守行为规范的积极性。

五是实施教育惩戒。学校、教师可基于教育目的,依据教育部制定的《中小学教育惩戒规则(试行)》对违规违纪学生进行管理、训导或者以规定方式予以矫治,促使学生引以为戒,认识并改正错误。

如《中小学教育惩戒规则(试行)》第七条规定,学生有下列情形之一,学校及其教师应当予以制止并进行批评教育,确有必要的,可以实施教育惩戒;故意不完成教学任务要求或者不服从教育、管理的;扰乱课堂秩序、学校教育教学秩序的;吸烟、饮酒,或者言行失范违反学生守则的;实施有害自己或者他人身心健康的危险行为的;打骂同学、教师,欺凌同学或者侵害他人合法权益的;其他违反校规校纪的行为。学生实施属于预防未成年人犯罪法规定的不良行为或者严重不良行为的,学校、教师应当予以制止并实施教育惩戒,加强管教;构成违法犯罪的,依法移送公安机关处理。

又如第八条规定,教师在课堂教学、日常管理中,对违规违纪情节较为轻微的学生,可以当场实施以下教育惩戒:点名批评、责令赔礼道歉、做口头或者书面检讨;适当增加额外的教学或者班级公益服务任务;一节课堂教学时间内的教室内站立;课后教导;学校校规校纪或者班规、班级公约规定的其他适当措施。教师对学生实施前款措施后,可以以适当方式告知学生家长。

又如第十条规定,小学高年级、初中和高中阶段的学生违规违纪情节严重或者影响恶劣的,学校可以实施以下教育惩戒,并应当事先告知家长:给予不超过一周的停课或者停学,要求家长在家进行教育、管教;由法治副校长或者法治辅导员予以训诫;安排专门的课程或者教育场所,由社会工作者或者其他专业人员进行心理辅导、行为干预。对违规违纪情节严重,或者经多次教育惩戒仍不改正的学生,学校可以给予警告、严重警告、记过或者留校察看的纪律处分。对高中阶段学生,还可以给予开除学籍的纪律处分。对有严重不良行为的学生,学校可以按照法定程序,配合家长、有关部门将其转入专门学校教育矫治。

教师对学生实施教育惩戒后,应当注重与学生的沟通,并制定帮扶措施,对改正错误的学生及时予以表扬、鼓励。学校可以根据实际和需要,建立学生教育保护辅导工作机制,由学校分管负责人、德育工作机构负责人、教师以及法治副校长(辅导员)、法律以及心理、社会工作等方面的专业人员组成辅导小组,对有需要的学生进行专门的心理辅导、行为矫治。学校、教师应当重视家校协作,积极与家长沟通,使家长理解、支持和配合实施教育惩戒,形成合力。家长应当履行对子女的教育职责,尊重教师的教育权利,配合教师、学校对违规违纪学生进行管教。教师既要善于运用《中小学教育惩戒规则(试行)》,本着以教育为主的原则,帮助学生改正错误,规范言行,做遵规守纪的好学生,又不能滥用惩戒规则,扩大惩戒范围和力度,更不能体罚和变相体罚学生。

在中小学生日常的教育管理中,对于手机管理一直是困扰学校的问题,是给学生带手机进入校园,还是不给学生带手机进入校园,时常会产生家校矛盾,影响正常教育教学管理。随着教育部发布《关于加强中小学生手机管理工作的通知》，手机管理也纳入学校的规范管理之中。的确，随着手机的日益普及，学生使用手机对学校管理和学生发展带来诸多不利影响。为保护学生视力，让学生在学校专心学习，防止沉迷网络和游戏，促进学生身心健康发展，加强手机管理刻不容缓。具体应做到以下五个方面。一是有限带入校园。学校应当告知学生和家长，原则上不得将个人手机带入校园。学生确有将手机带入校园需求的，须经学生家长同意、书面提出申请，进校后应将手机交由学校统一保管，禁止带入课堂。二是细化管理措施。学校要将手机管理纳入学校日常管理，制定具体办法，明确统一保管的场所、方式、责任人，提供必要保管装置。通过设立校内公共电话、建立班主任沟通热线、探索使用具备通话功能的电子学生证或提供其他家长便捷联系学生的途径等措施，解决学生与家长通话需求。加强课堂教学和作业管理，不得用手机布置作业或要求学生利用手机完成作业。三是加强教育引导。学校要通过国旗下讲话、班团队会、心理辅导、校规校纪等多种形式加强教育引导，让学生科学理性对待并合理使用手机，提高学生信息素养和自我管理能力，避免简单粗暴的管理行为。四是做好家校沟通。学校要将手机管理的有关要求告知学生家长，讲清过度使用手机的危害性和加强手机管理的必要性。家长应履行教育职责，加强对孩子使用手机的督促管理，形成家校协同育人合力。五是强化督导检查。学校要细化手机管理规定，广泛听取意见建议，及时解决学校手机管理中存在的问题。学校要把手机管理情况纳入班主任和相关科室日常监督范围，确保有关要求全面落实到位，促进学生健康成长。

2. 学生心理健康教育

心理健康教育是提高中小学生心理素质的教育，是实施素质教育的重要内容。中小学生正处于身心发展的重要时期，在学习、生活、人际交往、升学就业和自我意识等方面，都会遇到各种各样的困惑或问题。学生心理健康状况不良，往往会妨碍学生思想品德的提高，降低学习能力，损害身体健康，影响学生德智体美劳全面发展。中国科学院心理研究所于2000年在北京、河南、重庆、浙江、新疆等地区抽样选取16 472名中小学生进行调查，调查结果表明，中小学生有异常心理问题倾向的占14.2%，有严重心理行为问题的占2.9%；高中生有异常心理行为问题的占14.8%，有严重心理行为问题的占2.5%。而中国科学院心理研究所2021年3月发布的《中国国民心理健康发展报告(2019—2020)》显示,2020年中国青少年的抑郁检出率为24.6%,其中,重度抑郁检出率为7.4%,抑郁症成为当前青少年健康成长的一大威胁。可见,在中小学开展心理健康教育,是学生健康成长的需要,是推进素质教育的必然要求,是很有必要的和非常及时的。但是在实际的教育教学中,学生心理健康教育还存在着诸多问题,需要不断探讨心理健康教育的对策。

综合看来,中小学阶段心理健康教育存在以下几类问题。

学校对心理健康教育重视程度不够。片面追求升学率仍是不少学校长久以来的"立校之本"。多年来,许多学校把高平均分、高合格率、高优秀率、高升学率作为追求的目标,片面地关注学生的智力培养,认为心理健康教育可有可无,没有对心理健康教育引起重视,忽视对学生的心理健康教育,心理健康教育课程课时开设不足,有的学校甚至没有开设心理健康教育课程,这必然损害了学生的全面、和谐、健康发展。

心理健康教育教师队伍需要加强。当前,从事中小学心理健康教育的绝大部分是兼职教师,甚至是临时拼凑的,获得心理咨询师资格证书的人员很少。他们自身的心理学知识有限,心理健康教育技能不强,其业务素质有待于进一步加强。

教师自身的心理健康教育需要重视。广州天河一次心理专家指导讲座,对与会者进行测试,其中有31%的人轻度障碍,12.37%的人有中度心理障碍,69%的人感到压力大、抑郁、精神不振,有不明原因的心理不安。由于目前教育体制的影响,在升学率的强大压力下,有些教师产生了职业倦怠,对工作热情不够,对一些事情视而不见、听而不闻,缺乏同情心。在日常工作中,他们过于注重学科教学,过于关心学生的学习成绩,忽视对学生健全人格的塑造,忽视对学生的心理疏导,或者是心理疏导得不够深入细致。有些教师自身的心理也存在问题,他们放不下自己所谓的尊严,高高在上,容不得学生的不同意见,不能与学生进行良好的沟通,动辄讽刺挖苦,甚至还对学生使用武力惩罚,其结果是导致学生心理问题的出现。

把心理健康教育等同于学科教学和品德教育。中小学心理健康教育的总目标是提高全体学生的心理素质,充分开发他们的潜能,培养学生乐观、向上的心理品质,促进学生人格的健全发展。心理健康教育不能等同于学科教学,它要以满足学生的特殊需求为宗旨,不单纯是知识的传授,更重要的是通过学生的活动和体验,培养自己良好的心理品质和心理品格。现在思想品德课中融入许多心理健康的教学内容,这有利于从多方面来加强学生的心理健康教育。也要注意将心理健康教育和德育工作相互联系是对的,但用德育工作来代替心理健康教育,把学生的心理问题简单归结为思想品德问题是不可取的,心理健康教育不能等同于品德教育。

心理健康教育的评价机制未健全。其他学科教学注重学科的教学成绩评价,通过考试来评价教师教学质量的优劣。而心理健康教育是以满足学生特殊需求为宗旨的,不能借助考试对教师的工作进行评价。由于受到各种因素的影响和制约,对心理健康教育的评价机制没有得到建立和健全。

对心理健康教育的认识还存在误区。学校的领导、教师以及学生、家长对心理健康教育还存在着片面的认识。他们普遍会认为心理健康教育就是心理上有疾病,品行上有问题,在学校中各方面表现比较差的学生,需要教师进行教育。也有人认为心理健康教育可有可无,一些心理问题随着时间的推移就会变好,不值得花工夫去研究和重视等。

对心理健康教育研究不够深入。由于有的学校对心理健康教育整体不重视,对心理健康教育的研究不够,甚至没有组织有关教师对学生的心理健康问题加以研究,使得心理健康教育的研究在个别学校成为盲点。

学校与家庭实施心理健康教育不同步。影响学生成长的因素很多,有学校、家庭、社会和学生自己等。现在许多学校都在逐步重视学生的心理健康教育,经常通过家长会、专家报告会等来促进家长对学生心理健康教育的了解和重视,以便使学生能够健康快乐成长。但家庭教育中还存在与学校教育不协调、不同步的现象,需要学校通过不同途径加以引导。

心理健康教育的内容和方法需要创新。心理健康教育不同于中小学阶段的学科教学,不能够通过考试来加以评价。加强心理健康教育不能单纯依靠说教来解决问题,要通过不同的活动和体验,让学生进行感悟,不断提高心理品质和品格。现实中存在把心理健康教育学科化和医学化,课堂教学呈现形式化,对待心理健康教育表面化和孤立化的现象,致使心理健康教育的内容和方法不能适应形势发展的需要,不能满足学生的需求,这方面急需进行创新。

为加强中小学心理健康教育,教师及学校应采取系列措施加以防护。

加强对心理健康教育工作的重视。在学校,心理健康教育随着社会的发展,要进一步强化而不是弱化。学校要把心理健康教育作为学校教育教学工作的重要组成部分,健全管理组织,加强领导和管理,积极支持开展心理健康教育工作,帮助解决工作中的困难和问题。要确保心理健康教育课时的安排,加大对心理健康教育师资队伍的管理,加大对心理健康教育工作的投入。

加强心理健康教育师资队伍建设。组建一支高素质的师资队伍,既是心理健康教育工作开展的需要,也是保障此项工作高质有效的需要。要建立在校长领导下,以班主任和专兼职心理辅导教师为骨干,全体教师共同参与的心理健康教育工作体制。一方面要大力做好从事心理健康教育教师的职前培训工作;另一方面,要尽快做好在职教师的受训工作,使其具备心理健康教育的知识和技能,持证上岗,以逐步扭转目前杂拼从教人员的现象,从而解决心理健康教育成效不高的状况。

加强对教师自身的心理健康教育。只有教育者的心理健康才能有健康的心理教育。教师的心理健康直接影响学生的心理健康,影响学生的知识学习,影响学生的个性发展,影响学生的健康成长,影响师生的关系。从学校角度,要关心教师的工作、学习和生活,从实际出发,不断丰富教师课余生活,加强对教师心理健康知识的教育和技能的培训,采取切实可行的措施减轻教师的精神紧张和心理压力,缓解因教师的职业倦怠而产生的问题,使他们学会心理调适,增强应对能力,有效地提高心理健康水平。从教师角度,要树立科学观念,拥有积极的自我保健意识;进行身体锻炼;学会科学用脑;丰富业余生活;扩大人际交往;善于调适情绪。教师要努力加强自身的修养,提高自身的素质,努力克服自身的心理障碍或疾病,了解心理学的专业知识和中小学生的一般心理特征,并在日常的工作和学习中按心理学的要求办事,在处理学生之间的关系和师生之间的关系时要为学生树立一个正确的榜样。

避免心理健康教育学科化、德育化。学校要以学生的活动和体验为主来加强对学生的心理健康教育,而不能仅仅通过说教来解决问题,不能把心理健康教育等同于思想品德教育,也不能把学生的心理问题简单归结为思想品德问题。通过开设专门的心理健康教育课程,帮助学生了解心理科学知识,掌握一些转移情绪、宣泄痛苦、发泄愤怒、克服自卑、抑制冲动、树立自信心的心理调节手段,防患于未然。要把心理健康教育贯穿在学校的教育教学活动之中,要创设符合心理健康教育所要求的物质环境、人际环境、心理环境。要寻求心理健康教育的契机,注重发挥教师在教育教学中人格魅力和为人师表的作用。教师要不断探讨有利于学生心理素质培养的课堂教学模式,创设民主、平等、尊重、和谐的新型师生关系。如创设问题情境,激发学习动机,唤起高昂、饱满的热情,点燃学生思维的火花;利用创设的气氛,提出问题,在学生注意力最集中的一段时间里,教师把握学生非智力因素的动力作用和智力因素的操作功能,使其达到最佳状态,完成新课教学任务;巩固扩展前面学习内容,强化心理品质训练。

健全和完善对心理健康教育的评价机制。心理健康教育需要全体教师的重视,尤其是校长和班主任、思想品德教师、专兼职的心理健康教育教师的直接参与。学校要充分重视心理健康教育教师的工作,要健全和完善对从事心理健康教育教师的考评制度,给予政策优先支持,通过多种方法调动心理健康教育教师的积极性、主动性和创造性。

加强对心理健康教育知识的宣传和教育。心理健康问题,每个人都或多或少存在,但是往往人们总是把它与精神疾病,与学生平时的不正常表现联系在一起,从心理和实际活动中都不愿多谈或多涉及。实际上,心理健康教育是提高学生心理素质的教育,是实施素质教育的重要内容。加强心理健康教育,可以帮助学生适应学校的学习环境和学习要求,培养正确的学习观念,发展其学习能力,改善学习方法;把握升学选择的方向;了解自己,学会克服青春期的烦恼,逐步学会调节和控制自己的情绪,抑制自己的冲动行为;加强自我认识,客观地评价自己,积极地与同学、教师和家长进行有效的沟通;逐步适应生活和社会的各种变化,培养对挫折的耐受能力。可以通过开展心理健康教育讲座,开展多种有意义的活动等,来消除教师、学生对心理健康教育的认识误区。

加强对学生心理健康教育的研究。中小学生正处在身心发展的重要时期,会遇到各种各样的困惑或问题。学生的心理健康问题表现的形式是多种多样的,如学习和升学方面的心理问题、品行方面的心理问题、情绪和情感方面的心理问题、人际关系和青春期方面的心理问题、个性和人格方面的心理问题、特种心理障碍问题、严重心理失常等。中小学生存在的一般问题行为有攻击行为、撒谎行为、偷窃行为、抽动行为。常见的心理障碍有焦虑、抑郁、强迫症、恐怖症等,这就需要教师根据学生的不同表现适时地实施教育。教师要加强集体备课,统一安排,要以学生成长过程中遇到的各种问题和需要为主线,通过教研活动,明确心理健康教育的重点、难点,掌握科学的教育方法,提高心理健康教育的质量。通过加强心理健康教育的课题研究,不断加深对心理健康教育的认识和理解,不断提高心理健康教育的针对性和实效性。

探讨学校与家庭实施心理健康教育的同步性。学校教育是心理健康教育的主要渠道,但家庭教育也是重要的途径。造成学生心理问题的原因很多,其中家庭的影响很大。国内外大量研究表明,不良的家庭环境因素容易造成家庭成员的心理行为异常。这些因素有:家庭主要成员不全;家庭关系紧张,家庭情感气氛冷漠、矛盾冲突频繁;家庭教育方式不当,或望子成龙、望女成凤心切,对孩子的期望值过高,或不管不问,放任自流,或家庭教育的片面性,过于重视智力开发和文化学习,忽视思想品德教育和行为习惯的培养,忽视社会生活经验的学习,忽视非智力因素的培养;家庭变迁或出现意外等。学校要通过不同渠道,如召开家长会宣传和教育,请专家来做心理健康教育报告,请优秀学生家长做育子经验介绍,给学生家长印发心理健康教育材料,邀请家长开展心理健康教育研讨,及时地与有心理问题倾向的孩子家长进行交流,开展走进孩子心灵的活动,了解孩子的心理,适时进行家访等来密切联系家庭,加强对家长的心理健康教育,指导家长转变教子观念。了解和掌握心理健康教育的方法,注重自身良好心理素质的养成,营造家庭心理健康教育的环境,以家长的远大的理想、积极向上的追求、良好的品格和行为去影响、感染和激励孩子健康成长。同时,家长也应与子女加强沟通和理解,关心子女的思维和情感,对子女心中的烦恼,家长应和教师配合,给予及时的疏导和消除,家长要与子女建立民主、平等的关系,积极参与子女的日常活动,家长的言行举止要让子女体验到家庭的温暖与和谐,要经常到学校了解子女在校表现,配合学校和教师的教育,使得家庭教育与学校教育保持一致。

创新心理健康教育内容和形式。现在不少学校都在逐步重视心理健康教育,也采取了许多有效的方法,如开设心理健康活动课和专题讲座,开设心理咨询室或心理辅导室,通过开家长会向家长宣传一些心理健康教育的知识,邀请专家来学校做心理健康教育讲座等。在实际操作过程中,由于教师、家长和学生对心理健康教育存在误区,使得开展的活动没有达到预期的效果。比如,学校开设的心理咨询室或心理辅导室,由于学生的种种顾虑,使用率不高,有的是形同虚设;有的专家对初中学生的心理健康教育问题研究不透,谈医学上健康问题过多,针对性不强;孩子的心理变化快,但教育的内容和形式未能做到"与生俱进",不能满足学生的特殊需求等。学校要组织相关的心理健康教育教师,通过多种方式和途径不断地了解学生的变化,了解学生的特殊需求,根据学生的需求制定相应的教学计划,安排相应的教学内容,以适应不同学段、不同时期的学生需求。同时,又要根据学生的年龄特征和学生的具体情况,采取灵活多样的教育和教学方式,适时地进行教育和引导。要在班级活动、团队活动和班主任工作中渗透心理健康教育,让学生在活动感悟,在活动中体验,在谈话中反思,以达到心理品质和品格的锻炼。

心理健康教育在现代学校教育教学中的地位越来越重要,对于中小学阶段心理健康教育存在的问题,广大教育工作者应予以高度重视。特别是要持续加强对学生的心理健康教育。学校开学前后要组织学校德育干部、班主任、心理健康教师、学科教师等,通过多种形式与家长沟通交流,与学生谈心谈话,全面掌握学生的思想情绪和心理状况。要采取心理讲座、主题班会、团队活动、个别心理干预等多种形式,认真开展学生心理健康教育和心理疏导。要建立健全学生心理状况报告制度,及时化解处置突出问题。要重视学校整体环境创设,组织开展校园文化、体育、艺术以及适宜的户外活动,帮助学生尽快调整好状态。教育工作者要结合学生的实际和特征,"与生俱进",不断探讨心理健康教育的对策,使得学校的心理健康教育呈现良性发展,使得学生能够健康和谐成长与发展。

3. 学生自我管理和参与管理

在学生管理中除了教育行政部门、学校和教师要承担相应的管理职责外,学校也要引导学生进行自我管理和参与管理,达到管是为了不管的最高境界。教育家陶行知十分注重学生的自我管理和参与管理,他在《学生自治问题之研究》一文中指出,学生自治如果办得妥当有这几种好处:第一,学生自治可为修身伦理的实验。第二,学生自治能适应学生之需要。第三,学生自治能辅助风纪之进步。第四,学生自治能促进学生经验之发展[①]。

对学生加强常规管理与让学生自己管理自己并不矛盾,对学生的管理要做到刚柔相济、宽严结合。陶行知认为,由于几千年旧的传统教育的影响,学生的大脑、双手、嘴巴、空间、时间,都被束缚着。他多次在演说和文章中大声疾呼,要从五个方面冲破旧

---

① 胡晓风,等.陶行知教育文集[M].成都:四川教育出版社,2005:75—77.

的教育传统,解放儿童的创造力。一是解放小孩子的头脑。儿童的创造力被固有的迷信、成见、曲解、幻想层层裹头布包缠了起来。要发展儿童的创造力,先要把儿童的头脑从迷信、成见、曲解、幻想中解放出来。这种种要不得的包头布,要把它一块一块撕下来。二是解放小孩子的双手。中国对于小孩子一直是不许动手,动手就要打手心,往往因此摧残了儿童的创造力。我们希望保育员或先生跟爱迪生的母亲学,让小孩子有动手的机会。三是解放小孩子的嘴。小孩子有问题要准许他们问。从问题的解答里,可以增进他们的知识。孔子入太庙,每事问。但中国一般习惯是不许多说话。小孩子得到言论自由,特别是问的自由,才能充分发挥他的创造力。四是解放小孩子的空间。从前的学校完全是一只鸟笼,改良的学校是放大的鸟笼。要把小孩子从鸟笼中解放出来。要解放小孩子的空间,让他们去接触大自然中的花草、树木、青山、绿水、日月、星辰以及大社会中之士、农、工、商、三教九流,自由地对宇宙发问,与万物为友,并且向中外古今三百六十行学习。创造需要广博的基础。解放了空间,才能搜集丰富的资料,扩大认识的眼界,以发挥内在之创造力。五是解放儿童的时间。现在大多学校把儿童的时间排得太紧。连小学的儿童都要受着双重夹攻,日间由先生督课,晚上由家长督课,为的都是准备赶考。一般学校把儿童全部时间占据,使儿童失去学习人生的机会,养成无意创造的倾向,到成人时,即使有时间,也不知道怎样下手去发挥他的创造力了。创造的儿童教育,首先要为儿童争取时间之解放[①]。

  只有让学生参与管理,自己管理自己,才能发挥学生主人翁的作用。学校管理者要大胆放手让学生进行自我管理和参与管理,强化学生的主体意识和参与意识,多听取学生对学校教学管理的意见和建议,在进行决策时予以考虑。要引导学生在知、情、意、行方面实现自觉、自律、自强、自理。在认知方面,要引导学生自我观察、自我分析和自我评价,让学生自己认识自己,提高自我管理的自觉性。在情感方面,要引导学生自我体验、自我激励、自我肯定和自我否定,正确处理好自己与他人的关系。在意志品质方面,要引导学生自我监督、自我誓约、自我命令、自我控制,使自我和环境协调一致。在行为习惯方面,要引导学生自我计划、自我训练、自我检查、自我总结、自我修养和自我调节,实现自律化。要创设良好的环境,营造民主管理的氛围,吸引学生参与管

---

① 胡晓风,等.陶行知教育文集[M].成都:四川教育出版社,2005:720—723.

理;要积极引导学生参与学校管理实践活动,发挥班级、学习小组、少先队、学生会、班委会、团支部等正式群体的作用和学生自发形成或组织起来的非正式群体的作用,开展各种各样的自我管理活动,培养和发展学生参与管理、自我管理的能力;要培养学生优良的个性品质,促进学生自我管理和参与管理。

学校管理者要以教育部颁布的《中小学生守则(2015年)》《小学生日常行为规范》《中学生日常行为规范》为准绳,以学生的养成教育为重点,加强班级的常规管理,特别要注意文明行为的规范化是养成教育的目的,因材施教的层次性是养成教育的原则,行为训练的反复性是养成教育的手段,明理导行的同一性是养成教育的途径,启迪学生的自觉性是养成教育的动力。学生是班级的重要成员,学生的养成教育在班级中显得尤其重要。下面以班级管理为例,来分析学生的自我管理和参与管理,从而达到自己教育自己、自己管理自己的目的。

自己制定《班级公约》。《中小学生守则(2015年)》《小学生日常行为规范》《中学生日常行为规范》是制约和评估中小学生日常行为的标准和依据,中小学生通过学习《守则》《规范》,结合班级实际,制定《班级公约》,明确提出班级奋斗目标,从而使《规范》教育具体化。

抓《班级公约》的落实。经常开展"我为班级提建议"活动,让学生了解班级,关心班级,为班级管理出谋划策。成立班级自律调解小组,发挥学生的自我教育功能,可以更好地养成自律行为。

完善班级管理机构。学生自主管理班级可分为四个层次即班支委、课代表、组长、团小组长。实行班长领导下,班委分管,小组长具体负责的班级管理制度。班主任要充分支持他们的工作,对他们的工作要及时肯定,并不断提出更高要求,引导他们自主管理班级,充分发挥学生自主管理班级的作用。

善用《班级日志》。《班级日志》是记录班级状况的晴雨表,反映班级在一天、一段时间内的总体情况。通过《班级日志》表扬好人好事,指出存在问题,提出合理化建议;通过学生轮流记录《班级日志》达到锻炼学生能力,发挥学生参与班级管理的作用,也为班主任管理班级提供信息和依据,强化了学生自主管理和自律意识。

充分发挥班会课的作用。班会课在班级管理中起着非常重要的作用。要对班会课进行改革,变班主任主讲为学生自订方案、自己准备、自己主持、自己讲述、自己管理班级;形式有辩论式、演讲式、表演式等,围绕爱国主义、集体主义、行为规范的养成教育、社会上的热点问题,可召开如"减负问题的讨论""理想、信念、现实""课间打闹隐患多""规范在我身边"等一系列主题班会,这样使班会课成为学生自我展示的舞台,思想教育的阵地,师生沟通的纽带。通过班会课,可以对学生中某些问题的不同看法,进行思想认识的教育与探讨,最终使多数学生达到一致的见解;可对某种认识进行强化,提高学生的认识高度和深度;有利于提高学生自我教育的能力,使学生充分发挥主观能动性,锻炼学生的能力;有利于良好班集体的建设,增强班级凝聚力和向心力。

在班级管理中,班主任要合理引导和关心教育不同层次的学生,注重学生个性的培养,发挥学生管理的主体作用。

培养班干部,形成班级工作的核心。班干部是班级中的核心力量,对班级有强大的号召力和凝聚力。使用班干部时,要做到：一要深入了解班干部。通过各种活动、方式、途径了解班干部的组织才能、工作能力、思想作风、思想品质、学习成绩等。二要精心挑选班干部。从实际情况出发,摸清情况,把握标准,掌握特点,调动积极因素;根据特长,合理使用。三要教育引导班干部。思想上有甘当公仆的精神,要以身作则,严格执行班级、学校各项规章制度,要不徇私情;工作上要积极主动,大胆泼辣;工作技巧上,班主任言传身教,鼓励创新。四要大胆使用班干部。严格要求,响鼓重擂;一分为二,大胆使用;发挥特长,量才任职;充分发挥班干部的积极性、主动性、创造性,尽可能让他们独立开展自己的工作及班级活动。班级的学生一入学,就要着力培养班干部的工作能力,鼓励学生干部坚持原则,大胆工作,一段时间后,班干部进入角色,作用得到充分的发挥,学生的自主管理意识、自律意识也会不断增强。

以恰当的语言引导学生,形成良好的班风。每个人都喜欢被赞美。表扬要准确、及时、注意时效性;要形式多样,讲究实效;要具体、细致、有度、"用心";要以事实为根据,做到公正合理,避免成见;要注意调整好每个学生的心理平衡,促进学生之间的团结;要把握好时机,注意用词;要注意因人而异,以理服人。对学生的批评要多肯定,少否定;要有理、有节、有度、"心理换位";因人因事因地而异,如对优秀学生,自尊心强,偶有错误,要及时指出,最好私下谈心解决;对少数不自觉的学生,经多次私下教育效果不明显,可利用班集体力量进行教育;对于性格内向、孤僻的学生,要经常找其谈心;要灵活多样,切忌厉声训斥、变相体罚、当众揭丑、语言粗俗、上纲上线、千篇一律、不调查分析、成见看人、唠唠叨叨、言行不一等，批评要采取多种方法。班主任如能准确地把握表扬与批评的艺术，培养良好积极向上的班风，将会对班级工作大有裨益。

注重品学兼优，树立新型人才观。优秀学生是指德智体美劳各方面全面发展的学生。由于他们平时刻苦学习、成绩优异、遵守纪律、工作负责，经常受到教师和家长的赞扬。在赞扬声中长大的学生，长期处于比较优越的地位，有着较强的自尊心、好胜心，若不加强教育或教育不当，也容易产生"骄""娇"二气，形成自我中心、高人一等的心理，经不起批评，受不起挫折，加之优秀学生的缺点不易外露，教育有时甚至更困难。因此，在教育优秀学生时需要采取慎重态度，既要严格要求，又要注意教育方法，好花尤须细心浇，响鼓还要重锤。对于优秀学生的优点要予以表扬，但表扬要注意艺术，要恰如其分，表扬不宜过多，避免产生负效应；要注意表扬的方式，有时最好不要从班主任的口中说出来，可让其他学生讲出来；对他们的错误和缺点不能姑息迁就，要及时指出，扬长避短，磨炼对批评的承受能力，使其胸怀更宽阔，以"志存高远，自律自强"要求学生，培养学生学会做人；但批评时要注意艺术，应以课下个别进行公开批评，当然根据缺点、错误的性质，该公开的就得公开，公开前先做说服教育工作，然后让其做出公开的自我批评；在教育过程中要不断对其提出新的更高的目标，以促进他们不断前进，要针对他们各自的特点，特别是在某些方面的弱项，不断创造机会，使他们脱颖而出。

转化学困生，树立科学育人观。学困生形成的原因是多方面的，主观上看，扭曲的自我意识和价值，对外界消极刺激因素的错误选择等带来不良影响，成绩不良；客观上看，家庭教育功能的退化，社会不良因素的影响，学校教育的某些缺陷。学困生在认识上缺乏动力与自信，行动上缺乏顽强的毅力和良好的习惯。在学困生的转化过程中，班主任教师要消除学生疑惧，密切师生关系，深入细致地调查研究，找出症结，要正面引导，以理服人；扬长避短，长善救失；因材施教，因利势导；要有足够的信心、韧性；讲究科学性和艺术性；体现出教师博大的始终如一的对学生的爱；反复抓，抓反复，持之以恒，久久为功。

重视单亲孩子，完善人格教育。当今社会单亲家庭的学生变得越来越多，单亲家庭学生的教育也成为教师必须关注的问题。这些学生从小就倍受长辈的溺爱，滋生了"骄""娇"二气，又不合群，随着父母的离异或父母单方发生变故，一下子从"小皇帝"的位置上跌落，心理受到很大挫折，大多无法接受残酷的现实。有的变得沉默寡言，难以交流;有的情绪易变,难以接近;有的自暴自弃,难以教育;有的情感脆弱,不能经受批评教育等。因此,在教育过程中,教师要做深入细致的调查研究工作,分析学生的家庭环境情况,自身的成长情况;要经常与他们谈心,消除他们对教师的疑惧和偏见;要针对学生的不同特点、不同情况实施最佳教育手段;要对他们倾注大量的真诚的爱,从感情上亲近他们,从兴趣上引导他们,从学习上帮助他们,从生活上关心他们,使他们真正感受到班主任可亲、可信、可敬。情相通,则理可达,亲其师才信其道,爱能医治学生心灵的创伤。

(三) 学生体育健康管理

国务院办公厅《关于强化学校体育促进学生身心健康全面发展的意见》(国办发〔2016〕27号)指出,强化学校体育是实施素质教育、促进学生全面发展的重要途径,对于促进教育现代化、建设健康中国和人力资源强国,实现中华民族伟大复兴的中国梦具有重要意义。但总体上看,学校体育仍是整个教育事业相对薄弱的环节,对学校体育重要性认识不足、体育课和课外活动时间不能保证、体育教师短缺、场地设施缺乏等问题依然突出,学校体育评价机制亟待建立,社会力量支持学校体育不够,学生体质健康水平仍是学生素质的明显短板。

中共中央办公厅 国务院办公厅印发的《关于全面加强和改进新时代学校体育工作的意见》指出,学校体育是实现立德树人根本任务、提升学生综合素质的基础性工程,是加快推进教育现代化、建设教育强国和体育强国的重要工作,对于弘扬社会主义核心价值观,培养学生爱国主义、集体主义、社会主义精神和奋发向上、顽强拼搏的意志品质,实现以体育智、以体育心的独特功能。

教育部办公厅《关于进一步加强中小学生体质健康管理工作的通知》(教体艺厅函〔2021〕16号)从加强宣传教育引导、开齐开足体育与健康课程、保证体育活动时间、提高体育教学质量、完善体质健康管理评价考核体系、做好体质健康监测、健全责任机制、强化督导检查等方面提出了具体要求。

作为学校要充分认识学校体育工作的重要性,必须全面贯彻党的教育方针,坚持社会主义办学方向,以立德树人为根本,以社会主义核心价值观为引领,以服务学生全面发展、增强综合素质为目标,坚持健康第一的教育理念,推动青少年文化学习和体育锻炼协调发展，帮助学生在体育锻炼中享受乐趣、增强体质、健全人格、锤炼意志，培养德智体美劳全面发展的社会主义建设者和接班人。

必须坚持三个基本原则。一是坚持课堂教学与课外活动相衔接。保证课程时间，提升课堂教学效果，强化课外练习和科学锻炼指导，调动家庭、社区和社会组织的积极性，确保学生每天课内、课外各锻炼一小时。二是坚持培养兴趣与提高技能相促进。遵循教育和体育规律，以兴趣为引导，注重因材施教和快乐参与，重视运动技能培养，逐步提高运动水平，为学生养成终身体育锻炼习惯奠定基础。三是坚持群体活动与运动竞赛相协调。面向全体学生，广泛开展普及性体育活动，有序开展课余训练和运动竞赛，积极培养体育后备人才，大力营造校园体育文化，全面提高学生体育素养。

学校加强学生体育健康管理，关键要在落实国家文件上下功夫，要在结合实际管理上下功夫，多出实招、多出新招、多出妙招，让学生健康快乐学习和生活，具体应做到以下几点。

一是要加强宣传教育引导，提高体育锻炼意识。

要加强对学生体质健康重要性的宣传，通过体育与健康课程、大课间、课外体育锻炼、体育竞赛、班团队活动、家校协同联动等多种形式加强教育引导，让家长和中小学生科学认识体质健康的影响因素，了解运动在增强体质、促进健康、预防肥胖与近视、锤炼意志、健全人格等方面的重要作用，提高学生体育与健康素养，增强体质健康管理的意识和能力。同时要提高学校、教师、学生、家长对体育健康工作的重视，树立健康第一的理念，健康生活一辈子。倡导生命在于运动，运动健康身体，师生校园同运动的理念。

二是要深化教学改革，强化体育课和课外锻炼。

完善体育课程。以培养学生兴趣、养成锻炼习惯、掌握运动技能、增强学生体质为主线，遵循国家体育与健康课程标准，努力探索大中小学体育课程衔接体系。要按照国家课程方案和课程标准开足开好体育课程，严格落实国家规定的体育与健康课程刚性要求，小学一至二年级每周4课时，小学三至六年级和初中每周3课时，高中每周2课时，鼓励基础教育阶段学校每天开设1节体育课，确保不以任何理由挤占体育与健康课程和学生校园体育活动。科学安排课程内容，在学生掌握基本运动技能的基础上,根据学校自身情况,开展运动项目教学,提高学生专项运动能力。

提高教学水平。体育教学要聚焦"教会、勤练、常赛",加强健康知识教育,注重运动技能学习,科学安排运动负荷,重视实践练习。关注学生体育能力和体质水平差异,做到区别对待、因材施教。学校体育课程注重大中小幼相衔接,聚焦提升学生核心素养。义务教育阶段体育课程帮助学生掌握1至2项运动技能,引导学生树立正确的健康观。高中阶段体育课程进一步发展学生运动专长,引导学生养成健康的生活方式,形成积极向上的健全人格。充分利用现代信息技术手段,开发和创新体育教学资源,不断增强教学吸引力。

强化学校体育教学训练。逐步完善"健康知识+基本运动技能+专项运动技能"的学校体育教学模式。教会学生科学锻炼和健康知识,指导学生掌握跑、跳、投等基本运动技能和足球、篮球、排球、田径、游泳、体操、武术、冰雪运动等专项运动技能。健全体育锻炼制度,广泛开展普及性体育运动,定期举办学生运动会或体育节,组建体育兴趣小组、社团和俱乐部,推动学生积极参与常规课余训练和体育竞赛。

强化课外锻炼。健全学生体育锻炼制度,学校要将学生在校内开展的课外体育活动纳入教学计划,列入作息时间安排,与体育课教学内容相衔接,切实保证学生每天校内、校外各一小时的体育活动时间落到实处。全面落实大课间体育活动制度,中小学校每天统一安排30分钟的大课间体育活动,课间应安排学生走出教室适量活动和放松。大力推广家庭体育锻炼活动,有锻炼内容、锻炼强度和时长等方面的要求,不提倡安排大强度练习。要对体育家庭作业加强指导,提供优质的锻炼资源,及时和家长保持沟通。

三是要注重教体结合,完善训练和竞赛体系。

开展课余训练。学校应通过组建运动队、代表队、俱乐部和兴趣小组等形式,积极开展课余体育训练,为有体育特长的学生提供成才路径,为国家培养竞技体育后备人才奠定基础。要根据学生年龄特点和运动训练规律,科学安排训练计划,妥善处理好文化课学习和训练的关系,全面提高学生身体素质,打好专项运动能力基础,不断提高课余运动训练水平。促使学校构建一校一特色,一校多特色的格局。

完善竞赛体系。建设常态化的校园体育竞赛机制,广泛开展班级、年级体育比赛,学校每年至少举办一次综合性运动会或体育节,通过丰富多彩的校园体育竞赛,吸引广大学生积极参加体育锻炼。制定学校体育课余训练与竞赛管理办法,完善和规范学生体育竞赛体制。定期举办综合性学生运动会。

四是要增强基础能力,提升学校体育保障水平。

加强体育教师队伍建设。加强师德建设,增强广大体育教师的职业荣誉感,坚定长期致力于体育教育事业的理想与信心。按标准配齐体育教师和体育教研人员。鼓励优秀教练员、退役运动员、社会体育指导员、有体育特长的志愿人员兼任体育教师。实施体育教师全员培训,着力培养一大批体育骨干教师和体育名师等领军人才。科学合理确定体育教师工作量,把组织开展课外活动、学生体质健康测试、课余训练、比赛等纳入教学工作量。切实保障体育教师在职称(职务)评聘、福利待遇、评优表彰、晋级晋升等方面与其他学科教师同等待遇。

保障体育工作的经费需求。学校体育场馆设施在课后和节假日可对本校师生和公众有序开放。健全学校体育运动伤害风险防范机制,保障学校体育工作健康有序开展。对学生进行安全教育,培养学生安全意识和自我保护能力,提高学生的伤害应急处置和救护能力。加强校长、教师及有关管理人员培训,提高学校体育从业人员运动风险管理意识和能力。学校根据体育器材设施及场地的安全风险进行分类管理,定期开展检查,有安全风险的应当设立明显警示标志和安全提示。完善校方责任险,探索建立涵盖体育意外伤害的学生综合保险机制。鼓励试点推行学生体育安全事故第三方调解办法。

整合各方资源支持学校体育。完善政策措施,采取购买体育服务等方式,逐步建立社会力量支持学校体育发展的长效机制,引导技术、人才等资源服务学校体育教学、训练和竞赛等活动。积极聘请专业运动队、职业体育俱乐部定期组织教练员、运动员深入学校指导开展有关体育活动。积极与科研院所、社会团体、企业等开展广泛合作,提升学校体育工作水平,也可和社会体育场馆合作开设体育课程。积极利用公共体育设施,将开展体育活动作为解决中小学课外活动的有效途径和重要载体。

五是要加强评价监测,促进学校体育健康发展。

完善考试评价办法。构建课内外相结合、各学段相衔接的学校体育考核评价体系,完善和规范体育运动项目考核和学业水平考试,发挥体育考试的导向作用。建立日常参与、体育锻炼和竞赛、健康知识、体质监测和专项运动技能测试相结合的考查机制,将达到国家学生体质健康标准要求作为教育教学考核的重要内容。体育课程考核要突出过程管理,从学生出勤、课堂表现、健康知识、运动技能、体质健康、课外锻炼、参与活动情况等方面进行全面评价。中小学要把学生参加体育活动情况、学生体质健康状况和运动技能等级纳入初中、高中学业水平考试和学生综合素质评价体系。完善学生体质健康档案,中小学校要客观记录学生日常体育参与情况和体质健康监测结果,定期向家长反馈,形成家校协同育人合力。

加强体育教学质量监测。建立中小学体育课程实施情况监测制度,定期开展体育课程国家基础教育质量监测。建立健全学生体质健康档案,严格执行《国家学生体质健康标准(2014年修订)》《学生体质健康监测评价办法》,对体质健康管理内容定期进行全面监测,建立完善以体质健康水平为重点的"监测—评估—反馈—干预—保障"闭环体系。认真落实面向全体学生的体质健康测试制度和抽测复核制度,确保测试数据的真实性、完整性和有效性。建立学生体质健康档案,研判学生体质健康水平,制定相应的体质健康提升计划。鼓励学校运用现代化手段对体育课质量进行监测、监控或对开展情况进行公示。

健全责任机制。要选聘"健康副校长",将体质健康管理工作纳入学校的日常管理,定期召开会议进行专题研究,建立健康促进校长、班主任负责制,通过家长会、家长信、家访等形式加强与家长的沟通。

强化督导检查。要将学生体质健康管理工作作为督导评估内容,将学生体质管理状况纳入学生体质健康监测和教育质量评价监测体系,开展动态监测和经常性校内督导评估,督导评估结果纳入对教师的绩效考核之中。学校要畅通家长反映问题和意见渠道,设立监督举报电话或网络平台,及时改进相关工作,切实保障学生体质健康科学管理。

强化考核激励。教育行政部门要把学校体育工作列入校长绩效考核和学校目标管理考核指标。对成绩突出的学校和个人进行表彰。加强学校体育督导检查,建立科学的专项督查、抽查、公告制度和行政问责机制。对学生体质健康水平持续三年下降的学校,在目标考核中实行"一票否决",并建立约谈学校负责人的机制。

学校在进行体育教学管理中,应该避免以下误区。

体育不等同于达标训练。国家制定学生体质健康标准是对中小学生通过体育锻炼后必须达到的要求,但不限于这个标准的内容。学校为了促进学生达到这一标准,给予学生各种有益的帮助、训练、指导和要求,也是无可厚非的。但是如果把体育局限于有关体育标准的知识、技能和目标的达成,体育围绕达标而展开,就把体育引入了运动能力和水平达标的应试教育了。不达标就没有体育,达标了就可以不要体育,如果是这样的话,相当一部分学生,几乎不要体育就能达标。而另外相当一部分学生,就是放弃所有与达标无关的活动,全身心地投入为达标努力,也无法达标。把达标与体育等同起来,等于取消体育,这种观点是错误的。

体育不是整顿纪律和惩罚的手段。有些学校把体育课作为整顿课堂纪律、训练遵守规则的手段,体育教师成了变相的训导员。很多学校的体育课通常 1/3 甚至 1/2 的时间进行遵规守纪的操练,甚至是将强迫性运动作为对不守纪律学生的惩罚手段。这种认识和做法不仅不是体育,而且与体育的本质是背道而驰的,是对体育精神的践踏。

体育纳入中考不应是为了考试。体育纳入中考,其目的是要求学校重视学校的体育工作,促进学生的体质健康发展。客观地说,自体育纳入中考后,许多学校对体育工作的确重视多了,配齐了体育教师,开齐开足了体育课,学生体质健康明显提升。有的学校为了学生能在中考中取得更好的成绩,从初中起始年级开始就加强学生的体育技能和达标训练,尤其是围绕中考体育的项目开展有针对性的训练,从学生锻炼身体,提高身体素质而言,这也无可非议。但关键是学校体育只围绕中考项目进行,窄化了体育内涵,忽视了学生体质的全面锻炼,忽视了学生对体育其他项目的爱好,使得相当多的学生对体育课没有兴趣,甚至有不少学生讨厌甚至痛恨体育课,这就偏离了体育中考的初衷,一定要加以改变。

当然,学校还要重视学生的睡眠管理。睡眠是机体复原整合和巩固记忆的重要环节,对促进中小学生大脑发育、骨骼生长、视力保护、身心健康和提高学习能力与效率至关重要。教育部办公厅印发的《关于进一步加强中小学生睡眠管理工作的通知》(教基厅函〔2021〕11号)从加强睡眠宣传教育、明确睡眠时间要求、统筹安排学校作息时间、防止学业过重挤占睡眠时间、合理安排就寝时间、指导提高学生睡眠质量等方面提出具体要求,以期保证中小学生享有充足的睡眠时间,促进学生身心健康发展。学校要加强学生的睡眠管理,积极采取措施加以落实,具体应做到以下几点。

一要加强科学睡眠宣传教育。要把科学睡眠宣传教育纳入课程教学体系、教师培训内容和家校协同育人机制,通过体育与健康课程、心理健康教育、班团队活动、科普讲座以及家长学校、家长会等多种途径,大力普及科学睡眠知识,广泛宣传充足睡眠对于中小学生健康成长的重要性,提高教师思想认识,教育学生养成良好睡眠卫生习惯,引导家长重视孩子的睡眠管理。

二要统筹安排学校作息时间。根据不同年龄段学生身心发展特点,小学生每天睡眠时间应达到10小时,中小学生应达到9小时,高中生应达到8小时。学校、家庭及有关方面应共同努力,确保中小学生充足的睡眠时间。学校要从保证学生充足睡眠需要出发,结合实际情况合理确定中小学作息时间并去执行。小学上午上课时间一般不早于8:20,中学一般不早于8:00;不得要求学生提前到校参加统一的教育教学活动,对于个别因家庭特殊情况提前到校学生,应提前开门、妥善安置;合理安排课间休息和下午上课时间,要保障学生必要的午休时间;寄宿制学校要合理安排作息时间,确保学生达到规定睡眠时间要求。

三要防止学业过重挤占睡眠时间。要提升课堂教学实效,加强作业统筹管理,严格按照有关规定要求,合理调控学生书面作业总量,指导学生充分利用自习课或课外活动时间,使小学生在校内基本完成书面作业,中学生在校内完成大部分书面作业,避免学生回家后作业时间过长,挤占正常睡眠时间。校外培训机构培训结束时间不得晚于20:30,不得以课前预习、课后巩固、作业练习、微信群打卡等任何形式布置作业。

四要合理安排学生就寝时间。学校要指导家长和学生,制订学生作息时间表,在保证学生睡眠时间要求的前提下,结合学生个体睡眠状况、午休时间等实际,合理确定学生晚上就寝时间,促进学生自主管理、规律作息、按时就寝。小学生就寝时间一般不晚于21:20,中小学生一般不晚于22:00,高中生一般不晚于23:00。个别学生经努力到就寝时间仍未完成作业的,家长应督促按时就寝不熬夜,确保充足睡眠;教师应有针对性地帮助学生分析原因,加强学业辅导,提出改进策略,如有必要可调整作业内容和作业量。学校可适时通过微信、手机短信等多种方式提醒家长,督促孩子休息,不能再熬夜,熬夜会有损孩子身心健康。

五要指导提高学生睡眠质量。教师要关注学生上课时的精神状态,对睡眠不足的,要及时提醒学生并与家长沟通。指导学生统筹用好回家后时间,坚持劳逸结合、适度锻炼。指导家长营造温馨舒适的生活就寝环境,确保学生身心放松,按时安静就寝。

六要加强学生睡眠监测督导。要将学生睡眠状况纳入学生体质健康监测和教育质量评价监测体系,充分利用现代信息技术手段,提高学生睡眠管理的科学性、针对性和实效性。设立监督举报电话或网络平台,畅通家长反映问题和意见渠道,及时改进相关工作,确保要求落实到位,切实保障学生良好睡眠,促进学生身心健康。

在此,分享一个学校加强体质健康管理的案例。合肥市阳光小学采取一系列措施来加强学生的体质健康管理,带来的是学生身心健康和学业成绩的全面提升,学校的具体做法如下。

一是管理驱动凝聚各方力量。学生体质健康工作涉及教导处、德育处、总务处多部门,涉及班主任、体育教师、家长和学生多个群体。为了凝聚部门间的合力,实现群体间的合作,学校成立了"学生体质健康提升工程项目组",由副校长任组长,部门主任、体育教师、班主任和家长代表为项目组成员,多方合作,齐抓共管。项目组组织班子学习会、教师大会、家长学堂、教师运动会、亲子运动会等活动促使项目成员体会运动快乐,加深对运动意义的理解,不断凝聚共识。

学校制订三年规划和年度工作计划,每学期期初召开工作协商会、期中召开工作推进会,期末召开工作评估会,对各条线工作推进情况、体质健康检测数据和近视率及时通报和反馈。这种项目管理的工作机制,打破部门壁垒,凝聚各方力量,管理扁平化,减少信息损耗,有力地保障了工作质量。

二是课程驱动提升体质健康。开足开齐体育课程并上好体育课,学校体育教师认真热情,课堂质量高,学生得到充分锻炼。学校每天增开一节体育活动课,体育教师指挥,班主任协助,全校师生集体锻炼,加大运动量。放学后学生参加足球、健美操、田径、网球、航模、棋类、跳绳等体育社团课程,培养兴趣特长。如此,形成了由"体育课+体育活动课+体育社团课"组成的体育课程群。学校定期开展校园足球联赛、趣味运动会等各种体育活动和赛事,形成运动氛围。以"教会、勤练、常赛"为目标,逐步形成"健康知识+基本运动技能+专项运动技能"体育课程模式。

三是活动驱动激发运动兴趣。为了运动而运动,会把运动变成一件苦差事,只有让其成为乐事、趣事,才能让学生持续投入。每天集体锻炼结束后,体育教师都组织十几分钟的体育游戏,每周一种,周周不重样,全校学生兴趣十足,乐此不疲。即使下雨学生也运动,学校创编了学校室内韵律操,班主任定期补充"网红操",室外小雨淅沥,室内热火朝天,学生坚持运动不放松。学校创新运动会的形式,在巢湖岸边开展"草地运动会",让孩子们在大自然中奔跑,增强体能和适应能力。本学期举行的运动会,全校师生坚持在户外完成比赛,没有一名学生请假,全体学生都经受住了考验。

四是家校共驱养成运动习惯。养成锻炼的习惯,必须让运动成为生活的一部分。学校凝聚家校共识,着力培养学生"每天运动1小时"的习惯。以"达标+特长"为目标,依据学生身心特点、体质测试标准和爱好特长发布家庭运动套餐,供家长和孩子选择。他们每天记录运动项目和时长,及时提交。每月第一周的升旗仪式上,学校公布各班开展居家运动的情况,向完成度率高的班级颁发循环红旗。经过不断的激励,目前,全校学生的平均完成率达80%,其中三、四年级的完成率为100%,全员完成的班级逐月增加。

两年来,学校实现了学生的体质健康水平加速提升。全校学生体质达标测试优秀率2018年为3.5%,2019年为9.4%,2020年则达到22.0%。特别是2020年,体质达标测试合格以上98.7%、良好以上65%、优秀率22%。学校近视率是14.04%,远远低于区域平均水平。学校惊喜地发现,强化体质健康工作后学校的学业质量逐年攀升。2021年春季,六年级学生参加合肥市绿色评价检测,合格率100%,优秀率82%,良好率16%,创下学校历史新高。

再分享一个学校睡眠管理的例子,合肥市实验学校的具体做法如下。

一是规律作息保睡眠。每位学生每学期都会在教师的指导下,先后设计《寒(暑)假学习计划和作息时间表》《周末学习计划和作息时间表》《授课时期学习计划和作息时间表》三份表格,在学校和家长的引导和督促下,要求全体学生"做时间的主人",规律作息,有效管控自己的学习与生活时间。

二是适度锻炼利睡眠。运动改善睡眠,这是众所周知的。作为"身体自育、健康第一"模式,紧密相连,相辅相成。学校通过每日一节的体育课、大课间、社团活动等体育锻炼,确保学生在校保证一小时以上的锻炼时间以外,还要求"立足在家,每日健身",通过给学生推荐锻炼套餐,设计专门的评价手册,召开不定期的班级专题评价会,落实校外锻炼一小时的要求,培养学生的终身锻炼理念,促进学生的快速入眠和深度睡眠质量。

三是有效作业助睡眠。学校狠抓课堂教学改革,使课堂由"讲堂"变为"学堂",就是期望学生在课堂上培养学生的自学能力,从根本上提高课堂教学效率,让学生的课内学习越学越轻松。学校展开省级课题《有效作业的策略》研究,采用分层作业、弹性作业、选做作业等多种方式,使作业的设置更加合理,减轻学生的作业负担,使学生的睡眠时间得到切实的保障。同时班主任在作业管理中要起协调作用,统筹各科作业量,并向教师提出合理建议,确保学生能在规定时间内完成作业。

四是个案分析促睡眠。教师针对学生个体,做好"确保睡眠个案"记录,进行比较全面的综合分析,有侧重点地进行分析,就事论理。针对部分学生存在睡眠不足的情况,学校利用学生中午在校就餐和休息的机会,专门设立午睡时间,由教师进行监督,适当补充睡眠,确保学生身体健康。

(四) 学生美育管理

中小学的美育教育在相当长的一段时间没有得到重视,突出体现在学校没有开齐开足美育课程、美育教师不足、学校不重视美育课程,甚至认为其可有可无。尤其到了初中、高中毕业班,除非是艺术类考生,否则学校基本取消了美育课程的教学,学生的美育素养不高,美育评价机制不健全等,使得美育育人功能发挥不够,因此,要全面加强和改进新时代学校美育工作。

对学生进行美育教育,要全面贯彻党的教育方针,坚持社会主义办学方向,以立德树人为根本,以社会主义核心价值观为引领,以提高学生审美和人文素养为目标,弘扬中华美育精神,以美育人、以美化人、以美培元,把美育纳入学校人才培养全过程,贯穿学校教育各学段,培养德智体美劳全面发展的社会主义建设者和接班人。

学校在进行美育管理时,必须要坚持三条工作原则。

一要坚持正确方向,帮助学生树立正确的审美观念。将学校美育作为立德树人的重要载体,坚持弘扬社会主义核心价值观,强化中华优秀传统文化、革命文化、社会主义先进文化教育,引领学生树立正确的历史观、民族观、国家观、文化观,陶冶高尚情操,塑造美好心灵,增强文化自信。

二要坚持面向全体,提高学生良好的审美能力。健全面向人人的学校美育育人机制,让所有在校学生都享有接受美育的机会,整体推进学校美育发展,加强分类指导,鼓励特色发展,形成"一校一品""一校多品"的学校美育发展新局面。培养学生审美感受能力、审美鉴赏能力、审美创造能力。

三要坚持改革创新,进行生活方式的审美引导。全面深化学校美育综合改革,坚持德智体美劳五育并举,加强各学科有机融合,整合美育资源,补齐发展短板,强化实践体验,完善评价机制,全员全过程全方位育人,形成充满活力、多方协作、开放高效的学校美育新格局。注意内在美与外在美的有机统一,注意生活方式美的时代性和民族性。

学校要切实加强美育,提高美育管理水平,实现美育的教育功能。

1. 不断完善课程体系,实现课程目标

树立学科融合理念。加强美育与德育、智育、体育、劳动教育相融合,将美育贯穿在学校教育教学的全过程,与各学科教学和实践活动相结合。充分挖掘和运用各学科蕴含的体现中华美育精神与民族审美特质的心灵美、礼乐美、语言美、行为美、科学美、秩序美、健康美、勤劳美、艺术美等丰富美育资源。有机整合相关学科的美育内容,推进课程教学、社会实践和校园文化建设深度融合,大力开展以美育为主题的跨学科教育教学和课外校外实践活动,多方位、多层次有效实施学校美育。

完善课程设置。精选教学素材,丰富教学资源,构建大中小幼相衔接的美育课程体系。学校美育课程以艺术课程为主体,主要包括音乐、美术、书法、舞蹈、戏剧、戏曲、影视等课程。义务教育阶段丰富艺术课程内容,在开好音乐、美术、书法课程的基础上,逐步开设舞蹈、戏剧、影视等艺术课程。高中阶段开设多样化艺术课程,增加艺术课程的可选择性。

科学定位课程目标。根据学生年龄特点和身心成长规律,科学定位各学段美育课程目标,落实相应课程。义务教育阶段注重激发学生艺术兴趣和创新意识,培养学生健康向上的审美趣味、审美格调,帮助学生掌握1至2项艺术特长。高中阶段丰富审美体验,开阔人文视野,引导学生树立正确的审美观、文化观。

建立健全美育管理制度。制定美育管理整体规划,正确处理美育与德育、智育、体育、劳动教育之间的关系,把整体规划进行分解,加以落实。

2. 全面深化教学改革,提高美育的科学性和针对性

开齐开足上好美育课。严格落实学校美育课程开设刚性要求,不断拓宽课程领域,逐步增加课时,丰富课程内容。义务教育阶段和高中阶段学校严格按照国家课程

方案和课程标准开齐开足上好美育课,学校不得消减、挤占美育课。

深化教学改革。逐步完善"艺术基础知识基本技能＋艺术审美体验＋艺术专项特长"的教学模式。美育教师要改进教学方法,优化教学流程,提高学生对美育课的兴趣,在学生掌握必要基础知识和基本技能的基础上,着力提升文化理解、审美感知、艺术表现、创意实践等核心素养,帮助学生坚持发展,并形成艺术专项特长。积极安排高雅艺术进校园,创作并推广原创文化精品,以大爱之心育莘莘学子,以大美之艺绘传世之作,努力培养心灵美、形象美、语言美、行为美的新时代青少年。

加强对美育教学的研究。针对美育教学的特点和学生的实际情况,科学分析,精准施策,注意一般和个别相结合,把握中小学生审美教育的共性和个性,提高美育教学水平和教学质量。

丰富艺术实践活动。将美育实践活动纳入教学计划,实施课程化管理。建立面向人人的常态化学生全员艺术展演机制,大力推广惠及全体学生的合唱、合奏、集体舞、课本剧、艺术实践工作坊和博物馆、非遗展示传习场所体验学习等实践活动,广泛开展班级、年级、校级等群体性展示交流。可以每年开展大中小学生艺术专项展示或校园艺术节。通过开展多种活动,提高学生的艺术鉴赏能力和美育设计能力,感受艺术和美育熏陶。

开展课外美育活动。有组织地开展符合青少年学生活泼、求异心理的丰富多彩的课外美育活动,让学生能够积极、主动参与到美育活动之中,体验美育活动之美。这样有助于学生良好性格的形成,有助于学生体验生活、理解生活,有助于学生审美经验的积累,有助于丰富学生的审美情感。如举行定期的文艺汇演、歌咏或经典诵读等比赛活动,举办艺术节、知识节、美术作品和书画展等等,让学生在丰富多彩的活动中发展个性,展示特长。组织学生到大自然之中,到社会之中,领略、认识美好的事物,净化情感,陶冶情操,丰富学生的精神世界。认识人类改造、利用自然的伟力,增进学生对大自然、对祖国的热爱之情;游览名胜古迹,鉴赏历史文物,认识中华民族悠久的历史、灿烂的文明,增强学生的民族自豪感和历史责任感。走向社会,参观现代建筑、现代企业及现代设施等,引导学生认识科学、劳动创造的美,认识科学技术、人类劳动的伟大力量,激发学生努力学习、掌握科学、投身现代化建设的决心和热情。当然,开展课外美育活动应当加强指导,要有计划、有目的,不能流于形式,否则就会失去美育活动的意义。在活动之前,要向学生讲明活动的目的、意义、要求,避免走马观花看热闹倾向,促使学生在活动中认真观察、思考、探究;活动之后,要进行总结,完成相应的"作业",使美育活动落到实处,收到实效。

推进评价改革。把中小学生学习音乐、美术、书法等艺术类课程以及参与学校组织的艺术实践活动情况纳入学生的学业要求。不断探索中小学艺术教育评价的方法,全面实施中小学生艺术素质测评,将测评结果纳入初、高中学生综合素质评价。依据课程标准确定考试内容,利用现代技术手段促进客观公正评价。

强化美育渗透。美育教育所包含的教育领域很广,贯穿于学校教育的整个过程中,要在每个环节落实好美育工作,包括管理、后勤和学科教学中。美育教育不只是开设几门课程,美育教育应该是贯穿融合于整个教育体系之中,渗透于各学科教学之中。寓美育于学科教学中,是教书育人教学原则的高度体现。学校应当充分发挥各学科教学的主渠道作用,从不同学科、不同角度,多方位、多层次,有效地实施美育。如在音乐教学中,让学生认识、热爱、欣赏音乐美,积极培养学生对音乐的美感享感;在美术教学中,让学生感受、认识色彩美、线条美、图形美、造型美,学会观察、捕捉、表现美的事物,积极培养学生的创造力;在体育教学中可让学生认识人体的运动美、力量美……当然,在语文、数学、英语等学科中也有美育教育的内容,在各科教学中均应渗透美育。此外,带领学生在大自然中去开拓视野,发展形象思维,培养观察力、想象力和创造力,去追寻大自然的韵律美。认识事物的规律是获得美感享受的关键因素。正如苏霍姆林斯基说:"我的理想就是:让孩子们去观察、思考和推论,体验劳动的欢乐和为自己创造的东西而感到自豪,为别人创造美和欢乐,并在此中找到自己的幸福,欣赏自然界、音乐和艺术的美,以这种美来丰富自己的精神世界,关心别人的痛苦和欢乐,像关心自己的事情一样关心别人的命运。"[1]

3. 着力改善办学条件,提高美育的教学质量

配齐配好美育教师。加大中小学美育教师补充力度,完善美育教师补充机制。鼓励实行"跨校走教、共享教师"机制,或通过购买服务方式,与相关专业机构等社会力量合作,向学校提供美育教育教学服务,缓解美育师资不足问题。积极邀请优秀文艺工

---

[1] 苏霍姆林斯基.给教师的建议[M].北京:教育科学出版社,1984:269—270.

作者等人士到学校兼任美育教师。全面提高美育教师思想政治素质、教学素质、育人能力和职业道德水平。将美育教师承担学校安排的艺术社团指导、课后服务和走教任务计入工作量。统筹乡镇中心学校和小规模学校美育课程设置、教学安排、教研活动和教师管理,采取同步课堂、共享优质在线资源等方式,补齐师资和资源短板。也通过结成学科共同体,或教研协作片等方式加强学科教研,提升教师专业素养。

统筹整合社会资源。积极与社会公共文化艺术场馆、文艺院团合作开设美育课程。整合校内、校外资源开展美育实践活动,是解决中小学课后"三点半"问题或课后服务的有效途径,也是中小学生课外活动工作的重要载体。学校可每年组织学生现场参观1次美术馆、书法馆、博物馆,让收藏在馆所里的文物、陈列在大地上的文化艺术遗产成为学校美育的丰厚资源,让广大学生在艺术学习过程中了解中华文化变迁,触摸中华文化脉络,汲取中华文化艺术精髓。

加强校园环境建设。校园环境对学生的成长有着潜移默化的影响,和谐美好的校园环境是一种无声浸入学生心灵的美育。学校要深刻认识到校园环境对学生的影响、熏陶,建设并美化校园环境,充分发挥其潜在的美育功能。校园环境包括操场绿化、标语、景点、塑像、长廊、教室等诸多方面。作为求学求知场所的校园环境应当追求洁净、井然、宁静、典雅的格调,能够显示一种校园文化氛围。翠绿缤纷的花草树木,给学生以清新、恬静、生机蓬勃之感。积极奋进的雕塑,给学生以鼓舞、启迪,激励学生奋发向上。简洁有力的标语、名言、警句,昭示一种精神。规范鲜红的路标,指明学生前进的方向。一幅科学家画像,就是一座丰碑,在无言中激励学生热爱科学、追求科学,向着科学的峰巅攀登。一个整洁、明朗、有序的教室,能够给学生愉悦、欢快之感,给学生美化、清新的感受。美化校园、绿化校园,使学生生活在优美的环境之中。和谐优美的校园环境,能够净化学生的心灵,陶冶学生的情操,鼓舞学生的意志,振奋学生的精神,有助于培养学生良好的行为习惯,有助于塑造学生的文明形象,有助于提高学生的精神和思想境界。让学校的每个地方都有教育的印记,都有美的熏陶,给学生以振奋精神,以激励斗志,以约束行为,以提升道德。

(五)学生劳动教育管理

劳动教育是中国特色社会主义教育制度的重要内容,直接决定社会主义建设者和接班人的劳动精神面貌、劳动价值取向和劳动技能水平。中小学的劳动教育长期以来存在一些问题，如学校不重视劳动教育，没有专门的劳动教育的师资，不开设劳动教育课程，学生在学校不爱劳动，在家不愿意做家务活，家长不忍心让学生做家务活，甚至学校安排学生在校做些力所能及的劳动，也由家长代劳。鉴于这些问题，加强中小学劳动教育势在必行。

1. 劳动教育管理概述

（1）劳动教育的指导思想

全面贯彻党的教育方针，坚持立德树人，坚持培育和践行社会主义核心价值观，把劳动教育纳入人才培养全过程，贯通大中小学各学段，贯穿家庭、学校、社会各方面，与德育、智育、体育、美育相融合，紧密结合经济社会发展变化和学生生活实际，积极探索具有中国特色的劳动教育模式，创新体制机制，注重教育实效，实现知行合一，促进学生形成正确的世界观、人生观、价值观。

（2）劳动教育的基本原则

把握育人导向。坚持党的领导，围绕培养担当民族复兴大任的时代新人，着力提升学生综合素质，促进学生全面发展、健康成长。把准劳动教育价值取向，引导学生树立正确的劳动观，崇尚劳动、尊重劳动，增强对劳动人民的感情，报效国家，奉献社会。

遵循教育规律。劳动教育要符合学生年龄特点，以体力劳动为主，注意手脑并用、安全适度，强化实践体验，让学生亲历劳动过程，提升育人实效性。

体现时代特征。劳动教育要适应科技发展和产业变革，针对劳动新形态，注重新兴技术支撑和社会服务新变化。深化产教融合，改进劳动教育方式。强化诚实合法劳动意识，培养科学精神，提高创造性劳动能力。

强化综合实施。家庭劳动教育要日常化，学校劳动教育要规范化，社会劳动教育要多样化，形成协同育人格局。

坚持因地制宜。根据学校实际，结合当地在自然、经济、文化等方面条件，充分挖掘行业企业、职业院校等可利用资源，宜工则工、宜农则农，采取多种方式开展劳动教育，避免"一刀切"。

（3）劳动教育基本内涵

劳动教育是国民教育体系的重要内容，是学生成长的必要途径，具有树德、增智、强体、育美的综合育人价值。实施劳动教育重点是在系统的文化知识学习之外,有目的、有计划地组织学生参加日常生活劳动、生产劳动和服务性劳动,让学生动手实践、出力流汗,接受锻炼、磨炼意志,培养学生正确的劳动价值观和良好劳动品质。

(4) 劳动教育总体目标

通过劳动教育,使学生能够理解和形成马克思主义劳动观,牢固树立劳动最光荣、劳动最崇高、劳动最伟大、劳动最美丽的观念;体会劳动创造美好生活,体认劳动不分贵贱,热爱劳动,尊重普通劳动者,培养勤俭、奋斗、创新、奉献的劳动精神;具备满足生存发展需要的基本劳动能力,形成良好劳动习惯。

(5) 劳动教育内容要求

根据教育目标,针对不同学段、类型学生的特点,以日常生活劳动、生产劳动和服务性劳动为主要内容开展劳动教育。结合产业新业态、劳动新形态,注重选择新型服务性劳动的内容。小学低年级要注重劳动意识的启蒙,让学生学习日常生活自理,感知劳动乐趣,知道人人都要劳动。小学中高年级要注重卫生、劳动习惯的养成,让学生做好个人清洁卫生,主动分担家务,适当参加校内外公益劳动,学会与他人合作劳动,体会到劳动光荣。初中要注重增加劳动知识、技能,加强家政学习,开展社区服务,让学生适当参加生产劳动,使他们初步养成认真负责、吃苦耐劳的品质和职业意识。普通高中要注重丰富职业体验,开展服务性劳动,让学生参加生产劳动,使他们熟练掌握一定的劳动技能,理解劳动创造的价值,具有劳动自立意识和主动服务他人、服务社会的情怀。

2. 加强劳动教育的措施

近年来,一些青少年中出现了不珍惜劳动成果、不想劳动、不会劳动的现象,劳动的独特育人价值在一定程度上被忽视,劳动教育正被淡化、弱化。对此,学校必须高度重视,采取有效措施切实加强劳动教育。

(1) 设置劳动教育课程

整体优化学校课程设置,将劳动教育纳入中小学国家课程方案,形成具有综合性、实践性、开放性、针对性的劳动教育课程体系。根据各学段特点,在大中小学设立劳动教育必修课程,系统加强劳动教育。中小学劳动教育课每周不少于1课时,学校要对学生每天课外校外劳动时间作出规定。根据需要编写劳动实践指导手册,明确教学目标、活动设计、工具使用、考核评价、安全保护等劳动教育要求。

（2）健全劳动素养评价制度

将劳动素养纳入学生综合素质评价体系，制定评价标准，建立激励机制，组织开展劳动技能和劳动成果展示、劳动竞赛等活动，全面客观记录课内外劳动过程和结果，加强实际劳动技能和价值体认情况的考核。建立公示、审核制度，确保记录真实可靠。把劳动素养评价结果作为衡量学生全面发展情况的重要内容，作为评优评先的重要参考和毕业依据，作为高一级学校录取的重要参考或依据。

（3）广泛开展劳动教育实践活动

发挥家庭的基础作用。注重利用衣食住行等日常生活中的劳动实践机会，鼓励孩子自觉参与、自己动手，随时随地、坚持不懈进行劳动，掌握洗衣做饭等必要的家务劳动技能，每年有针对性地学会1至2项生活技能。鼓励学校（家委会）和社区等组织开展学生生活技能展示活动。学生参加家务劳动和掌握生活技能的情况要按年度记入学生综合素质档案。鼓励孩子利用节假日参加各种社会劳动。家庭要树立崇尚劳动的良好家风，家长要通过日常生活的言传身教、潜移默化的影响，让孩子养成从小爱劳动的好习惯。

发挥学校的主导作用。学校要切实承担劳动教育主体责任，明确实施机构和人员，开齐开足劳动教育课程，不得挤占、挪用劳动实践时间。明确学校劳动教育要求，着重引导学生形成马克思主义劳动观，系统学习掌握必要的劳动技能。根据学生身体发育情况，科学设计课内外劳动项目，采取灵活多样的形式，激发学生劳动的内在需求和动力。统筹安排课内外时间，可采用集中与分散相结合的方式。组织实施好劳动周，小学低中年级以校园劳动为主，小学高年级和中学可适当走向社会，参与集中劳动。

发挥社会的支持作用。学校要积极主动建立社会信息网，与当地相关部门建立经常性的联系，协调学校和社会的关系，为学生开展劳动实践活动营造和谐的外部环境，为劳动教育提供必要保障。有条件的学校还可以结合自身需要，与相关部门友好协商，建立相应的劳动教育基地，为学生劳动教育提供稳定的操作平台。积极对接企业公司、工厂农场等，开放实践场所，支持学校组织学生参加力所能及的生产劳动，参与新型服务性劳动，使学生与普通劳动者一起经历劳动过程。

发挥学生的主体作用。激发学生积极参加劳动教育，培养劳动意识、劳动习惯，增强劳动观念、劳动技能,更好地适应社会发展。鼓励学生积极参加社会实践活动,因为开展社会实践活动,可以帮助学生了解社会、拓宽视野;培养学生的社会责任感;提高学生的社会实践能力;提高课堂教学质量;发挥重要的德育功能。学生可根据自身情况选择不同的社会实践活动,或体验式,或社区服务式,或基地式,或临时性的社会实践活动。

(4) 做好劳动教育支撑保障

发挥实践基地作用。学校要充分利用现有的综合实践基地、青少年校外活动场所、职业院校和普通高等学校劳动实践场所,建立健全开放共享机制,组织学生积极参加基地活动。

加强人才队伍建设。采取多种措施,建立专兼职相结合的劳动教育师资队伍。根据学校劳动教育需要,配备必要的专任教师。把劳动教育纳入教师培训内容,开展全员培训,强化每位教师的劳动意识、劳动观念,提升实施劳动教育的自觉性,对承担劳动教育课程的教师进行专项培训,提高劳动教育专业化水平。建立健全劳动教育教师工作考核体系,分类完善评价标准。

加大投入和考核。学校要加大对劳动教育的投入,可按照规定统筹安排公用经费等资金开展劳动教育。可采取购买服务方式,吸引社会力量提供劳动教育服务。要把劳动教育纳入教师的绩效考核之中。开展劳动教育质量监测,强化反馈和指导。

(5) 强化安全保障和宣传引导

强化安全保障。学校要加强对师生的劳动安全教育,强化劳动风险意识,建立健全安全教育与管理并重的劳动安全保障体系。科学评估劳动实践活动的安全风险,认真排查、清除学生劳动实践中的各种隐患特别是辐射、疾病传染等,在场所设施选择、材料选用、工具设备和防护用品使用、活动流程等方面制定安全、科学的操作规范,强化对劳动过程每个岗位的管理,明确各方责任,防患于未然。要充分考虑学生的发展特点,在活动内容上尽量选择危险性小的项目。制定劳动实践活动风险防控预案,完善应急与事故处理机制,做到劳动实践活动有计划、有组织、有反馈、有评估、有总结。

加强宣传引导。在学校内营造开展劳动教育的良好氛围,学校管理者要立足于学生的全面发展,针对本地区和本校的实际情况,采取针对性的措施,帮助师生树立正确的劳动观念,为加强学生劳动教育提供良好的环境。引导家长树立正确的劳动观念,支持配合学校开展劳动教育。加强劳动教育的科学研究,宣传推广劳动教育典型经验。注重挖掘在抗疫救灾等重大事件中涌现出来的典型人物和事迹,大力宣传不畏艰难、百折不挠、敢于担当的高尚品格。大力宣传辛勤劳动、诚实劳动、创造性劳动的典型人物和事迹,弘扬劳动光荣、创造伟大的主旋律,旗帜鲜明地反对一切不劳而获、贪图享乐、崇尚暴富的错误观念,营造全社会关心和支持劳动教育的良好氛围。

学校在加强劳动教育时,要注意以下几个问题。

一要坚持德智体美劳"五育"融合,但要发挥劳动教育的独特教育功能。五育既要融合,又要发挥各自的育人功能。苏霍姆林斯基说:"在劳动中展示、发现和发展个性。我们劳动教育的理想是,要使每一个人早在少年时期和青年时期就找到这样一种劳动,在这种劳动中能够最充分、最鲜明地展示他的才能,并给他带来精神创造性的幸福。"[①]要让儿童在童年期和少年期早期参加生产劳动,体验劳动生活,使得儿童通过亲身体验理解:没有劳动就不可能生活。现阶段在进行劳动教育时出现了一些偏差,如将劳动教育等同于综合实践活动;将劳动课、劳动周与其他学科融合,挤占、挪用劳动实践时间。

二要坚持以体力为主的劳动教育,但不能等同于劳动。实施劳动教育重点是在系统的文化知识学习之外,有目的、有计划地组织学生参加日常生活劳动、生产劳动和服务性劳动,让学生动手实践、出力流汗,接受锻炼、磨炼意志,培养学生正确劳动价值观和良好劳动品质。一定要处理好文化学习的脑力劳动与体力劳动的关系,防止以强调文化学习的脑力劳动冲淡体力劳动的做法。学生参加劳动要有成年人生产劳动的性质,具有与成年人生产劳动共同的因素,但学生劳动具有量力性,允许有正常的疲劳,但绝不允许过度地耗费体力和神经系统,体力负担要适合学生的力量,而且要把体力劳动和脑力劳动以正确的方式交替进行,变换劳动活动的种类。

三要弘扬劳动精神,但不能忽略劳动技能训练。劳动教育要符合学生年龄特点,以体力劳动为主,注意手脑并用、安全适度,强化实践体验,让学生亲历劳动过程,提升育人实效性。离开具体劳动的任务及其过程,离开劳动的真实场景,劳动精神是培养

---

① 苏霍姆林斯基.给教师的建议[M].北京:教育科学出版社,1984:481.

不起来的。学生天生喜欢各种类型的劳动活动相互交换、轮流和交替进行,不同的劳动类型有其各自的特点,所要求的技能和操作也各不相同,需要做好劳动内容、技能和技巧的衔接,需要加强对劳动技能的训练。

四要加强劳动课教学,但要区分与其他学科教学的差异。劳动课教学主要是让学生参加日常生活劳动、生产劳动和服务性劳动,让学生动手实践、出力流汗,接受锻炼、磨炼意志,地点大多是课外或家里的劳动。而其他学科主要是课内教学。劳动的意图越有意义,学生活动的兴趣就越高。人的生活中不是只有劳动,只当他同时享受到其他的欢乐、文明宝藏和精神财富时,劳动的欢乐才能在他面前展开。这些精神财富能够提高人,发展人的精神的崇高品质,从而使人更深刻地理解和体验创造活动的快乐。这与其他学科的教学是完全不同的。

五要加强劳动习惯的养成,但要反对其他人员包办代替。养成劳动习惯是劳动教育的目标之一。要从小培养学生热爱劳动的习惯,明白劳动的目的和意义。劳动光荣,不劳动可耻,劳动创造财富,劳动创造未来。劳动习惯是在参加日常生活劳动、生产劳动和服务性劳动中养成的,其他人员不能包办代替,比如家长代替学生打扫卫生、家长代替学生完成劳动作品、家长在家不安排学生做力所能及的家务活等。

三、教科研管理

学校的教学管理工作,尤其是教育教学质量的提高离不开教科研工作的支撑。教而不研则浅,研而不教则空。教师只管教学不研究教学,对教学工作的认识就比较浅薄,没有高水平的教科研工作,教师的专业发展很难保证;教师只研究教学理论,不进行教学实际工作,不深入课堂,不走入学生,就会华而不实、不接地气,必然是空中楼阁,课堂教学质量不可能提高,学校教育教学质量也很难保障。随着中小学课程改革的不断推进和教师专业化程度的日益提高,中小学的教科研工作无论从内容还是形式上都有了新的变化,出现了研究问题校本化、研究动力内在化、研究对象专题化、研究方法信息化、研究过程规范化、研究资源整合化、研究话语个性化、研究成果显性化的新倾向。长期以来,教科研工作在推进课程改革、指导教学实践、促进教师发展、服务教育决策、提高教学质量等方面,发挥了十分重要的作用。进入新时代,面对发展素质教育、全面提高教育教学质量的新形势、新任务和新要求,教科研工作还存在学校领导不重视、服务教育教学的意识不强、机构体系不完善、教研队伍不健全、教研方式不科学、条件保障不到位等问题,这些都亟待解决。

开展教科研工作要全面贯彻党的教育方针,落实立德树人根本任务,遵循教育规律,树立科学的教育质量观,为构建德智体美劳全面培养的教育体系,发展素质教育,培养担当民族复兴大任的时代新人提供强有力的专业支撑。

其主要任务是服务学校教育教学,引领课程教学改革,提高教育教学质量;服务教师专业成长,指导教师改进教学方式,提高教书育人能力;服务学生全面发展,深入研究学生学习和成长规律,提高学生综合素质;服务教育管理决策,加强基础教育理论、政策和实践研究,提高教育决策的科学化水平。

学校要设立教科室,来专门负责学校的教科研工作。要充分发挥教科室在推进学校课程教学改革、教学诊断与改进、课程教学资源建设、培育推广优秀教学成果等方面的重要作用。教科室成员包括聘请的教研专家要深入课堂、教师、学生之中,紧密联系教育教学一线实际开展研究,指导教师加强校本教研,改进教育教学工作,形成在课程目标引领下的备、教、学、评一体化的教学格局。

做好教科研工作,具体要做到以下几点。

1. 加强教科研工作研究

强化校本教研。校本教研要立足学校实际,以实施新课程新教材、探索新方法新技术、提高教师专业能力为重点,着力增强教学设计的整体性、系统化,不断提高基于课程标准的教学水平。学校要健全校本教研制度,开展经常性教研活动,充分发挥教研组、备课组、年级组在研究学生学习、改进教学方法、优化作业设计、解决教学问题、指导家庭教育等方面的作用。

突出全面育人研究。聚焦构建德智体美劳全面培养的教育体系,健全立德树人落实机制,围绕如何突出德育实效、提升智育水平、强化体育锻炼、增强美育熏陶、加强劳动教育等方面重点问题,强化学科整体育人功能,深入开展内容、策略、方法、机制研究,指导学校将德智体美劳全面培养的要求有机融入教育教学全过程,促进学生德智体美劳全面发展、健康成长。

加强关键环节研究。加强对课程、教学、作业和考试评价等育人关键环节研究。

强化国家课程研究,指导学校和教师准确把握国家课程方案和课程标准,做好课程实施工作;加强地方课程和校本课程开发研究,丰富学校课程体系,满足学生多样化发展需求。加强综合性和实践性教学研究,指导学校和教师不断创新教学组织形式和教育教学方式。加强减轻学生作业负担研究,优化作业设计,完善作业管理,指导学校和教师完善作业调控机制,创新作业方式,提升作业设计水平。加强减轻学生校外培训负担研究,切实提高课堂教学质量,让学生在校内学足学好。加强学生体质管理研究,不断提高学生的体质健康达标水平。加强学生睡眠研究,切实减轻学生负担,提高学生睡眠长度和质量。加强读物管理研究,充分发挥读物的作用。加强手机管理研究,切实保护学生视力,促进学生的身心健康。加强考试评价改革研究,提高考试命题质量,推动建立以发展素质教育为导向的科学评价体系。

2. 创新教科研工作方式

要根据不同学科、不同学段、不同教师的实际情况,因地制宜采用区域教研、网络教研、综合教研、主题教研以及教学展示、现场指导、项目研究等多种方式,提升教研工作的针对性、有效性和吸引力、创造力。积极探索信息技术背景下的教研模式改革。学校教科室成员不仅要深入课堂听课、参加教研活动,自己也要讲授示范课、公开课、研究课,还要和青年教师结对,帮助青年教师成长。各级教研员每学期也到学校讲授示范课、公开课,组织研究课,开展听评课和说课活动等,同时也要对教研员的教研活动提出明确要求;要建立教研员乡村学校、薄弱学校、薄弱学科联系点或蹲点制度,组织教研员到农村、贫困、民族、边远地区学校和薄弱学校持续开展教学指导,帮助乡村学校和薄弱学校提升教育教学质量。

如教研员蹲点学校工作要制定详细的方案和要求。教研员要将蹲点工作与学科日常教学研究工作有机结合,做到点面平衡、相互促进。教研员要根据蹲点学校实际,科学制定质量提升规划和各学期质量提升计划,科学合理安排有关工作。

一要提高教学质量。教研员要全面了解蹲点学校教育教学现状,科学分析研判蹲点学校质量提升工作优势与不足。针对存在的问题,采用多种方式引导蹲点学校树立科学的质量观,强化教学精细化管理,狠抓常态课堂教学效率,提升教师教学技能,开展专项教学研究等,促进蹲点学校全面提高教学质量。

二要促进课堂教学改革。教研员每周深入蹲点学校1—2次,每次半天时间。全面观察蹲点学校有关学科教师的课堂教学，跟班听课，跟踪反馈，引导教师改进教学方式，提高教学效率。每学期蹲点听课不少于30节。

三要推动学科建设发展。教研员以本学科为基础，参与、指导蹲点学校教研组、备课组活动，在学科教研机制、内容、文化等方面给予指导，努力打造优秀的教研文化，促进蹲点学校学科教研工作有新成果。

四要引领教师专业成长。教研员与蹲点学校教师建立稳定的联系机制，通过师徒结对、青蓝工程、学术活动等，为蹲点学校教师成长提供有效的支持与指导。教研员在蹲点学校每月上一节研讨课或示范课，开设一次专题讲座或开展主题研讨活动，引领学科教师专业成长。

五要指导教育教学研究。教研员围绕课程建设、教师专业发展、教学信息化应用等热点和难点问题，结合蹲点学校实际，指导蹲点学校开展专题教学研究，促使学校改进教育教学实践。

此外，要保障蹲点工作有效实施。蹲点学校要高度重视教研员蹲点工作，积极创造条件，为教研员蹲点工作提供必要保障；蹲点学校与蹲点教研员共同商定工作方案及具体内容，确保蹲点工作有序推进；蹲点学校要积极做好蹲点工作资料的收集与整理工作，还要开展蹲点工作考核评价。区教育行政部门和各蹲点学校每学年对教研员蹲点工作实施情况及取得成效开展考核，根据工作实绩评定优秀、良好、合格、不合格等级。区教研部门将蹲点工作纳入教研员年度考核内容，并作为教研员评先评优的重要参考依据。

3. 加强教科研队伍建设

严格专业标准。教育行政部门要严格教研员准入制度。教研员一般应具备以下基本条件：一要政治素质过硬。牢固树立"四个意识"，坚定"四个自信"，坚决做到"两个维护"，认真贯彻党的教育方针，落实立德树人根本任务。二要事业心责任感强。有教育理想和教育情怀，热爱教研工作，自觉为提高基础教育质量贡献智慧。三要教育观念正确。遵循教育规律和学生身心发展规律，坚持德智体美劳全面培养，积极践行发展素质教育。四要教研能力较强。具有扎实的教育理论功底，教学经验丰富，原则上应有6年以上教学工作经历，具有中级以上教师专业技术职称，在教育教学上取得优异成绩。五要职业道德良好。遵守教研工作学术道德，作风民主，有较强的服务精神,善于听取和总结基层经验,勇于探索教育教学改革创新。严格按照专业标准和准入条件完善教研员遴选配备办法。要建立专兼结合的教研队伍。优化教研队伍年龄结构,及时遴选优秀年轻教师充实教研队伍,保持教研队伍充满活力。建立专职教研员定期到中小学任教制度,教研员在岗工作满5年后,原则上要到中小学校从事1学年以上教育教学工作。对于不履行教研职责、违背教研员职业道德、不适宜继续从事教研工作的教研员,应及时调整出教研队伍。对学校而言,学校教科室成员也要比照教研员基本条件进行遴选配备工作,切实发挥教科室的有效指导作用。

促进专业发展。加强教师和教研员培训工作,将其纳入教师培训计划。要根据教育教学改革需要,设立若干重点研究项目,组织教师和教研员开展课题研究,提高教研能力和教学指导水平。学校要实施青蓝工程,进行结对帮扶,老中青相互学习与借鉴,共同进步,共同提高教研水准。

4. 加强教科研课题管理

学校每学期要制定教科研工作计划,也要制定教科研规划,明确教科研工作的目标、任务、步骤和具体措施。教育科学研究的方法很多,对中小学来说,最基本的、常见的方法有观察法、调查法、实验法、比较法、总结法等。要鼓励教师积极申报校、区、市、省、国家级课题。申报课题时,要依据学校实际和教师个人实际,遵循源于学校、服务学校、有利专业成长的原则。教师可根据自己在教学实践中存在的问题,提出课题方案,选好课题,制定研究计划,搜集和处理信息,明确研究价值、研究背景、研究理论和实践意义、研究目的、研究内容、研究方法、研究步骤、研究人员分工、研究成果,然后进行课题申报。学校要组织相关教研专家对教师申报的课题进行指导,提出意见和建议,经教师完善后再逐级申报。课题一旦立项,就要按照相关的时间节点撰写开题报告,进行开题论证,继而开展课题研究。课题研究中期,还要组织相关教研专家进行指导,完成中期评估。课题研究完成时,要进行课题最终的评估,确定课题研究是否通过验收。课题验收完毕,还要进行课题成果的鉴定、评选、奖励和推广。学校要制定课题研究奖励办法,鼓励教师积极参与课题研究,从小课题入手,解决教育教学及管理中遇到的问题,努力营造人人都是研究者的氛围,让学校变成研究的学校,教师变成研究的教师,学生变成研究的学生。通过课题研究,引导教师积极投身到教育科研改革中,积极探索有效的教育教学方法,通过提高课堂教学效率来减轻学生的课业负担,加快教师的专业成长,提高学校教育教学质量。作为教育主管部门,要制定教育科研课题管理办法,强化对课题研究的指导和管理。学校也要制定教科研课题管理办法,激励教师积极参加教科研课题研究,尤其是发生在学校及身边的小课题或微课题研究,解决教育教学中遇到的难题。

5. 重视教科研工作

学校要高度重视教科研工作,将其摆在更加突出的重要位置,切实加强工作指导,确保教科研工作正确方向,及时研究解决教科研工作中遇到的困难和问题,保障教科研工作有效开展。要认真做好教科室负责人和科室人员的遴选配备工作。加强教科研制度建设,抓紧完善教科研工作体系,积极推进教科研工作创新,加大对教科研工作典型经验的宣传推广力度,促进教科研工作科学化、专业化和规范化发展。还要保证教科研工作经费,对于在教科研工作中作出突出成绩的个人和集体要予以表彰和奖励。

中小学教科研工作应注意以下几个问题。

教科研要基于学校问题。中小学教科研的目的主要有解决学校教育教学改革发展的实际问题,促进学校教育教学实践创新;通过引导教师参与教科研工作,提高教师教科研的意识和能力;通过学校教科研,促进学校自我发展创新的文化和机制,促使学校成为学习型组织。中小学教科研必须基于解决学校实际问题,不能脱离教师的教学实践,也不能偏离学校发展的实际需要,要在教师的教育教学实践中、在学校的发展矛盾中寻求鲜活的素材,这样才能提高学校教科研的实效性,提高教师参加教科研的积极性和成就感。因此,中小学教科研必须做到:在研究类型上,更倾向于应有研究,而不宜纯思辨、纯理论;在研究范围方面,研究的课题范围不宜过大,应小而集中,是学校能够承担的;在研究方法上,更倡导以行动研究为基本范式;在研究时间上,所需时间不宜过长,力争2—3年完成。

校长要重视教科研工作。校长对教科研的重视程度,直接影响学校教科研的发展与方向。校长要转变教育观念,牢固树立教科研兴校的思想,落实教科研兴校的举措。要设置教科室或相关的独立科室,专门负责教科研工作。建立教科研管理制度,加大激励措施,引导和保证学校教科研的发展,引领广大教师做研究者,不做单纯的教书匠;做顺应新时代发展的学生的引路人,不做学生发展的落伍的绊脚石。校长要带头参加教科研活动,做教科研活动的践行者、示范者和引领者,还要加大对教科研经费的投入,确保教科研工作顺利进行。对于已经立项的国家、省、市、区级课题,校长要加强调度和指导,督促课题负责人加强课题的过程研究,注重资料积累,注重攻坚克难,注重挖掘成果,注重理论联系实际,注重服务学校教育教学工作。

处理好教与研之间的关系。学校教育特别是中学面临着升学的巨大压力,许多教师抱怨教学任务重,没有时间和精力搞教学研究,还有些教师为科研而科研,脱离教学实际,结果出现了教学和教研"两张皮"现象。实际上,学校要引导教师转变教育观念,教学与教研的目标是一致的。教研提高教师的专业素质,提升教学质量,促进学生、教师和学校的发展。教学是教研的基础,教研是教学的拓展和延伸。同时,学校也要通过多种方式,努力促进教学和教研一体化。如在课题申报时,要求教师必须基于学校问题研究,基于教师自身教学研究,不能脱离教学实际搞一些与教学无关的问题研究。以学校名义申报的课题,在研究时要进行任务分解,各科室、教研组、学科组教师全员参与,带动教育教学及管理各方面发展。

发挥专家指导作用。中小学教师主要从事教学工作,研究工作对他们来说不是强项。要提高中小学教科研质量,就必须加强教科研专家的指导,发挥专家引领作用。可以本着请进来,走出去的思路建立专家指导制度。一要充分发挥校内骨干教师的作用,成立教科研小组,定期进行交流研讨,发挥教研团队作用。二要聘请校外专家团队,定期到学校进行讲解和指导,发挥专家团队作用,不断提高教师的研究能力。三可以借助线上培训等渠道,开辟专家答疑解惑通道,助力教师科研能力提升。

四、家校社共育

青少年是国家的希望,青少年的健康成长关系到国家和民族的未来和发展;青少年是家庭的未来和支柱,是家庭和谐的润滑剂,青少年的健康成长是家长极为关注的。教育需要多方共同努力,才能达到教育的效果。这其中家庭、学校、社会的有机配合,发挥各自应有的作用,对教育教学管理显得尤其重要。

教育牵动着千家万户,尤其"双减"政策直接涉及孩子学业成绩、升学问题,短时间内一些家长的认知很难转变,致使在"双减"任务上家校协同力量难以集聚。教育内卷使得家长对减轻学生作业负担、控制作业数量等规定不认可,在焦虑情绪下一些家长主动与教育培训机构教师或在职教师共谋,进行隐蔽补课,学生负担反而加重;家长主动在网络上寻求各类超前超标课件资源,进行课程"囤货",这种行为不仅助长了盗版网课泛滥,且使用没有内容保障的课程还会对孩子造成误导;学校优质教育资源不足,不能满足家长对优质教育资源的需求,所谓校内不足校外补,催生家长的焦虑,产生剧场效应;不科学的教育评价观、社会用人观,导致家长片面认为不能让孩子输在起跑线上,对孩子的教育愈加急迫,虎爸虎妈层出不穷,家长经济负担明显加重,出现舍不得吃舍不得穿,就是舍得教育投入,可怜天下父母心;教育培训机构的推波助澜,使得教育偏离正常的教育轨道,失去教育应有之义,学生课业负担过重,影响学生的身心健康和德智体美劳全面发展。

作为家长,在孩子教育方面,要树立科学的教育观、成才观,牢树"家庭是人生的第一个课堂,父母是孩子的第一任教师"理念,注重孩子品德教育,引导孩子爱党、爱国、爱人民、爱社会主义,形成尊老爱幼、明礼诚信、友善助人等良好道德品质,遵守社会公德,增强法律意识和社会责任感,养成好思想、好品行、好习惯。促进孩子身心健康发展,保证孩子营养均衡,科学运动,睡眠充足,身心愉悦,帮助孩子形成阳光心态,磨炼坚强意志,锻炼强健体魄,保持良好生活习惯,有针对性地进行性健康和青春期教育,增强孩子自我保护的意识和能力。培养孩子健康的审美情趣和审美能力,引导和鼓励孩子亲近大自然,参加社会实践和公益活动,善于发现美、欣赏美、创造美,陶冶高尚情操,提升文明素质。教育引导孩子树立正确的劳动观念,参加力所能及的劳动,在出力流汗中体会劳动创造美好生活,提高生活自理能力,养成良好劳动习惯。

作为学校,要帮助家长了解孩子不同年龄段的表现和成长特点,尊重孩子的合理需要和个性,创设适合孩子成长的必要条件和生活情境。指导好家长系统掌握家庭教育科学理念和方法,以端正的育儿观、成才观、成人观教育孩子逐渐形成正确的世界观、人生观、价值观,全面实现家庭教育的先导性;引领家长提升自身素质和能力,重视以身作则和言传身教,影响孩子养成好思想、好品格、好习惯,切实增强家庭教育的针对性和有效性。对于孩子身上存在的问题或不足,学校要及时与家长进行沟通,共同为孩子成长营造良好的环境氛围。

小学阶段要重点指导家长培养儿童朴素的爱国情感和道德修养,建立珍惜生命、尊重自然的意识,增长儿童自我保护意识及基本的自救知识与技能,养成良好的生活、劳动、运动、学习等习惯,掌握一定的劳动技能,形成生活自理的能力。指导家长提升自身道德修养,掌握家庭法制教育的内容和方法,言传身教;指导家长注重儿童学习兴趣与体育爱好的培养,用全面和发展的眼光看待、评价儿童,增强儿童学习自信心;指导家长积极参与家庭、学校、社会之间的协同教育。

初中学校要指导家长理解、践行社会主义核心价值观,让少年能够结合自己的现实和未来,明辨是非,自觉践行;指导家长重视青春期人格发展,帮助少年悦纳自我,开展适时适度的性教育;指导家长构建良好的亲子关系,学会倾听、尊重、欣赏、认同和分享少年的想法,提高其网络运用、手机使用的自我管理能力;指导家长运用多种形式丰富少年生活,培养其良好兴趣爱好,注重激发其内在学习动力与抗压能力,有效缓解学业焦虑;指导家长开展心理健康、职业启蒙与生涯规划指导,引导少年建立良好的情绪管理能力,支持少年参加社会实践活动,承担必要的家庭、学校和社会劳动,加深对各种职业的了解。

高中阶段学校要重点指导家长帮助青少年树立国家意识和理想信念,认识国家前途、命运与个人价值实现的统一关系;建立法治观念,增强社会责任意识和自我管理能力;指导家长做好青春期教育、心理健康教育和生涯规划教育,引导和尊重青少年确立未来发展的职业志向和人生规划,树立学习与生活的自信;引导青少年开展正常的同性和异性社交活动,加强自身修养,培养正确的审美观,形成健康的生活方式;指导家长采用科学的方式与青少年沟通学习情况、思想动态,加强家校沟通,了解青少年可能遇到的适应问题并及时提供家长指导。

学校要密切家校沟通,创新协同方式,推进协同育人共同体建设。可根据自身校情,明确家委会职责权限、组织机构、工作制度等,帮助家委会成为学校与家长沟通的纽带和桥梁。定期组织开展家委会专项培训,提升家委会成员的共育理念与方法。要统筹家长委员会、家长学校、家长会、家访、家长开放日等各种家校沟通渠道,通过举办家庭教育大讲堂、组织家庭教育论坛、家庭教育沙龙等方式,开展高质量家庭教育指导。积极推进家庭教育信息化共享服务平台建设,根据家长家庭教育实际需求,精准推送家庭教育指导内容。创新设立家长咨询电话、邮箱或线上平台,为学生家长,特别是留守儿童家长提供信息交流的渠道。积极组织社会实践活动,广泛开展家长和学生共同参与的研学旅行、志愿服务等活动。以重大纪念日、民族传统节日为契机,通过丰富多彩、生动活泼的文艺体育等活动增进亲子沟通和交流。围绕家教家风等主题,创新开展各项亲子活动,深化家庭观念,融洽代际亲情,培育良好家风。教育行政部门要会同妇联等部门,办好家长学校或网上家庭教育指导平台,推动社区家庭教育指导中心、服务站点建设,指导学校建立定期家访制度,完善家长培训体系,引导家长树立科学育儿观、成才观,精准分析学生发展需求,理性确定孩子成长预期,努力形成共识,为学生成长发展形成最大同心圆。

当今世界正经历百年未有之大变局,世界多极化、经济全球化、社会信息化、文化多样化深入发展,全球治理体系和国际秩序变革加速推进,国际竞争日趋激烈,知识经济和人工智能迅猛发展,社会对个人的发展提出了更高的要求,要求每一个人必须要树立终身学习的观念,具有高效学习的能力,才能适应社会发展和未来社会的需要。现代的文盲不是没有知识的人,而是不会学习的人。在学习的过程中,最重要的不是你已经或将要学会多少知识,而是你是否掌握了适合自己的高效的学习方法,学会学习已逐渐成为人们的共识。如何学会学习,提高学习质量,是学生和家长们非常关心的问题。学生是学习的内因,家长和学校是学生成长的外部条件。家长要教育引导孩子养成良好学习习惯,提升自主学习能力,保护孩子的好奇心和学习兴趣,理性帮助孩子确定成长目标,不盲目攀比,不增加孩子过重课外负担,用德智体美劳全面发展的眼光评价孩子。在学校教学管理中,作为家长应如何帮助孩子,配合学校教育、引导好孩子,使他们学业进步、健康成长呢?

正确对待孩子的教育,加强与学校的联系。中共中央 国务院《关于深化教育教学改革全面提高义务教育质量的意见》明确指出,要发展素质教育,培养德智体美劳全面发展的社会主义建设者和接班人。作为家长要树立正确的教育质量观,关注孩子的全面发展。家庭教育是孩子健康成长不可或缺的一部分,是孩子成长的基础。学习质量是智育的重要内容,但不是教育的全部,要在"五育"并举的情况下提高学习质量。提高孩子的学习质量关键在学校,在孩子自己。如何配合学校搞好孩子的教育,是家长们非常关心的问题。及时、经常加强与学校,尤其是班主任和学科教师的联系是非常有效的举措。特别是孩子在家出现以下情况时:学业成绩大幅度下降或徘徊不前;学习很刻苦,但成绩未提高;某学科用时太长,又没有什么效果或不按照教师的要求,我行我素;心不在焉,学习不投入,热衷于非学习的事;整天怨声载道,牢骚满腹,不认真学习;家长对孩子的教育方法与学校的教育方法、与教师的要求相悖;对学校及班级的管理方法、教师的教育教学有异议;其他表现不正常的情况。

  作为家长要及时到学校与教师进行沟通,找出存在问题的原因,消除教育上因孩子的误传或其他方面产生的误解,正确对孩子进行教育和引导。有的家长因为种种原因和学校联系不主动,这不是优秀家长的举动。如果是孩子成绩不好或行为习惯不好,就更要积极主动和教师联系。学校教育不是万能的,家庭教育是非常重要的一极,凡是家长重视的,教育方法得当的,孩子的教育都是比较好的,只有家庭和学校的相互配合才能教育好孩子。作为家长要主动拜访教师,如实反映孩子存在的问题,也要热情接待教师的家访,及时沟通孩子在家的学习、生活状况;要积极参加学校召开的家长会议,支持家长委员会的工作;要积极参加家长学校的学习,提高育人水平;积极支持孩子参加学校组织的活动,共同教育好孩子。

  加强对孩子的教育管理,负起家长的责任。 中小学生思想波动大,是未成年人,需要家长对孩子进行必要的监督、管理和教育,要做细致的思想工作。特别是那些对自己要求不严格的孩子,家长更应加大对孩子的管理,不能因工作忙而忽视对孩子的教育管理,不能把所有的任务和责任推到学校。家长是孩子的监护人,古语说子不教,父之过。作为家长,下列一些措施是必要的。和孩子共同制定学习目标和计划;对学校要求默写或背诵或签字的作业,要认真协助完成;不定期地抽查孩子的作业本,看看正确率如何以及教师的评语;适时看看孩子是否以听英语磁带为由听音乐,过度沉溺;孩子如果晚上放学晚,可接孩子回家,个别不自觉的孩子,要实行接和送,甚至在家陪读;如有可能(隐私权),偶尔看看孩子的书包,看是否有不适合孩子年龄段的不良东西和书籍;督促孩子准时起床,整理好一切备用工具,包括书、本、文具等;做好必要的后勤保障工作,特别是督促孩子一定要吃早饭,要吃好;树立正确的教育观和成才观,重在教孩子做人,不断提高孩子的思想道德水平,遵守社会公德习惯、学习习惯、生活习惯、劳动习惯、文明习惯;创造良好的家庭环境,包括宽松、和谐、平等、民主的家庭气氛,避免过多的家庭社交,过多外来电话的干扰;学习掌握教育孩子的科学知识和方法,因材施教;把家庭给的爱与家庭的管理有机结合起来,要多与孩子进行沟通,多给孩子以自信、希望和关爱;父母的教育观点要一致,要与学校的总体教育目标和方法相一致,不要一个严,一个松,一个打骂,一个护,这种方法是教育不好孩子的;多培养孩子吃苦耐劳的精神。有的家长望子成龙、望女成凤心切,对孩子要求非常的严格,教育方法不得法,导致父母与孩子冲突;有的家长对孩子关心不够,甚至不管不问,这是典型的不负责任态度;有的家长对孩子过于溺爱和袒护,看到的都是优点,听不得别人讲孩子的不是,导致孩子没有向正确的方向发展,对孩子的成长不利;有的家长生怕孩子吃点苦,事实上如果孩子不吃点苦,不认真地去刻苦学习,又怎样能成才?由于独生孩子自身成长存在的问题,加之改革开放带来的人民生活水平提高问题,这两个因素的负面效应交相叠加,在个别孩子身上,存在着自私、冷漠、娇弱、经不起批评、心理承受能力差、不愿吃苦的现象,这是值得关注的问题。我们不仅要关注孩子的学习,更要关注孩子优良品格的养成,关注孩子自尊、自强、自立精神的培养和锻造。

引导孩子有正确的学习态度,自信、勤奋、务实、有恒。 做任何事都要有一个正确的态度。学习是每个人必须面对的,对孩子来说,学习是重要的任务之一。知之者不如好之者,好之者不如乐之者。学习苦中有乐,在日常的学习生活中,有的学习内容可能是孩子感兴趣的,孩子学得很好;有的学习内容可能不感兴趣,但这些内容是经常遇到的,孩子学习兴趣不浓,甚至不愿意学习,说讨厌某某学科,这是不可取的。有的孩子学业成绩不理想,对科任教师挑三拣四,作为家长应该适时对孩子加以引导,而不是助长孩子的行为,要引导孩子多从自身找原因,不断地去适应教师的教学。外在的环境是一方面,关键看自己的努力。面对这些经常性的问题,家长要引导孩子认真对待,克服困难,努力去完成学习任务。

在学习过程中孩子难免会遇到一些困难,如难题解不出来,考试考得不理想,学习成绩不好被别人看不起等,自暴自弃不可取,认为自己没有别人聪明不可取,不努力去克服困难不可取,就此失去信心不可取,唯一正确可取的方法是面对遇到的困难,要有克服困难的勇气和信心,要有克服困难的实际行动,要不断探讨解决困难的方法。因为信心是走向成功的重要前提,信心比黄金货币更重要。家长要适时引导和鼓励,不能动辄就批评。教育上有个皮克马林翁效应,说心理学家在一所学校把成绩优异的孩子和成绩一般的孩子分成两组做实验,第一次心理学家告诉教师那些成绩一般的孩子潜力很大,以后的发展要比成绩优异的孩子潜力大,要求教师们要多加培养;第二次再去的时候情况就发生了一些变化,原来成绩一般的孩子比不少原来成绩优异的孩子成绩好了;第三次类似的情况又发生了,超出了心理学家的想象。这主要是在说激励的作用,其中很大程度上是在说自信的作用。

书山有路勤为经,学海无涯苦作舟。一分耕耘,一分收获。大凡取得成就的人或学习成绩较好的孩子,无一不是勤奋学习的典范。勤奋是学习成功的前提和基础。现在孩子所学的知识内容广而深,学校、家庭、社会对孩子学习的期望值高,孩子自我加压,孩子之间的学习竞争等,导致孩子学习负担较重。特别是孩子进入初中、高中毕业班的学习,科目增加了(小学阶段比较关注语文、数学、英语,到了初中又增加了道德与法治、历史、物理、化学、理科实验操作、体育加试等),难度加大了(初中阶段的难度比小学阶段难度大,高中阶段的难度明显比初中阶段的难度大),考试次数多了,教师要求也高了,最重要的是还要面临中考、高考的压力。

中考、高考再怎么改最后仍然是要看孩子学业成绩的,这是硬道理。现在孩子的学习呈现两极,一方面,孩子勤奋学习,想在各方面超过别人或做得更好,必然导致学习任务重;一方面少数孩子学习态度不端正,学习上不勤奋,不刻苦,甚至不想学习,只想玩得愉快,热衷于一些做非学习的事,其学业成绩堪忧。在平时学习中,初中、高中孩子的学习压力是比较大,课业负担也比较重。从孩子升入高一级学校看,升入省级示范高中的,考取重点大学的人数就多,以后就业的路子就宽,这恐怕也是导致学校竞争、孩子竞争非常激烈的重要原因。

因此,家长要教育孩子勤勉学习,善于积累,善于利用时间,从点滴做起。要从上每一节课,做每一道题目,记忆每一个英语单词开始,要踏踏实实、认认真真,要能拒绝各种不良诱惑。有的孩子学习浮在表面上,不能静下心来学习,一会儿想去做这事,一会儿想去做那事,结果什么事也未做好,要克服学习上的浮躁情绪;有的孩子学习上大而话之,眼高手低,经常犯低级错误,做题老是出现不应该犯的错误,美其名曰粗心所致,实际上结果和不会没有任何区别,有人提出"粗心＝不会"是很有道理的。

学习关键在于坚持,在于持之以恒。做任何事都必须要坚持、坚持、再坚持。要发扬愚公移山的精神,不能半途而废。学习是件苦事,它需要你付出艰辛的劳动,需要你掌握各种学习技巧,需要你不断去努力,只有这样才能达到成功。

引导孩子处理好学科之间的关系,注重均衡发展。随着新课程改革的深入,中考、高考的命题和评价在许多方面都发生了变化,给孩子们提出了新的挑战,如政治与历史实行开卷考试,语文考试允许使用《新华字典》,特别是初中毕业生综合素质评价制度的实行,更显示中考改革力度的加大和新课程改革带来考试制度改革的必然趋势。但无论如何学业考试仍然是普通高中录取和评价的最重要的依据。要引导孩子在学习中,要树立"9-1=0"的思想。中考的九门学科(语文、数学、英语、物理、化学、道德与法治、历史、体育、理科实验)都要重视,忽视任何一门学科的学习,对中考都是有影响的。高考分文科和理科,语文、数学、英语仍然是高考中分值高的学科,理科综合、文科综合都要发挥整体优势,不能忽视任何一门学科。在平时的学习中,可能因为多种原因,如学科的特点、自身的爱好、教师的教学水平、家庭的氛围等,使得孩子在学习的过程中,容易产生偏科的现象,这也是很正常的现象,但是要合理解决,不能影响总体成绩的发挥。在处理中考、高考各学科的关系上,不能厚此薄彼,要注重均衡发展,重点突破,保优促劣,发挥总体优势。对于语文、数学、英语三门学科可有所侧重,多投入些精力,其他学科也不能拖退,更不能偏科。要确保自己优势的学科更加优势,促使自己劣势的学科逐渐变成优势学科,切忌顾此失彼。

引导孩子合理利用时间,学会学习与调适。 初中、高中孩子的学习是紧张的,尤其是毕业班的孩子。根据现有的调查发现,绝大部分的孩子智力没有太大的差距,学业成绩的差距主要取决于孩子的勤奋、孩子的学习方法和如何有效利用学习时间。

一部分孩子学习上非常努力,学得很辛苦,但效果一直不好,成绩不理想,就其原因是多方面的。下列做法不值得提倡:上课不注意听讲,没有消化教师所讲的内容,听课没有质量;做习题前不复习,甚至一边翻书一边做,作业速度慢;学习不能静下心来,甚至一边听音乐或吃东西或说话或看电视,一边做作业;晚上学得很晚,第二天上课很疲倦,甚至打瞌睡,造成"恶性循环";没有掌握科学的学习方法,学习上采取蛮干的方式,学习效率较低;学习浮在表面,没有注重基础知识和基本技能的掌握,好高骛远,眼高手低,大而化之等。

针对这些情况,孩子们一方面要不断改进和完善学习方法,可学习和借鉴他人有效的学习方法为己所用,合理安排好自己的学习,注重提高学习效率。如针对听课低效率,可采取如下方法:上课前充分预习,具有目的性和针对性,避免分心走神,也容易听懂接受;集中精神听讲,眼睛盯着教师板书,注视教师的动作和表情,思想上与教师保持一致,跟着教师的感觉走,边听、边思、边记,上课思想不集中是多数孩子学习成绩上不去的最主要原因;紧跟教师的思路听讲,要与教师保持一致,千万不能脱离教师讲课的轨道;要以理解为主,听讲的目的,就是要听懂教师讲解的内容,对教师所讲内容要听清楚,听准确,听出重点,听出意图,原则是先听清楚再思考,思考懂了再做笔记,不要只顾思考和做笔记而忘记了听讲或顾不上听讲;要有比较地听讲,把自己在预习中理解和教师讲解的相比较,看看有哪些相同点和区别点,通过比较,能加深对所学知识的理解,能加强自己的思考、认识与提高,能发现自己在预习中的错误;要听懂重要细节,听讲时一定要听懂问题的来龙去脉,听懂每一个重要细节,看细节上教师是怎样思考、分析、判断和处理的。越是细小的重要细节,就越能学习到更多的知识。所谓细节决定成败,决定命运;课上要积极发言,一来锻炼自己,检验自己的听课效果和理解程度,二来提高自己的表达能力和抗挫折能力;要把握好做笔记的时机,要边听边想边记,重要的前提是不能影响听课;不要挑剔教师,否则会极大地影响自己的求知欲,更重要的是影响自己对知识的接受与吸收,直接影响自己总体成绩的发挥;特别地,要纠正自己不良的听课习惯。不良的听课习惯,严重影响听课的效果,日久天长会直接导致学习成绩下降。纠正的方法有四条,即自觉养成良好的学习习惯,自己对自己负责;课前认真预习,带着问题有针对性和有目的性地听课;听讲时思想紧跟着教师的讲解思路走,边听边思,随时准备提出新问题;眼睛注视教师,看着教师的动作和表情,随时准备回答教师提出的问题。此外,在平时的学习和生活中要加强体育锻炼,注意劳逸结合,如在晚上学习时,可分段学习,适当给自己一点休息的时间;又如针对"春困"现象,中午一定要休息一下,确保下午和晚上的学习精力,要学会自我调节,使自己能适应紧张的学习生活。

还有一部分孩子,一方面抱怨学习时间紧、任务重,另一方面又让时间从身边白白溜走,集中表现在:上课不专心听讲,不积极思考,不懂装懂,课下又不及时复习巩固,作业速度慢,花费时间长;重视教师布置的书面作业,忽视或者排挤应该掌握的口头作业,致使许多应该记忆和掌握的问题和内容没搞清楚;学习上没有紧迫感,松、懒、散表现突出,导致学习效率低下;学习不能持之以恒,高兴就学,不高兴就不学,学习态度不端正,致使学习出现间断性,学习上留有空白点;学习时思想不集中,老是抱怨环境不好,对环境要求特别高;学习目的不明确,对自己要求不高,时间观念不强等。

针对这些情况,孩子们一方面要增强学习的目的性,进一步端正学习态度,提高对学习重要的认识;另一方面要避免上述现象的出现,要善于利用时间,合理安排好学习时间,不断提高学习效率。歌德有句名言:"善于利用时间的人,永远找得到充裕的时间。"鲁迅也说:"时间,就象海绵里的水,只要愿挤,总还是有的。"如何去挤时间?三国时著名学者董遇说"三余","冬天,是一年的空余;晚上是一天的空余;阴雨天是晴天的空余"。要利用空余时间,学会利用零散的时间,积少成多,化零为整。

引导孩子以积极的心态,高效率安排学习。初中、高中阶段孩子学习的科目多,学习任务重,特别是要面对中考、高考升学的压力,孩子们要冷静对待,做到忙而不乱,学而有效。要以积极的心态,坦然面对所遇到的一切困难和问题,不能半途而废,退缩不前,要充满信心,不断努力。如何做到高效率的学习呢?除前所述外,还必须做到:一是制定学习目标和计划。俄国大作家托尔斯泰说得好:"要有生活的目标,一段时期的目标。一个阶段的目标,一年的目标。一个星期的目标,一天的目标,一个小时的目标,一分钟的目标,还得为大目标牺牲小目标。"学习要有长期规划、中期计划、每日定额,做到今日事,今日毕。订计划时,要全面考虑,统筹兼顾;分清主次,合理安排;从实际出发,有个性特征,目标不能过多;要和教师的教学同步、协调;要张弛有度,留有余地;要有适当的休息时间。二是合理安排好各学科的学习时间,不能厚此薄彼,不能偏科。同时,要学会放弃,及时调整。这有两层意思。某一学科用时过多,尤其是在解某一道难题时,不能超过一定的时间度;每一个人都各有长短,只有扬长避短,才能发挥自己的潜能。杨振宁教授遵循导师的建议由实验物理转向理论物理的研究,最终获得诺贝尔奖。三是认真上好每一节课,提高上课质量,提高做作业的速度和质量,不能马虎和敷衍了事,争取做习题一次正确率,避免做重复劳动。四是要有自己支配学习薄弱学科的时间,不能一味地被教师布置作业所控制。五是学习要投入,不能三心二意,重视每次考试,及时补缺补差,及时分析原因,及时解决疑难,及时总结(如三天一小结,六天一中结,一月一大结等),及时巩固和提高。

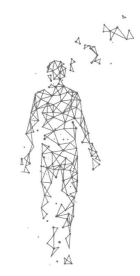

第七章 教学管理若干问题思考

一、更新教学管理理念

面对新时代,面对百年未有之大变局,教育怎样适应社会的发展,怎样贯彻党的教育方针,怎样更好地落实立德树人根本任务,怎样培养德智体美劳全面发展的社会主义建设者和接班人,这些都需要更新教育观念,加强中小学教育教学管理。

新课程改革已经进行了许多年,但时至今日仍有许多教育管理干部和教师停留在认识水平上,缺乏深刻的理性思考,更没有将坚持德智体美劳"五育"并举,全面发展素质教育的理念转变为教育管理者和教师的自觉行为。尤其是一些管理行为有悖于素质教育的要求,相当多的教学管理还是围绕着知识传授进行的,仍然停留在考试管理、分数排队层面,一些管理部门给学校下达升学指标,并按照升学率和分数对学校和教师进行排队,并以此作为实施奖惩的依据。有的学校对国家规定的课程计划随意更改,或增加课时总量,或减少和挪用非考试科目课时。有的剥夺学生休息权利,以损害学生身心健康、影响学生全面发展为代价,追求所谓的高分数、高升学。有的对个别教师加重学生负担的做法采取默许的态度,甚至大加赞扬、示为样板,这与学生的全面发展和核心素养要求背道而驰。

一些教师习惯于传统的教学方法,不愿改变,不愿意花力气探索新路,相当多的课堂仍然是把传授知识作为教学的主要目标,忽视学生全面发展;重视教师的"教",忽视学生的"学";重视现成结论的记忆,忽视学习过程;重视向学生灌输,忽视学生的主动参与;重视教学活动的整齐划一,忽视学生的创造才能和个性差异;重视认识能力的培养,而忽视合作、交往等行为的养成;重视考试的选拔功能,忽视学生的全面综合评价;

重视学生的学科知识传授,忽视学生的能力培养和道德教育;重视学生课堂学习,忽视学生参加社会实践活动;重视智育,忽视德育、体育、美育、劳动教育等。这些都与新课程改革倡导的理念是不相符的。

实际上,新课程倡导教师在教学过程中应与学生积极互动、共同发展,要处理好传授知识与培养能力的关系,注重培养学生的独立性和自主性,引导学生质疑、调查、探究,在实践中学习,促进学生在教师指导下主动地、富有个性地学习。教师应尊重学生的人格,关注个体差异,满足不同学生的学习需要,创设能引导学生主动参与的教育环境,激发学生的学习积极性,培养学生掌握和运用知识的态度和能力,使每个学生都能得到充分的发展。充分发挥信息技术的作用和优势,促进信息技术与学科课程的深度融合,逐步实现教学内容的呈现方式、学生的学习方式、教师的教学方式和师生互动方式的变革,为学生的学习和发展提供丰富多彩的教育环境和有力的学习工具。要建立促进学生发展的评价体系,评价不仅要关注学生的学业成绩,而且要发现和发展学生多方面的潜能,了解学生发展中的需求,帮助学生认识自我、建立自信。发挥评价的育人功能,促进学生在原有水平上的发展。建立促进教师不断提高的评价体系。强调教师对自己教学行为的分析与反思,建立以教师自评为主,校长、教师、学生、家长共同参与的评价制度,使教师从多种渠道获得信息,不断提高教学水平。建立促进课程不断发展的评价体系。周期性对学校课程执行情况、课程实施中的问题进行分析评估,调整课程内容,改进教学管理,形成课程不断革新的机制。这就要求在教学及管理中,无论是学校,还是教师要切实转变教学管理观念,转变教学观、学生观、评价观及教师的教学行为和学生的学习行为,重建学校教学管理制度。

为此,教育管理者有必要采用刚性管理手段,加大对原有教学中不合理的行为方式和思想观念进行变革的力度,纠正教育工作中存在的不适应素质教育的做法,改变教师多年来习以为常的教学习惯,通过规范教学行为,切实减轻学生过重课业负担,使学生生动活泼主动地发展。

当然,思想观念的转变是根本的转变,思想观念的转变不是自然的自发过程,也不可能通过一两次学习就能完成,必须通过科学的管理来实现。校长应当善于在教学管理和课堂教学中发现带有倾向性的问题,通过典型事例,在教学实践过程中帮助教师领悟新的教学思想和方法,促进教育观念的转变。同时,在新课程改革和教学管理中还要注意处理八个方面的关系。

一是关于教育观念的更新与新课程改革的关系。新课程改革是基于哲学的认识论、多元智能理论、建构主义理论等，结合中国的教育实际而实施的一次教育"革命"。它需要教师转变教育观念，学校领导改变管理理念，根本上是要树立以生为本、以师为本、以校为本的思想。但是我们需要更新的是不适应新课程改革需要的陈旧的、过时的教育观念，而不是一切的教育观念。有些教育观念如"教学相长""学而不厌，诲人不倦""因材施教""长善救失"等经过千百年实践的证明是正确的，至今还适用，就应该发扬光大；有些教育观念如韩愈的"师者，传道授业解惑也"在当时情况下是正确的，现在按照新课程改革的理念需要赋予它新的时代内容，要渗透情感、态度、价值观的培养，才能发挥作用。新课程改革不是不要考试，而是要淡化考试的甄别和选拔功能，要不断探讨对学生的多维评价方式。把提高升学率、提高办学质量与新课程改革对立起来的观点是错误的，把必要的考试与提高学生的素质对立起来的观点也是不正确的。面对新一轮课程改革，在教学管理时要特别关注学生核心素养的落实，要注重培养学生的必备品格和关键能力。

二是关于学生能力和创造性思维的培养与新课程改革的关系。新课程改革强调知识与技能、过程与方法、情感态度价值观三维目标的实现，要落实学生发展核心素养，就要辩证地加以认识，不能片面地强调某一方面。强调培养学生的创新精神和实践能力，落实学生核心素养，并不等于学生对知识学习变得不重要。授人以鱼，不如授人以渔，使学生学会学习，这些说法都有其合理性，但是不能把"学会"与"会学"对立起来，要重视学生对基础知识的学习和掌握。创造性思维活动是发散思维与复合思维共同运作的过程，在课堂上适时地对学生进行发散思维的训练，对于培养学生的创造性思维是有积极作用的。但是过分强调培养发散思维，漫无边际的发散是没有任何实际意义的，甚至是在一定程度上的放任自流。因此，在新课程改革中，要着眼于完整而辩证地实现三维目标和思维能力的培养及落实核心素养，既要改变过分强调"双基本位""学科本位"，又要防止"双基缺位""学科缺位"；既要注重发散思维的培养，又要注重复合思维的培养，不能偏废任何一方。学生核心素养的核心是思维，在课堂教学中落实思维方法和培养思维能力是当下提升课堂教学质量的因循之路，教师要在创设情境、提出问题、自主探究、合作交流、应用迁移、总结反思上强化学生思维的激发和培养。

三是关于学生主体作用的发挥与新课程改革的关系。 新课程改革倡导以生为本，注重发挥学生的主体作用，并没有否认教师的重要作用。相反，对教师的要求更高了，它要求教师要不断适应新课改的变化，要不断转变陈旧的、过时的教育观念，改变自己的教学行为，要注重各方面知识的学习，要有扎实的学识。国外有教育家说过："为了使学生获得一点知识的亮光，教师应吸进整个光的海洋。"教师所知道的必须大大超过要教给学生的范围，不仅要有胜任教学的专业知识，还要有广博的通用知识和宽阔的胸怀视野。其水平不仅仅是"静止不动的一桶水、一潭水"，而更应该是"永远流动不止的河水，甚至是海水"。特别是对于中小学生，他们的知识、能力很有限，在新课改中，尤其需要教师的指导与点拨。离开教师的适时指导与点拨，学生就会对一些问题模棱两可，课堂甚至会出现放任自流现象。因此，不要把发挥学生的主体作用与发挥教师主导作用对立起来，要正确处理好两者之间的关系，要掌握适度原则。在教学中要处理好多与少的关系，即教师讲的多少的问题；处理好内与外的关系，即外在与内化的关系，教师的教与学生的学的问题；处理好快与慢的关系，即教师讲的快慢的问题；处理好深与浅的关系，即教师讲授内容的深浅问题；处理好主动与被动的关系，即要调动学生的学习积极性，由被动地听变为主动地学。

四是关于学生学习方式的转变与新课程改革的关系。 学生的学习方式一般有接受和发现两种，这两种方式都有存在的价值，彼此也是相辅相成的关系。传统学习方式过分突出和强调接受与掌握，冷落和忽视发现与探究，在实践中使学生学习书本知识变成仅仅是直接接受书本知识，如死记硬背、注入式教学、机械训练等，学生学习成了纯粹被动地接受、记忆的过程。新课程改革强调转变学生的学习方式就是要改变这种状态，把学习过程中的发现、探究、研究等认识活动突显出来，使学习过程更多地成为学生发现问题、提出问题、分析问题、解决问题的过程。但是强调发现学习、探究学习、研究性学习，并不排除接受性学习的必要性和重要性。对于中小学生来说，接受性学习还是主要的，目前我们要着力改善接受性学习，积极探索接受性学习的新形式。一堂课究竟采取何种学习方式，要因人、因时、因课制宜，不能搞一刀切。教学管理者要强化学生学的管理，注重学生学习方式的改变，激励学生利用多种方式、多种途径进行学习，充分利用线下与线上相互补充、相互融合，引导学生静心、持久、勤奋、有效、深度学习。

五是关于课堂教学方式的变革与新课程改革的关系。 新课程改革倡导"自主、合作、探究"的教学方式,力求改变原来的注入式教学、填鸭式教学等不合理的教学模式,但在实际的教学过程中,部分教师认识偏激,处理欠妥。在课堂上培养学生的参与是正确的,但要区别是主动参与还是被动参与,是实质参与还是形式参与,是全员参与还是部分参与,是全程参与还是局部参与。有些课堂追求表面上的"热热闹闹",搞满堂问,"假问题"太多,影响了"真问题"的解决,而且提问时,几乎没有等待时间,学生的思维还没有展开就要求回答问题,学生穷于应付,又怎能发挥学生的主体作用?教师又怎能通过多问达到激思、激疑、激趣、激创的目的?合作学习、探究学习是建立在自主学习的基础上,学生自己还没来得及好好学习就要求他们讨论,仅仅停留在表面上,追求的是形式,由"讲风盛"变成"演风盛",耗费了宝贵的时间,教学实质的内容显得苍白,基础知识也夯得不实,基本技能培养不熟练,更不用说发展高阶思维能力和落实核心素养了,这不是真正的合作、探究。因此,在课堂上,要让学生都能开动脑筋,积极思考问题、钻研问题,要留给学生思考的时间,不断探讨合作、探究的有效方式。

六是关于对学生采取的教育方式与新课程改革的关系。 新课程的核心理念是"为了每一位学生的发展",强调教师要尊重、赞赏学生,对学生要赏识、激励、宽容,坚持正面教育,以表扬、鼓励为主,但是这并不意味着排斥、否定必要的批评和惩罚。在教学中,经常听到教师用"很好""你真棒""说得太好了""这真是天才的构想""大家给他鼓掌"等语言来对学生的发言进行评价,实际上,学生对很多问题的回答根本没有思维深度,甚至有些是不准确的,这时不恰当的赞美就会失去评价的实质和意义;对于犯了错误的学生,有些教师一味宽容,甚至连批评的言辞都没有,这样的做法不会起到真正的教育作用,有可能会助长更大错误的发生;少数优秀的学生是在表扬、称赞、夸奖声中长大的,经不起半点的挫折,稍微遇到点不舒心的事,就会做出一些出格的举动,甚至触犯了校纪校规。试想,如果一个学生只能表扬,不能批评,将来走上社会,怎能面对挫折,怎会有对失败的承受能力?因此,对学生的教育既要严格管理要求,又要注意教育方法。表扬、赞赏要注意艺术和形式,要恰如其分,不宜过多,不要走向两个极端,好花尤须细心浇,响鼓还要重锤敲。要充分运用好《中小学教育惩戒规则》和《未成年人学校保护规定》等法律法规,采取正确的教育方式,引导学生德智体美劳全面发展。

七是关于信息技术作用的发挥与新课程改革的关系。 新课程改革强调要大力推进信息技术在教学过程中的普遍应用,促进信息技术与学科课程的融合,逐步实现教学内容的呈现方式、学生的学习方式、教师的教学方式和师生互动方式的变革。但是在实际的教育教学中要充分认识到现代教育技术只是发挥它应有的工具作用,只是起辅助作用,不能过分夸大它的作用。时下许多新课程研讨课几乎无一例外都使用多媒体进行教学,教师几乎一个字也不板书,教师围绕电脑转,学生围绕电脑转,大有电脑取代人脑之势;部分教师热衷于多媒体课件制作的精美、热闹,把本应钻研教材、把握目标、研究学情、精心设计课案的时间耗费到制作课件上,导致课堂教学中出现课件演示挤占了学生学习时间,"机灌"代替了"人灌";反之,也有少数课件制作简单,仅仅是书本内容的翻版,而且呈现速度快,学生的思维活动跟不上,教师与学生之间的情感交流减少,教师对学生的潜移默化作用弱化,直接导致学生对一般知识的死记硬背。在实际的教学中,我们既要正确认识信息技术的作用,充分发挥信息技术的优势,为学生的学习和发展提供丰富多彩的教育环境和有力的学习工具,又要本着从实际出发、因地制宜的原则,挖掘和发挥传统的各种技术手段,如黑板、粉笔、挂图、模型等传统教学工具,录音机、幻灯机等传统的电化教学手段在教学中的积极作用,把现代教学技术和传统教学手段结合起来,积极促进各种技术手段之间的协同互补,从而促进教学技术体系整体协调发展。尤其是在新冠肺炎疫情的影响下,要充分运用现代信息技术发挥线上教学的作用,不断探讨多种方式进行教学,如翻转课堂、慕课、微课等,做到线上与线下有效衔接与融合。

八是关于校本教研的开展与新课程改革的关系。校本教研是以教师为主体,以解决发生在学校现场的教学问题为主的一种教研活动方式。它基于学校,在学校中,为了学校,自我反思、同伴互助、专业引领是它的三个基本因素。建立以校为本的教研制度,既是新课程实践的需要,又是新课程顺利开展的制度保障。在实际的教育教学中,由于存在着领导和教师的积极性不高、观念滞后,教师在能力和时间方面的限制,专业引领的缺乏,教学管理制度的不健全,激励机制和保障机制乏力等因素的影响,致使校本教研被神秘化,似乎高不可攀,参与校本教研的教师面不广,少数研究也流于形式,没有发挥校本教研的真正作用。为此,首先要通过多种方式使领导和教师逐步认识到校本教研的重要性和必要性。按照"问题——设计——行动——反思"的程序,去确定研究内容,设计研究步骤,实施研究方案,总结研究成果,改进教育教学方法,提高教育教学质量。其次,要坚持研究与管理并重。通过以校为本的教研制度的建设,逐步形成教学、教研、科研、培训为一体化的校本教研机制,建立理论学习制度、平等对话制度、课题研究制度,充分发挥教师在校本教研中的主体作用;同时,将教师的理论学习与经验传授、专题研讨、实践课研究等结合起来,将校本教研与集体备课、教学观摩、说课、教学反思、案例分析、教育沙龙等结合起来,在实践与探索中找到解决学校中存在问题的途径。最后,要完善导向机制、奖励机制和保障机制。学校将充分发挥教师个人、教师群体和专业人员在校本教研中的作用。建立激励和评价制度,消除教师的后顾之忧,奖励大胆探索和取得成绩的教师,使教师乐于教研。建立保障制度,使各项措施真正得以落实,并将校本教研与教师的考核、奖励、职评等挂钩,充分调动教师的积极性。当然,对于校本教研我们既要重视它的作用,但也不能让其取代其他的研究方法,它只能作为其他研究方法的一种补充,不能过分夸大它的作用,要与其他方法结合使用。

二、重视教学全过程管理

教学质量的提高是以有序管理为基础的,常规管理是有序管理的根本。常规管理首先体现在严格依法治教和依法执教上,体现在严格按照国家课程计划、课程标准、教材的要求管理好教学。学校所有的教学必须服从于课程计划、课程标准和教材内容,学校必须认真执行国家颁布的课程计划和教学计划,开齐开足课程,严格按照课表上课,不得随意增减课时、改变难度、调整进度,不得提前结课复习、不得利用课外活动时间讲授新课;加强对教学用书和复习资料的管理,做到一教一辅;加强作业管理,严格控制作业量,布置作业不超前、不超课程标准要求,严禁给家长布置或变相布置作业,不得要求学生自批自改作业;加强手机管理、体质管理、睡眠管理,确保学生身心健康;加强读物管理,使学生学有方向,开阔视野;加强学籍管理,确保不遗漏和忽略任何一个学生;严格考试管理规定,不得违规组织考试,不得超过规定的考试次数,不得按考试结果给学生调整分班、排座位、"贴标签"。学校管理者要按照相关法律法规和部门规章的要求,加强对教师的管理,加强师德师风建设,提高教师队伍的素质,提高课堂教学质量,尤其是充分保障学生的休息以及课外的身心发展所需要的时间,对学生到校及离校时间应加以规定,切实减轻学生过重课业负担,对违反规定的行为应予以处理。

一些学校常规管理主观随意性大,制度不完善,有些规定甚至违反教育规律和国家的教育政策和法规。常规管理必须要科学规范,教学质量是经过一系列教学秩序创造出来的,不是考出来的、逼出来的,也不是靠体罚或变相体罚学生得来的。只有对课堂教学进行规范和制约,才能保证教学改革的方向性和有效性。只有用先进的教学思想指导教学,优化教学过程,建立规范化的教学模式,使教学工作高效运转,才能实现学校的教育目标,满足学生发展的需要。在教学管理中,规章制度的建立固然重要,但要使规章得以贯彻,质量得到提高,必须加强教学全过程的管理。这不仅包括教师的教学计划、备课、上课、辅导、批改作业、考核管理,还包括学生的学习计划、预习、听课、复习、作业、考试、小结管理,也包括完善教学设备,改善教学环境,开展教学质量检查;不仅包括毕业班的管理,还要包括起始年级的管理;不仅包括智育管理,还要包括德育、体育、美育、劳动教育管理;不仅包括学生课堂的管理,还包括学生参加课外活动或课后服务的管理;不仅包括教师的管理,还要包括为教育教学提供服务和保障的部门和职工管理等。在教学管理上,不能只注重结果管理,忽视过程管理,不能只在考试成绩排队上下功夫,而应该让管理工作深入到教师具体的教学环节之中,深入到学生具体学的过程之中,注重精细化管理,乃至精致化管理,充分发挥管理的效益。

有的学校在教学管理上只在个别环节上下功夫,如只重视课前备课,课后质量分析,而把最重要、最关键的环节——课堂教学过程管理忽略了。备课只是手段,不是目的,有的学校把手段当目的来抓,硬性规定教案必须写多少页,并且统一内容、统一格式,甚至以教案篇幅的多少定等级、评优劣,至于备课内容是否有新意,是否在教学研究上下功夫,是否落实学生核心素养,是否体现素质教育的要求却无人过问,由此造成教师把大量的时间用在写教案上,而常常忽略研究教法、研究课堂教学、研究此做法带来的负面效应。有的教师为了应付检查,甚至让学生代抄往年的教案,或把以前教案的日期改变,多数教案机械重复、照搬从前。这种管理方式在教师中引起极大的反感,备课要求不应该一刀切,要切合实际,具有针对性和实效性。对新参加工作的教师,要求备课重在规范,对中年教师则要求备课有新意,在教学改革上下功夫,对有经验的教师则重在总结经验,帮助形成教学理论。另外,抓备课要以教案为突破口,在改革教法上下功夫,体现以学生为主体,以学生发展为本,帮助学生建立新的学习方式,让新思想、新理念加快进入课堂。教案只是教学前的计划、蓝图,抓教案抓的是蓝图,而不是工程。教案的价值并不仅仅在于它是课堂教学的准备。教案作为教师教学思想轨迹的记录,也是教师认识自己、总结教学经验的重要资料。如果能够记录下教师在课堂教学中对原计划的变更,遇到突发事件的处理情况,自己通过施教所获得的体会和感悟,则可以帮助教师总结积累经验,形成教育理论。

教学不只是指教师的教,还包括学生的学。教师所有的努力都是为了学生的进步,教学的效能主要体现在学生的发展上,而不是体现在教师是否完成教学任务上。教学管理不仅要搞好教师教的管理,还要加强学生学的管理,强化学生学习计划、预习、听课、复习、作业、考试、小结的管理。特别要在教会学生学习上加大管理力度,关注学生的学习方法、学习习惯、学习效果,关注学生的作业负担。尊重学生对教学的意见,鼓励教师研究学生个性特点,因材施教,鼓励学生勤学好问,不唯书,不唯师,敢于问难质疑,提倡合作学习。还要注重学生非智力因素的培养,培养学生浓厚的学习兴趣,培养学生良好的学习习惯,强化学生学习动机,树立学生必胜的自信心,锻造学生坚强的意志,为学生全面发展注入动力。

目前,学校管理者对教师的管理主要是靠行政手段,是自上而下的管理,忽视了自下而上的管理,即学生对教师的评价,也忽视教师自身、家长对教师的评价。管理者往往以考试的分数来评价教师,这种只重视结果评价而忽视过程评价的做法,导致责任心差的教师不择手段,追求高分数,对学生发展带来严重的负面效应。为此,要在评价教师方面,打破唯"学生学业成绩"论教师工作业绩的传统做法,应从教师的职业道德、对学生的了解和尊重、教学实施与设计及交流与反思等方面去评价教师。管理者应当强调过程管理和过程评价,过程评价可以借助学生评价来实现,评价指标设计要结合学生的真实体验,便于学生问答,比如教师讲课是否具有针对性,教师备课是否充分,教师对学生的态度怎样,教师讲课是否做到应教尽教,教师讲课是否有趣,教师上课是否使用现代教学技术手段等。评价时,几门学科的评价表要同时发给学生,让学生在比较中评价。开学初,要将评价内容告诉教师,目的是让教师学会自我管理,还应该充分发挥校长、教师、家长等方面对教师进行评价的作用。校长、教师、家长、学生评价教师后,不能给教师排队,反馈给教师的是全校的平均分和自己的分数,让教师了解自己所处的位置,管理者应更多地与教师交流、沟通。要建立促进教师不断提高的评价体系,以教师自评为主,校长、教师、学生、家长共同参与,使教师从多渠道获得信息,促使教师对自己教学行为的分析与反思,不断提高教学水平。

三、发挥教师教学的创造性

管理的真谛在于发挥人的价值,发掘人的潜能,发展人的个性,尤其是知识经济、网络经济呼唤创新精神的时代,教学管理更应当最大限度地发挥人的积极性、主动性、创造性。当前,中小学教学管理尽管规范、有序,但过于沉闷、缺乏活力,缺乏创新。对教师的管理太机械、太死板,且不注重实效,教师职业倦怠感明显。一些抓教学的领导认为,教学管理的最佳境界就是整齐划一,集体备课与教研,强求教学要求、进度、质量、评价整齐划一。忽视教学的个性与创造性,怎样备课、怎样上课、教师怎么教、学生怎么学,都有统一的要求,都有固定的模式,而且认为这就是科学管理,亦步亦趋者受表扬,发出不和谐声音者挨批评。

实际上,教学是一项十分复杂的工作,不同教师有不同的个性,不同的教师有不同的教学方法,不同的学生有不同的学习方法,只有根据学生的具体情况,发挥教师的创造性,才能收到良好的教学效果。当然对于新入职的教师,由于他们缺乏教学经验,对教学流程不了解,对教学规范不清楚,可以对他们提出一定的教学规范和教学要求,无可厚非。但对所有教师都采取这种统一要求,像工厂的流水线一样,环环紧扣,这明显是不合适的。我们不否认有共同目标,但若机械地强调绝对统一,无疑会抹杀教师的个性,压抑教师的创造性。教师没有个性,学生没有特色,素质教育提倡的培养学生的创造力、使课堂充满生命活力,根本就无从谈起。培养具有个性的、有创造性的教师,是现代教育必须重视的一个问题。

要培养学生具有国际视野,教师就要有更高的视野;要培养学生具有科学精神,教师就要有理性思维,还要敢于批判质疑、勇于探究,具有问题意识、好奇心和想象力,能不畏困难,有坚持不懈的探索精神,能大胆尝试,积极寻求有效的问题解决方法等。

要培养学生的创新精神和实践能力,教师首先要有创新精神和实践能力。教学管理的目的在于建立一种鼓励创新和实践的教育机制,教师不仅是"传道、授业、解惑"的教学人员,还应该是"求实、求真、求新"的教学研究人员,学校应该建立鼓励教师教有创新、学生学有创见的教学制度,创造充满创新精神的教学氛围,营造自由的学术气氛和宽松的教学环境,鼓励教师发挥自身优势,追求教学艺术的个性化,创造出不同的教学风格。

当前,频繁的检查评比仍然是一些地方教学管理的基本方式,加重了学校和教师的负担,尤其是烦琐的量化打分在某种程度上困住了教师的手脚,束缚了教师教改积极性的发挥。教学管理不能单纯地检查布置工作,量化管理过细、过滥,把教师工作中一些不宜量化的硬要量化打分,甚至用许多硬性规定卡教师,一些管理人员唯分数、唯升学、唯学科、唯书本、唯经验、唯权威,缺乏深入实际、深入教师、深入学生、深入课堂的热情,过多地使用评价的鉴定功能而忽视评价的诊断作用,对教师缺乏具体的帮助和指导,特别是教学指导工作亟待改进,教学管理者、教研人员更新观念至关重要。

减轻学生的负担,首先要从减轻教师的负担开始,教学管理要给教师"松绑",为教师创造一个宽松的教学和教研环境。教师是有强烈自尊心和进取心的知识分子,面对这样一个特殊的群体,对于管理者的水平、学识、人格、管理艺术有更高的要求。管理者要根据教师的工作特点和教育的实际情况,坚持柔性和刚性管理相结合,更多是动之以情,晓之以理,靠智慧和艺术进行管理。要充分发挥目标激励、物质激励、制度激励、情感激励、榜样激励、信息激励、培训激励的作用,来激发教师教学的动机,提高教师教学的创造性。尤其是对教师的管理不仅要有严格的规章制度,还应体现在对教师个性的理解和尊重,为教师提供实现自我价值的机会,满足教师的成就感。只有充分信任和尊重他们,创设民主、和谐、宽松的教学氛围,为教师提供一个创造性发挥教育智慧的空间,才能最终实现教学管理的目标,才能使教学工作生机勃勃。

四、减轻教师的额外负担

教师的主要任务是教书育人,随着社会对教育的高期待,学校教育越来越受到关注,对教师工作的要求越来越高,培养德智体美劳全面发展的社会主义建设者和接班人任务越来越艰巨。实际上,教师本身的教育教学工作任务已经够重了,但由于一些历史的和体制机制方面的原因,当前教师特别是中小学教师还要承担一些非教学任务,导致教师的负担很重。主要表现在各种督查检查评比考核等事项名目多、频率高;各类调研、统计、信息采集等活动交叉重复,有的布置随意;一些地方和部门在落实安全稳定、扫黑除恶、创优评先等工作时,经常向学校和教师摊派任务。这极大地干扰了学校正常的教育教学秩序,给教师增加了额外负担。为此,要切实减少对中小学校和教师不必要的干扰,把宁静还给学校,把时间还给教师。《关于减轻中小学教师负担进一步营造教育教学良好环境的若干意见》对减轻教师负担作出了明确规定。教育行政部门和学校在日常教育教学管理中,要切实减轻教师的额外负担。

规范督查检查评比考核事项。一要依法依规开展督查检查评比考核。除教育行政部门外,其他部门不得自行设置以中小学教师为对象的督查检查评比考核事项,确需开展的要与教育行政部门商议,按程序报批后实施,否则学校可以不接受督查检查。涉及中小学校和教师的督查检查评比考核事项,由同级教育行政部门统筹协调开展,同类事项可合并进行,涉及多部门的联合组团开展,严格按要求按程序进行,不能层层加码、扩大范围、增加环节、延长时间,坚决避免对学校和教师随意提出要求。如对于新冠肺炎疫情的数据上报问题,不能教育行政部门需要统计,学校要上报,卫生健康部门需要统计,学校也要上报,而且表格不一、内容不一、数据不一。二要清理精简现有督查检查评比考核事项。要对各类校园创建活动严格审核把关,能合并的尽量合并,能取消的坚决取消。对于一些不重要、不必要的检查评比事项,如办学水平评估、教学常规检查评比、各种所谓的星级创建评比等都可以简化,甚至取消。三要改进督查检查评比考核方式方法。加强常态化了解,坚决纠正机械式做法,尽量简化程序,减少不必要的环节和表格数据材料检查,注重实际考察,避免一味准备材料的材料式检查。注重工作实绩,不得简单以留痕作为评判工作成效的标准,不得以微信工作群、政务APP(应用程序)上传工作场景截图或录制视频等方式来代替实际工作评价,不能工作刚安排就开展督查检查评比考核,坚决克服重留痕轻实绩的形式主义做法,避免干扰正常教育教学活动。学校内部也要精简检查评比考核,尤其是利用考试来给教师施加压力,能不需要教师提供文字材料的就不要求教师提供,能不需要教师参与的活动就不要教师参与。

规范社会事务进校园。规范部署扶贫任务,引导广大教师关心支持教育扶贫工作,充分运用校园和课堂教育帮助贫困地区学生坚定脱贫信念、认真学习、掌握本领、健康成长,通过扶智方式为阻断贫困代际传递多作贡献。可通过教育行政部门之间结对共建,学校之间结成手拉手学校,教研部门开展教研合作,发挥远程教育的作用等带动和辐射落后地区发展。合理安排专项任务,统一部署的维护稳定、扫黑除恶、防灾减灾、消防安全等重要专项工作,确需中小学教师参与的,由教育行政部门严格按要求依程序统筹安排,一般不得影响正常教育教学,不得安排中小学教师到与教育教学无关的场所开展相关工作。合理安排城市创优评先任务,涉及中小学校的,由教育行政部门严格按要求依程序统筹安排,原则上不得安排教师上街执勤或做其他与教师职责无关的工作,不得影响正常教育教学。合理安排街道社区事务,街道社区要通过积极发展社区教育助力区域内中小学校的教育教学工作,在不影响正常教育教学情况下,积极吸引中小学校参与社区建设相关活动。科学安排有关教育宣传活动,面向中小学生开展的教育宣传活动,要根据中小学生德智体美劳全面发展的需要,由教育行政部门整体规划、分类指导、统筹安排进入校园。如中小学课程已有类似内容,可根据实际需要合理融入教学安排,不得重复安排。未经教育行政部门同意,有关部门不得擅自进校园指导教师开展相关工作。坚决杜绝强制摊派无关事务,不得把一些地方政府部门和企业等与教育教学无关的活动和工作(如庆典、招商、拆迁等)强制摊派给中小学校,并向教师下达指令性任务,不得随意让学校停课出人出场地举办有关活动。学校也不要承接与学校自身发展无关的考试、考评、竞赛、人员招考、进校园活动、接待来访等,切实减轻教师负担。

规范精简相关报表填写工作。规范精简各类报表填写,精简填写内容和次数,不得一味要求学校和教师填表格、报材料,杜绝重复上报各种数据及多头填写表格现象。严格规范教育统计和调研工作,除国家统计局外,其他部门开展涉及中小学校和教师的教育统计工作须向同级政府统计机构报请审批备案。针对中小学教师开展的调研活动,须经教育行政部门同意并部署,坚决避免不同部门多头和重复调研。提升数据采集信息化水平,要加强信息管理系统建设,建立健全各类教育信息数据库,进一步规范基本信息管理和使用,努力做到一次采集多次使用,充分利用现代信息技术特别是人工智能技术,提升教育管理工作的信息化、科学化水平,切实做到让信息多跑路、让教师少跑腿。学校内部对教师的管理、考核,能不用文字稿的就不用,能不要教师填的表格就不要教师填写,提倡无纸化办公,简约化工作。

规范抽调借用中小学教师事宜。从严规范借用中小学教师行为,教育行政部门统筹中小学教师安排使用工作,严格限制和规范有关部门对中小学教师的抽调借用。切实避免安排中小学教师参加无关培训活动,针对教师的专业培训,要结合教师工作和生活实际,优化内容、改进形式、合理开展,避免硬性安排,坚决杜绝走形式、走过场。注重采取多种方式做好对教师的教研指导,通过多个维度观测教师教学水平,科学开展考核评估。对于非教育教学方面的培训,教育行政部门要严格把关,除人力资源社会保障部门依法依规开展的培训外,能取消的取消,能合并的合并,不得拉教师拼凑充数,把无关培训摊派给教师。

规范教育教学管理。教书育人是教师的天职,教师要切实做好本职工作。教师要备好课,上好课,评好课,命好题,育好人。学校要严格控制班级学生数量,严格规范教育教学行为,制定教学常规管理细则,精简考试内容和考试次数,有效实施作业管理,加强教育科学研究,优化教师教学方法,改进学生学习方式,提高课堂效率,全面提升教育教学质量。要适度减少学校内部的检查和督导的次数,相信教师,依靠教师搞好教学工作。要充分利用《中小学生守则》《中学生日常行为规范》《小学生日常行为规范》《中小学教育惩戒规则》《未成年人学校保护规定》《中小学班主任工作规定》等,确定教育管理准则和要求,科学教育管理好学生,指导和支持教师大胆管理学生,解决在管理中出现的突发问题和棘手问题。要规范作业、手机、读物、睡眠、体质管理,以小切口去解决大问题,破解管理难题,减轻教师管理压力。规范课后服务管理,可引入第三方教育机构协助学校开设个性化服务课程,不能完全依靠教师从事课后服务工作,有效减轻教师过重负担。

规范教学评价和考核。对教师的教学评价要根据教育教学规律和教师教学工作特点进行,不能单纯通过行政命令来要求教师,不能片面以分数和升学率来评价教师教学的优劣,要去除凭分数和升学率论英雄的观念,缓解教师因学生升学带来的压力。学校不能通过增加考试次数、实行周考、月考来加重教师的负担,要采用科学的方法,提高课堂教学质量和学生的学习效率,减轻教师平时的工作量和工作强度。要通过多种激励方式,缓解教师教学思想压力,激励教师乐于教学、乐于育人。教师的工作既教书,传授知识,授予技能,又育人,培养时代新人,落实立德树人根本任务。对教师的评价不能只注重结果,更要关注过程,注重自我评价与他人评价相结合,遵循教育规律,坚守教育本真,要通过科学的评价来减轻教师压力。要坚持把师德师风作为第一标准,坚决克服重科研轻教学、重教书轻育人等现象,强化教师思想政治素质考察,推动师德师风建设常态化、长效化,通过加强师德师风建设来激发正能量。突出教育教学实绩评价,把认真履行教育教学职责作为评价教师的基本要求,引导教师上好每一节课,关爱每一个学生,在科学施教中提高质量、减轻压力。

五、加强思政课教师培训

思政课的育人功能在一段时间被弱化了,思政课教师的作用也没有得到充分发挥和重视。2019年3月18日,习近平总书记在学校思想政治理论课教师座谈会上指出,思想政治理论课是落实立德树人根本任务的关键课程,办好思想政治理论课关键在教师。2019年8月14日,中共中央办公厅和国务院办公厅印发《关于深化新时代学校思想政治理论课改革创新的若干意见》,2019年10月12日教育部等五部门印发了《关于加强新时代中小学思想政治理论课教师队伍建设的意见》。以习近平总书记的讲话为契机,各级教育工作领导小组对新时代思想政治理论课(以下简称思政课)及教师队伍建设开始重视起来。目前,部分中小学思政课教师的思想政治素质、专业素养和教育教学能力不能很好适应培养时代新人的要求,不适应落实立德树人根本任务的要求,这就需要在教学管理中通过加大培训力度来提高思政课教师综合素质,充分发挥思政课堂的育人功能。

(一)明确培训方向

以习近平新时代中国特色社会主义思想为指导,全面贯彻党的教育方针,坚持马克思主义指导地位,坚持社会主义办学方向,落实立德树人的根本任务,全面加强中小学思政课教师队伍建设,不断提高中小学思政课教师思想政治素质、师德修养、理论功底和专业素养,切实增强教师的职业认同感、荣誉感、责任感,充分发挥教师的积极性、主动性、创造性,为培养德智体美劳全面发展的社会主义建设者和接班人提供坚强保障。按照习近平总书记在思政课教师座谈会上提出的思政课教师"政治要强,情怀要深,思维要新,视野要广,自律要严,人格要正"要求,培养思政课教师以德立身、以德立学、以德施教,坚持教书和育人相统一,坚持言传和身教相统一,坚持潜心问道和关注社会相统一,坚持学术自由和学术规范相统一,用高尚的人格感染学生、赢得学生,用真理的力量感召学生,以深厚的理论功底赢得学生,要给学生心灵埋下真善美的种子,引导学生扣好人生第一粒扣子。

(二)研究培训内容

思想政治素质培训。 以解决"培养什么人、怎样培养人、为谁培养人"这个根本问题为重点,全面提升思政课教师素质能力,是应对新时代思想政治工作挑战的法宝。这就需要提高中小学思政课教师队伍思想政治素质,着力加强其马克思主义理论、师德师风、形势与政策的学习教育,特别是加强习近平新时代中国特色社会主义思想的学习和研究,坚定正确政治方向,坚定理想信念。让有信仰的人讲信仰,育人者要先受教育,传道者要先明道,才能给学生指点迷津、引领航向,才能让学生信其师、信其道。要引导思政课教师善于从政治上看问题,在大是大非面前保持政治清醒,担当起学生健康成长指导者和引路人的责任。要培养思政课教师有着高远的理想追求和深沉的家国情怀,心里装着国家和民族,把目光投向时代和社会,不断从实践和人民中汲取养分、丰富思想,为学生树立有信仰、有理想、有担当、有情怀的榜样。还要培养思政课教师有专业自豪感,承载着"立德树人"的使命,担当着民族复兴的大任。比如开展红色大讲堂,聘请专家给全体思政课教师授课,进行红色理想教育,传承红色基因,让听课者谈体会谈感悟,谈思政课怎样加强爱国主义教育、革命传统文化教育、社会主义先进文化教育等。

专业知识培训。 新时代新要求,思政课教师要更新知识储备,除了有丰富的通识知识、学科知识外,还要有与培养德智体美劳全面发展的社会主义事业建设者和接班人要求相适应的新知识。目前亟需培训的知识主要有如下几方面。

政治理论知识。党的基本路线、基本方针、基本方略,特别是习近平新时代中国特色社会主义思想。与增强"四个意识"、坚定"四个自信"、做到"两个维护"相关的政治理论知识。

中华优秀传统文化、革命文化、中国历史、社会主义核心价值观知识。思政课教师需要系统学习这些知识,将原本分散存在的个人经验和生活体验,上升为理论知识,成为自身知识结构的一部分,成为传道授业解惑的储备。

法律法规知识。尽管"政教"类的师范生获得是"法学学士"学位,但在大学所学的法律知识还是非常有限的。现行中小学教材涉及法理学、宪法、民法、刑法、未成年人保护法、预防未成年人犯罪法等内容。再加上有相当一部分教师是中途改行教思政课的,绝大多数思政课教师缺乏相关的法律法规知识,需要通过培训学习,提高必备的法律知识。

心理学、经济学知识等。心理健康教育是国家课程标准规定的内容之一,思政课教师所具有的知识不能满足教学要求。现行中小学教材涉及很多经济学理论和概念,如人口红利、供给侧改革、经济发展新常态、高质量发展、碳达峰碳中和等。

专业能力培训。加强中小学思政课统编教材教法培训,引导教师准确把握小学、初中、高中不同学段思政课课程目标,提升教育教学能力。健全中小学思政课老中青教师传帮带机制,充分发挥优秀教师的示范引领作用,做好青年教师培养工作。通过国培计划加强中小学思政课教师培训,培养思政课"种子"教师。加强思政课课堂教学技能培训,引导教师备好课、上好课、评好课、命好题、育好人,关注全体学生和学生的全面发展,创新课堂教学,提高课堂教学质量。加强师德师风教育培训,增强教师教书育人的责任感和能力水平,塑造思政课教师的高尚人格。

(三)强化培训途径

积极创新培训模式。根据新时代对思政课教学的要求,适应教学方式和学习方式的变化,采取集中培训、置换脱产研修、远程培训、送教送培、校本研修、组织名师讲学团、专家讲座和海外研修等多种有效途径进行教师培训。适应现代信息技术迅猛发展的新形势,充分发挥现代远程教育手段在教师培训中的作用,将集中培训与远程培训相结合,采取混合学习模式,开展大规模的教师培训。加强校本研修的指导和管理,促进校本研修与教研活动相结合,远程教育与校本研修相结合,理论学习与教学实践相结合,提高校本研修的质量和水平。中小学校和高师院校合作共建,发挥各自优势,促进教师专业发展。充分利用国家、省、市网络云平台,选取优秀课例,开展观摩活动。将区域内带有普遍性的教育教学问题进行梳理,引导思政课教师进行课题研究,提高研究意识,加快专业发展。

不断优化培训内容。 加强思政课教师培训需求调研。根据立德树人根本任务的要求,结合以上所述的培训内容,针对不同类别、层次、岗位教师的需求,以问题为中心,案例为载体,科学设计培训课程,丰富和优化培训内容,不断提高教师培训的针对性和实效性。如对新入职教师的培训,重点要加强师德师风教育培训、学科专业基本技能培训;对于在专业上已经有所建树的教师,重点要加强师德师风教育,提高教师的工作积极性、主动性、创造性,以防止产生职业倦怠;对于在专业上待提高的教师,重点加强专业技能培训,补短板,强弱项,克服瓶颈期,加快专业发展。又如,在新时代,对所有思政课教师重点要加强对习近平新时代中国特色社会主义思想的培训学习,切实增强"四个意识",坚定"四个自信",做到"两个维护",并将所学理论知识运用到课堂教学及管理之中。再如,要加强师德建设就要重视教师职业理想和职业道德教育,将师德教育作为教师培训的重要内容。要学习贯彻《中小学教师职业道德规范》,创新师德教育的方式方法,增强师德教育的实效性。开展丰富多彩的师德教育活动,广泛宣传模范教师先进事迹,弘扬人民教师高尚师德。将师德表现作为教师考核的重要内容,并与教师资格定期登记紧密挂钩,形成师德教育和师德建设的长效机制。

努力改进培训方式方法。 现在教师的培训可以说是比较多的,如暑假的通识培训、寒假和暑假的校本培训、日常的学科教学活动培训、学校和上级部门安排的外出学习培训,教师很累,感觉是走过场、耗时间。有的培训就是以签到代替培训,培训教师在台上上课,被培训的教师在台下玩手机,或睡觉,或做与培训无关的事情,培训效果不佳。要改进教师培训的教学组织方式,倡导小班教学,采取案例式、探究式、参与式、情景式、讨论式等多种方式开展培训。还可以鼓励教师自主选学,在培训课程内容、培训时间、培训途径、培训机构等方面,为教师提供个性化、多样化的选择机会,增强培训的吸引力和感染力、针对性和实效性。

建立多维度的培训机制。 基地学习与自我研修、集中培训和自主学习、校内校外、线上线下紧密结合,尝试开展参观、访学等社会实践,传承红色基因,理论联系实际。特别是加强中小学思政课教师实践教育。建立健全实践教育和校外实践锻炼制度,引导中小学思政课教师深刻把握世情、党情、国情、教情,厚植家国情怀、传道情怀和仁爱情怀。定期组织中小学思政课骨干教师出国研修,在比较分析中坚定中国特色社会主义道路自信、理论自信、制度自信、文化自信。建立教育主管部门领导和学校领导联系中小学思政课教师制度,定期开展谈心活动,关心教师思想动态和工作生活情况。

充分发挥教研员的指导引领作用。 健全中小学思政课教研员示范授课、巡回评课等制度,引领中小学思政课教师整体提升教学水平。支持中小学思政课教研员与思政课教师建立教研共同体,开展高质量教学研究和专项课题研究活动。建立专职教研员定期到中小学任教制度,教研员在岗工作满5年后,原则上要到中小学校从事1学年以上教育教学工作。要求教研员每学期到学校讲授示范课、公开课,组织研究课,开展听评课和说课活动等。开展教研员进校驻点包科跟班制度,将教研工作重心下移。围绕教研工作主要任务,积极开展工作。如服务学校教育教学,引领课程教学改革,提高教育教学质量;服务教师专业成长,指导教师改进教学方式,提高教书育人能力;服务学生全面发展,深入研究学生学习和成长规律,提高学生综合素质;服务教育管理决策,加强基础教育理论、政策和实践研究,提高教育决策的科学化水平。充分发挥教研员在推进区域课程教学改革、教学诊断与改进、课程教学资源建设、培育推广优秀教学成果等方面的重要作用。

建立准入轮训学分管理制度。 加强对学校党政领导、团队辅导员和班主任等德育工作者的培训,发展他们成为兼职教师,在此基础上加强培训和培养,使其承担专职教师的职责,强化立德树人功能。加强党建引领,优先发展中小学思政课骨干教师入党,培养和选拔优秀党员教师担任思政课教师,不断提升中小学思政课教师党员比例。建立思政课专职教师轮训制度,着力加强对马克思主义理论、师德师风、形势与政策的学习教育,使其具备新时代开展思政课教学的素质能力,能站住讲台,承担起立德树人的根本任务。建立教师培训管理档案,逐步实现教师培训管理信息化、制度化。建立严格的教师培训学分管理制度,探索建立教师非学历培训与学历教育课程衔接、学分互认的机制。

强化培训质量监管。 教师培训工作很重要,培训质量的好坏直接决定着教师素质的提升程度,也决定着立德树人根本任务和学科教学质量提高的落实程度。建立教师培训质量评估机制,完善教师培训质量评估体系,加强项目过程评价和绩效评估。将教师培训工作纳入教育督导工作的重要内容之一,对教师培训工作进行督导检查。

六、减轻学生过重课业负担

中小学生课业负担过重是个不争的事实,国家也颁布了许多文件来解决这个问题,但时至今日,学生过重课业负担依然没有从根本上得以改变。学生过重课业负担主要体现在:教师布置的作业多,学生完不成任务或低质量应付;学生在校时间长,没有充足的体育锻炼时间或娱乐休闲时间;考试次数多,身体透支和精神压力大;睡眠时间短,导致恶性循环,学习效率低,影响学生身心健康;自己支配的时间少,忙于应付作业和考试;校外培训负担重,既要完成学校作业,还要完成培训作业。学生课业负担重究其原因是多方面的,有来自学校、教师、家长、学生自己、同伴竞争,还有社会的原因,包括校外培训机构推波助澜,不正确的用人导向和评价观,媒体宣传的误导等。

中共中央办公厅 国务院办公厅印发《关于进一步减轻义务教育阶段学生作业负担和校外培训负担的意见》(简称"双减",即减轻学生作业负担和校外培训负担)、教育部等九部门印发的《中小学生减负措施》(减负三十条)需认真研究和落实。下面结合国家颁布的有关政策和学校教育教学管理实际就减轻学生过重课业负担进行分析,并提出建议。

学校方面。要规范学校办学行为,坚持正确办学方向,全面贯彻党的教育方针,落实立德树人根本任务,以凝聚人心、完善人格、开发人力、培育人才、造福人民为工作目标,坚持德智体美劳全面培养,发展素质教育,促进学生健康成长。严格依照课程标准进行教学,严格执行国家课程方案和课程标准,开足开齐规定课程,努力提高教学质量,促进学生全面发展。不得随意提高教学难度和加快教学进度,杜绝"非零起点"教学。均衡编班配置师资,义务教育阶段学校严禁以任何名义设立重点班、快慢班、实验班,规范实施学生随机均衡编班,合理均衡配备师资。严控书面作业总量,小学一二年级不布置书面家庭作业,三至六年级家庭作业不超过60分钟,初中家庭作业不超过90分钟,高中也要合理安排作业时间。严格控制考试次数。小学一二年级不进行纸笔考试,义务教育其他年级由学校每学期组织一次期末考试,初中年级从不同学科的实际出发,可适当安排一次期中考试。学校和班级不得组织周考、月考、单元考试等其他各类考试,也不得以测试、测验、限时练习、学情调研等各种名义变相组织考试。初中毕业年级为适应毕业和升学需要,可在下学期正常完成课程教学任务后,在总复习阶段组织1—2次模拟考试,坚决禁止抢赶教学进度、提前结课备考。采取等级评价方式,严格依据课程标准和教学基本要求确定考试内容,命题要符合素质教育导向,不出偏怪考题。考试成绩实行等级评价,严禁以任何形式、方式公布学生考试成绩及排名。限制竞赛评优活动,不得组织学生参加社会上未经教育行政部门审批的评优、推优及竞赛活动。合理使用电子产品,规范学生使用电子产品,养成信息化环境下良好的学习和用眼卫生习惯,全面提升信息素养。严禁学生将手机带入课堂,但学校应设置电话服务平台,方便学生与家人联系。建立弹性离校制度,提供丰富多彩的课外活动内容,合理确定学生离校时间,安排学生参与各种兴趣小组或音体美劳活动,对学有困难的学生加强帮扶,对学有余力的学生给予指导。严禁将课外活动变为集体教学或集体补课。培养良好学习习惯,引导学生端正学习态度,课前主动预习,上课专心听讲,积极发言、不懂就问,课后主动复习巩固,学习时精力集中、提高效率,不做"刷题机器",鼓励同学间互帮互助、共同成长。指导学生实践锻炼,组织学生参加文体活动,培养运动兴趣,确保每天校内、校外各锻炼1小时,条件允许的情况下尽量安排在户外。教育学生坐立行读写姿势正确,认真做好广播操和眼保健操。加强学生体质健康监测工作,学生体质达标率不得低于体质健康监测标准,针对发现的问题要及时整改。加强劳动生活技能教育,指导学生参与社会实践,乐于科学探索,热心志愿公益服务。

教师方面。一要切实转变教育观念。严格贯彻党的教育方针,落实立德树人根本任务,树立以学生为本的教育理念,尊重关心爱护赏识学生,正确引导学生树立正确的学习观。不给学生施加学习压力,尤其是考试的压力,不渲染不正确的人才观和质量观。坚决不能向学生灌输学习不好就会考不上好学校,考不上好学校就会找不到好工作,找不到好工作就会影响以后的未来生活等功利化的思想。要教育引导学生树立积极乐观的思想,树立三百六十行行行都能为自己的人生添彩、都能为国家和社会作贡献的思想,缓解学生的学习压力。

二要安排好每个教学环节。上好每节课,教好每个学生。要认真备课,分析学生实际,在备课环节就缩小学生听课的差距。要认真上课,尽可能让更多的学生在课上能听懂、会用;不仅学会了,更要会学;交给学生学习方法,切实提高课堂教学质量。要科学设计作业、科学合理布置作业,设计的作业要符合学生的实际和学科课程标准的要求,不超标、不超前;实施分类作业,不布置过多的作业,不得布置重复性和惩罚性作业,不得给家长布置作业。要指导学生完成好基础性作业,强化实践性作业,探索布置弹性作业和跨学科作业。要认真批改作业,凡是布置的作业要全批全改,不得让学生自己批改作业或让家长代为评改作业,对于学生作业中出现的问题,要及时予以纠正和辅导,尤其是学习有困难的学生,教师要进行面批和指导帮扶。要减少考试和单元测试的次数,能不进行的小测验就不要再进行,确需要进行的平时单元练习,要保证命题质量,不要出偏题、怪题、难题。

三要优化教学方法。坚持教学相长,注重启发式、互动式、探究式教学,教师课前要指导学生做好预习,课上要讲清重点难点、知识体系,引导学生主动思考、积极提问、自主探究。融合运用传统与现代技术手段,重视情境教学;探索基于学科的课程综合化教学,开展研究型、项目化、合作式学习。精准分析学情,重视差异化教学和个别化指导。

四要充分挖掘学生的非智力因素。首先要注重激发学生学习兴趣。爱因斯坦说,兴趣和爱好是最好的教师。只有亲其师才能信其道。学生对学习感兴趣,学习就不是负担,而是乐趣。其次要培养学生良好的学习习惯。良好的学习习惯是学习活动顺利进行的保证,好习惯可以帮助学生受用一生。再次要强化学生的学习动机,有了强的学习动机,学生的学习就变成动力和自觉行动,学习的过程也会变成享受,负担也会减少。第四要培养学生树立必胜的信心。信心比货币和黄金更重要。自信是成功的前提,是成功者的第一秘诀。失去了学习信心,也就失去了学习的灵魂。学什么都很烦躁,都是巨大的负担。第五要培养学生具备坚强的意志。书山有路勤为径,学海无涯苦作舟。学习本身就是苦中有乐,有坚强意志的学生就不会把学习当作负担,反而觉得是考验,是成长过程所必需的。

五要善于做学生的思想工作。减轻学生过重课业负担,学生的学习心态很重要,学习状态很重要,学习效率很重要,学习方法很重要。学生的学习状况直接影响减负能否有效落实,学习状态不好,3分钟能完成的作业,也许30分钟都完不成,最后只能是耗时间,当然学习负担就不会减轻。学生思想有问题,课堂不能好好听讲,作业不好好完成,学习质量也不会提高。作为教师,要善于发现学生身上存在的问题,善于做学生的思想工作,激发学生积极的学习状态,提高学习效率。

家庭方面。家长要认真履行教育监护责任。首先要树立科学育儿的观念。家长要正确认识孩子的成长规律,尊重孩子个体差异和天性,保护孩子的想象力、创造力,把培养孩子的好思想、好品行、好习惯作为家庭教育的首要目标。切实履行家庭教育职责,严格对孩子的教育进行管理,支持学校和教师正确行使对学生教育管理的权利。要理性设置对孩子的期望值,鼓励孩子尽展其才。根据孩子的兴趣爱好选择适合的培训,避免盲目攀比、跟风报班或请家教给孩子补课,这些都会增加孩子过重课外负担,有损孩子身心健康。其次要加强家庭交流互动。家长要注重言传身教,培育好家风,传承好家训。多与孩子沟通交流,引导其勤奋学习,开朗自信,乐观向上;教育孩子遇到挫折不灰心、不气馁,遇到困难要勇于面对、努力克服;帮助孩子树立学习信心,增强学习动力;提醒孩子有事要及时告诉家长,主动寻求帮助。再次要增强孩子的身心健康。家长要经常进行督促和参与孩子的体育锻炼,安排孩子每天进行户外锻炼,鼓励支持孩子参加各种形式的体育活动,培育1—2项体育运动爱好,引导孩子从小养成良好的锻炼习惯。经常关注孩子情绪变化和心理健康,及时了解孩子在学校的学习和心理状况,及时和孩子进行沟通,做孩子的知心朋友,对孩子产生的异常心理变化,要采取措施进行有效疏导。有意识安排力所能及的家务劳动,教育孩子自己的事情自己做、家里的事情帮着做,在家里要学会安排学习、生活、劳动、休息、娱乐等时间。最后要引导孩子健康生活。引导孩子合理使用电子产品,上健康网站,不沉迷网络游戏,不用手机刷屏,正确对待手机管理。不让孩子长时间看电视,保证小学生每天睡眠时间不少于 10 个小时,初中生不少于 9 个小时,高中阶段学生不少于 8 个小时。按时作息、不熬夜,少吃零食、不挑食,不攀比吃喝穿戴。

学生方面。首先要树立正确的学习态度。对于想学习的学生才有谈减负的必要,不想学习的学生会以不负责任的态度去对待作业,也就无所谓减负。因为他对待课业采取可做、可不做的态度,压力对于他来说几乎不存在。其次要认真对待学习的每个环节。认真制定学习计划和预习计划,认真听课,上好每节课,提高听课的效率;认真完成每次作业,不懂就问,主动提问,避免集小疑存大难;认真对待笔记、复习、考试并及时分析总结。其中,提高课堂听课效率尤为重要,课听懂了,学会了相关知识,提高了解题技能,提升了关键能力和核心素养,作业当然就会做了,压力也会变小。理解越透,做题的速度就越快;理解不透彻,甚至不懂,做题的速度就越慢,甚至就不会做,直接导致作业的时间长度增加。学生要提高做作业的速度,在做作业时要专心致志,不能三心二意,心不在焉。再次,要正确对待同学之间的竞争。学生上学就免不了与学生之间的良性竞争,每个学生的智力水平不同,勤奋程度不同,学习方法不同,学习成绩存在差异,这很正常。这就要求学生要有良好的心态,虚心向教师请教、向同学请教,不断提高自己的学业水平,而不应怀着嫉妒的心理,进而采取不正当的学习手段,去满足自己的虚荣心,其结果必然导致心理失衡,徒增烦恼与压力。最后要正确对待考试。考试只是对所学内容的检测,旨在全面了解教师的教学状况和学生的学习状况。学生大可不必紧张,对于日常的检测,既要认真对待,也不要过度焦虑,因为紧张和焦虑都不利于成绩的正常发挥,尤其是对于中考和高考这样大的考试。要做好充分准备,不打无准备之仗。要以平常心对待,只要勤奋努力,方法得当,科学安排,一切顺其自然,必然会顺理成章,也必然会水到渠成。

评价方面。一要克服片面评价倾向。地方各级人民政府严禁给教育行政部门和学校下达升学指标,或片面以升学率评价教育行政部门和学校;不得将升学情况与考核、绩效和奖励挂钩;不得通过任何形式以中高考成绩为标准奖励教师和学生,严禁公布、宣传、炒作中高考"状元"和升学率。坚决纠正片面追求升学率倾向,破解教育内卷问题。

二要树立科学成才观念。坚持以德为先、能力为重、全面发展,坚持面向人人、因材施教、知行合一,坚决改变用分数给学生贴标签的做法,创新德智体美劳过程性评价办法,完善综合素质评价体系,切实引导学生坚定理想信念,厚植爱国主义情怀,加强品德修养,增长知识见识,培养奋斗精神,增强综合素质。

三要改进中小学校评价。义务教育学校重点评价促进学生全面发展,保障学生平等权益,引领教师专业发展,提升教育教学水平,营造和谐育人环境,建设现代学校制度以及学业负担、社会满意度等情况。普通高中主要评价学生全面发展的培养情况,突出实施学生综合素质评价,开展学生发展指导,优化教学资源配置,有序推进选课走班,规范招生办学行为等内容。强化高考育人导向,深化考试内容改革,普通高中学业水平等级性考试和高考命题要以普通高中课程标准和高校人才选拔要求为依据,促进教、学、考相一致。创新试题形式,增加综合性、开放性、应用性、探究性试题,加强情境设计,杜绝偏题怪题,注重紧密联系社会生活实际,克服命题结构固化和学生机械刷题的倾向,引导学生提高分析问题、解决问题的能力。

四要改革用人评价,共同营造教育发展良好环境。树立正确用人导向。党政机关、事业单位、国有企业要带头扭转"唯名校""唯学历"的用人导向,建立以品德和能力为导向、以岗位需求为目标的人才使用机制,改变人才"高消费"状况,形成不拘一格降人才的良好局面。社会的用人导向一日不改变,家长的焦虑就一日不减,学校和教师的唯分数、唯升学观念就一日得不到根本纠正,学生的压力就一日不减,因为社会的现实迫使每个主体都不会轻易去放弃,轻易去改变。

宣传方面。要加强舆论宣传引导,严禁各类新闻媒体炒作考试成绩排名和升学率,不得以任何形式宣传中高考状元;多层次多角度宣传科学教育理念,引导家长和社会转变观念,努力破除"抢跑文化""超前教育""剧场效应"等功利现象,营造良好育人氛围。通过社会宣传,在全社会营造一种正确的教育观念和教育质量观,让社会都来关心教育,支持教育,关心学生的减负工作,理解国家出台的各项减负政策,从而自觉地教育引导学生减缓中考、高考带来的心理压力,积极主动地学习与生活。学校要做好家庭教育指导,加强对家长教育子女的培训,促进家长做好学生减负有关工作。党委、政府相关部门要做好校外培训广告管控,要加强校外培训广告管理,确保主流媒体、新媒体、公共场所、居民区各类广告牌和网络平台等不刊登、不播发校外培训广告。依法依规严肃查处各种夸大培训效果、误导公众教育观念、制造家长焦虑的校外培训违法违规广告行为。学校要严格遵守不得在中小学校、幼儿园内开展商业广告活动,不得利用中小学和幼儿园的教材、教辅材料、练习册、文具、教具、校服、校车等发布或变相发布广告的规定和要求。

七、减轻学生校外培训负担

学生在学校学习存在着诸多负担,如作业负担、考试负担、同学之间竞争压力负担、家长强加的负担、自我加压的负担等。现在随着家长对孩子的期望值增加,剧场效应产生,不让孩子输在起跑线上,导致家长教育焦虑加大,纷纷把孩子送到或"绑架"到培训机构去参加培训,校外培训负担陡然增加。为了切实减轻学生校外培训负担,有效缓解家长的焦虑,必须坚持从严治理,全面规范校外培训行为。坚持从严审批机构。

自"双减"政策公布后,各地不再审批新的面向义务教育阶段学生的学科类培训机构,现有学科类培训机构统一登记为非营利性机构。对原备案的线上学科类培训机构,改为审批制。严禁非学科类培训机构从事学科类培训,依法依规坚决查处超范围培训、培训质量良莠不齐、内容低俗违法、盗版侵权等突出问题。依规登记、诚信经营,培训机构取得办学许可证及营业执照(或事业单位法人证书、民办非企业单位登记证书)后方可开展培训。培训机构必须诚实守信经营,严禁虚假宣传,误导、欺骗学生和家长,严禁夸大培训效果。严禁超标培训,开展语文、数学、英语及物理、化学、生物等学科知识培训的内容,班次名称、招生对象、培训进度、上课时间等要经所在地县级教育行政部门备案审核并向社会公布;培训内容不得超出国家课程标准,培训班次必须与招生对象所处年级相匹配,培训进度不得超过所在县(市、区)中小学同期进度。杜绝机械训练、强化应试等不良培训行为,不得留作业。严禁与升学挂钩,严禁将培训结果与中小学招生入学挂钩,严禁做出与升学、考试相关的保证性承诺,严禁组织举办中小学生学科类等级考试、竞赛及排名。控制培训时间,培训时间不得与当地中小学教学时间相冲突,线下教育培训结束时间不得晚于20:30,线上教育培训不得晚于21:00。严格执行未成年人保护法有关规定,校外培训机构不得占用国家法定节假日、休息日及寒暑假期组织学科类培训。

学生参加校外培训的原因是多方面的,主要以发展兴趣为主,兼有补差培优功能。参加的主要形式有培优型、补差型、兴趣爱好型、受别的家长影响型、学校建议参加型。由于教育功利化倾向,引发家长的教育焦虑,在不患寡而患不均的思维驱动下,家长从孩子出生那一刻起便开始焦虑,担心子女未来能否获得优质教育资源,能否获得好的工作机会,能否获得更高的社会地位。于是家长盲目跟风,加上校外培训机构大肆宣传、虚假宣传、过度营销,家长通过微信公众号、网络宣传、电视广告、电话营销等途径获得信息,陷入"营销陷阱"。随着校外培训机构"剧场效应"的形成,家长为了自己孩子不落后,通过孩子的同学介绍、家长朋友介绍、学校教师介绍,迫不得已让孩子加入培训队伍行列,归根结底还是优质教育资源不足。

减轻学生校外负担,缓解家庭校外培训焦虑必须采取切实可行的措施。一要推进家校深度合作,提高家校共育质量。发挥家长学校的作用,为家长提供个性化、精细化培训,切实帮助家长转变教育理念,认清校外培训的积极作用和负面影响。不是所有孩子都要参加校外培训,不要盲目跟风,要根据孩子的实际情况制定发展规划。二要提升学校课外活动水平,满足学生多样化的需求。要保证课外活动时间,学校要充分利用资源优势,有效实施各种课后育人活动;提高课外活动质量,增强课外活动的吸引力,充分用好课外活动时间,指导学生认真完成作业,对学习有困难的学生进行补习辅导与答疑,为学有余力的学生拓展学习空间;还要拓展课外活动渠道,做强做优免费线上学习服务等。三要大力提升教育教学质量,确保学生在校内学足学好。促进义务教育优质均衡发展,扩大优质教育资源;提升提高课堂教学质量,优化教学方式,强化教学管理,提升学生在校学习效率;严格按照课程标准零起点教学,做到应教尽教,确保学生达到国家规定的学业质量标准;学校不得随意增减课时、提高难度、加快进度;要降低考试压力,改进考试方法,不得有提前结课备考、违规统考、考题超标、考试排名等行为等。四要深化教育综合改革,营造良好教育生态。需要统筹政府、学校、市场、社会和家庭,共同营造良好教育生态。五要推进依法治理,坚持综合治理。发挥行业组织作用,推进校外培训机构转型。行业组织要健全机构,明确定位,推动行业自律。六要发挥党建引领作用,贯彻落实党的教育方针,转变培训理念,突破以智育为导向的藩篱,推动校外培训向德智体美劳"五育"并举转变,形成校内校外协同育人的良好局面。

八、有效实施因材施教

学习差异是一种普遍存在的现象。在教育实践中,即使两个平均成绩完全相同的学生,也可能具有很大的学习差异,两个人在具体学科(如语文、数学、科学等)上可能优劣不一,各具特点。即使在同一学科考相同的分数,也可能有不同的偏重。如语文学科,有人偏于文学的运用,有人长于意义的表达,有人善于思想的组织等。因材施教是教学活动的基本原则之一。我国教育已经基本形成了"有教无类",而要最终实现"人尽其才"的高质量发展目标,关键在于通过"因材施教"促进每个人高效学习、充分发展。要破除班级授课制条件下难以因材施教的思想误区,因材施教不仅仅是一种教育方式,更是一种教育理念,需要大胆探索实践层面的时代创新;要从目标、内容、方式、评价等方面积极探索因材施教的有效路径,不断深化课程改革,大力促进教学改革,积极推进评价改革。

根据学生的学习差异组织教学,是提高学习效率、发展学生个性的有效途径。古今中外的教育家很早就对学习差异和因材施教的问题进行过研究。《论语》曾记载过孔子因材施教的大量生动案例,孔子将因材施教贯穿自己的一生。美国的道尔顿制和文纳特卡制等也都是曾在中小学运用的适应个别差异的因材施教办法。随着班级授课制的实行,班级的学生数较多,对有效实施因材施教提出挑战,使得学校和教师要在实施的策略、方法、手段上都要作出探索和调整。教育工作者对因材施教进行的有益探索,主要有以下几种形式。

一是按学生的成绩分班。成绩好的分在同类班,成绩相对差的分在同类班,这就可能产生所谓的重点班和普通班,或快慢班,或以实验班、改革班的名义分班,这种分班方式现在被教育行政部门所明令禁止。

二是按学生的智力分组。即把智力相同的学生分在一班,又称"同质班"。其具体方法可按智商分班,也可按阅读能力、数学能力等划分。某些实验学校就以这种方式分班,但在实验中也遇到了许多难以克服的问题,如有掐尖嫌疑,不能大面积复制,尤其是在义务教育阶段,这也屡遭社会质疑。

三是按学习的内容分组。即按学科为单位进行升留级,一个学生有可能语文在五年级而数学在三年级,学生在某一学科可随时升留级,也可连升两级。这种分组也只能限于规模较小的、人数较少的学校进行实验,在培养学生学科能力发展上有关注,但在实际操作中程序复杂,家长支持力度不大。

四是按照学生的特长分班。即根据学生的不同特长分入不同的班级,如科技创新、电脑机器人、信息学等科技类,武术、足球、篮球、排球、围棋、中国象棋、国际象棋等体育类,音乐、美术等艺术类。按照学生特长进行分班,现在许多学校都在实施,但也要避免以特长班的名义分重点班。

五是双重进度的教学。这有两种做法。其一班级编制不变,在一个班级内分两、三种不同的进度。对一种进度的学生直接教学时,另一种进度的学生自动作业,再相互更换。其二是"半分班制",即一部分学科按统一编班、统一进度,在原教室学习,另一部分学科按不同进度到另外的班级学习。

六是按单元组织教学。它不按章节顺序甚至还打乱学科界限来组织教学单元,以学生自己独立活动为主,教师仅提供咨询与辅导。"权变性合同制"是单元教学的一种形式。这种形式是将教材分成大小不一的合同(单元),每个合同有三项内容:学生自己选择要什么;学习的要求与质量标准;完成后的评分与奖励等。由学生与教师订立学习合同。

七是学科走班教学。学生按照行政班分班,对学科学习进行走班教学。学校针对不同程度、不同需求的学生,开设了层次不同且范围较广的必修或选修课程,为学生选择性地接受教育提供条件。学生根据自己的学习兴趣和学业程度,通过一定的申请、审批程序,自由选择在学校不同的课上进行学习,以接受最适合自己发展的教育。走班制教学的实施有利于学生个性化发展,它体现了一种差异性教学的方式,同时也是分层教学的一种尝试。当然,要使这一新的教学组织形式达到良好的效果,还有许多地方需要完善,尤其需要学校精心的设计,同时也要根据学校自身的师资条件和教学条件来加以组织和实施。

八是教学环节分层。教师在备课时要根据不同学生的需求设计不同的教学内容,选择不同的教学方法;在上课时要充分把握学生的接受程度,既要照顾大多数学生,又要关注冒尖学生和极个别学习困难学生,尽可能让绝大多数学生听得懂、有收获;在布置作业时,要布置分层、弹性和个性化作业,有的作业是每个学生必做,有的可以是学生选做;在辅导时教师对学习困难的学生需要重点关注、重点辅导、重点帮扶,对优秀生要善于点拨;在进行测试时可以出 A 卷、B 卷,A 卷可以是基础性试题,学生都必须要完成的试卷,B 卷可以是基础性加拓展性试卷,学生可以选做。也可以在试卷中加入所谓的附加题,供学生自主选择。

从教学过程来看,因材施教主要表现为三种实践类型:基于教学视角的因材施教实践,包括个性化教学、分层教学、差异化教学、精准教学;基于学习视角的因材施教,包括自主学习、个性化学习、自适应学习;基于评价视角的因材施教,包括过程性评价、多元评价等具体实践形式。

个性化教学是以尊重学生的个体差异为前提,以促进学生个性化发展为基础,教师进行个性化地教学,学生在教师引导下进行自主学习,最终达到促进学生个性发展的教学目的。分层教学是充分考虑到不同学生的个性差异,有针对性地对不同类别的学生进行指导,从而使每个学生都得到最好的发展。在教学实践中,分层教学通常先对学生进行分组,在此基础上开展小组合作学习,在备课、课堂教学、作业、评价、辅导各个环节落实分层教学思想。差异化教学是承认学生客观存在个体差异,强调教师的教要适应学生的学;差异教学的最终目的,是促进每个学生在原有基础上都得到最大的发展。在教学实践中,差异教学提倡积极对待学生差异,采取科学的判断和决策,实施系统性和多样性的教学方法。精准教学是通过技术生成精准的教学目标,开发适切的教学材料,设计适宜的教学活动进行教学,并且频繁地测量与记录学生的学习表现,以精确判定学生的当前问题及潜在问题。针对判定的问题,采用适当的数据决策技术对教学策略进行精准的优化和干预。

自主学习是学生自觉主动地确定学习目标、营造学习环境、选择学习方法、监控学习过程、评价学习结果。个性化学习是学生根据个人需求选择学习内容,依照自身特点选择学习方法,参照自我期待制定学习目标,从而满足自身学习的需要。个性化学习尊重学生的个体差异,能够让每位学生都得到适宜的发展。自适应学习是基于学生个性特征差异提供个性化的学习服务,记录、挖掘和深入分析学习行为的历史数据信息,以可视化的方式呈现数据结果,用于评估学习过程、发现潜在问题、预测未来表现,并在此基础上进行个性化干预、指导,促进有效学习的发生。当前自适应学习依托大数据技术,对学生学情进行精准分析和诊断,为学生提供自适应学习的内容、自适应学习评估和自适应学习序列,一般运用于网络学习空间、大规模在线开放课程等在线学习平台中。

过程性评价是对所有学生学习过程中涉及的各种智力和非智力因素进行评估,实时地向学生反馈其各个阶段的学习成绩,教师有针对性地调整教学方法,以此提高学生的学习效果。过程性评价注重教与学的过程,强调学生禀赋的不同,注重不同个体的差异性发展,促进个性化的人才培养。多元评价是通过设置多元的评价目标,从学业成绩、思想品德、核心素养等多个维度对学生进行评价,避免了"一把尺子衡量学生"的弊端,帮助学生在学习中获得更多积极的体验,减轻学生学习的心理负担。根据多元评价结果,分层布置作业,实施有针对性的教学辅导,充分发挥每一位学生的潜能,让每一位学生都能体验到学习成功的感受。

总之,因材施教要求"对症下药"。教师的教学方法和手段,应该根据不同的教学内容而有所不同。同样的教学内容,应该针对每个学生的不同智力特点、学习类型和发展方向"对症下药"地进行。教师要根据教育内容以及学生智能结构、学习兴趣和学习方式的不同特点,选择和创设多种多样适宜的、能够促进每个学生全面发展的教育方法和手段。每个学生都有自己的优势智力领域,有自己的学习类型和方法,学校里不存在差生,全体学生都是具有自己的智力特点、学习类型和发展方向的可造就之才。教师要帮助学生形成个别化学习方案,或个别化指导方案,并具有针对性和可操作性特点。

方案的形成要把握几点。一是方案形成要以学生为主体,教师给予指导、帮助,绝不能完全听命于教师,甚至是教师越俎代庖。二是方案的大体框架为:自我分析—学习基础与学习条件,优点与不足,优势与短板;发展目标—知识、能力目标、行为习惯、态度品质等发展目标;优势发展与重点突破—兴趣、爱好、特长的发展,学习难点、学习方式的突破;帮助与支持—期盼得到的具体帮助以及条件的支持;反思与改进—学会反思,明确改进的方面与改进措施;进程安排—自我规划的阶段及其设计的目标要求。三是方案要遵循学生发展规律,体现学段特点和目标的递进性,小学低年级段不必受框架限制,只要列出几个要点即可,也可用绘画的方式呈现。四是方案可以是个别化的,也可以是类型化的,即同一类型的学生可以形成共同的方案,并有个约定。教师要发挥积极指导作用,跟进方案的实施,观察学生的变化,及时提出改进建议,一定要持之以恒,以期达到久久为功的效果。

当然,从教学管理角度看,教育行政部门和学校要不断探索促进因材施教的教学管理制度,为学校和师生赋能。要创设发展素质教育的良好文化教育生态环境,不拘一格育人才。让教师创造性地教,让学生创造性地学。要实施赏识教育,宽容学生的缺点和错误,允许学生脱颖而出和鼓励冒尖,也允许学生暂时落后,相信每一位学生都是有能力的人,乐于挖掘每一位学生的优势潜能。教育应该在全面开发每个人大脑里的各种智能的基础上,为学生创造多种多样的展现各种智能的情景,给每个人以多样化的选择,使其扬长避短。教育工作者应该做的就是为具有不同智力潜能的学生提供适合他们发展的不同教育,把他们培养成为不同类型的人才。教育评价应该是通过多种渠道,采取多种形式,在多种不同的实际生活和学习情景下进行的、切实考查学生解决实际问题的能力及创造出初步的精神产品和物质产品的能力评价。教师应该从多方面观察、评价和分析学生的优点和弱点。必须加强考试内容与学生生活经验、社会实际的联系,重在考查学生分析问题、解决问题的能力。事实上,无论采取何种教学方式,不考虑学生学习的差异总是难以取得成功的,面向全体学生与因材施教,始终是教学中两个不可偏废的主题。只有把集体教学与个别指导有机结合起来,把"全面发展打基础"与"发挥特长育人才"结合起来,把对优秀生的培养与对学习困难学生的帮扶结合起来,使每个学生扬起希望的风帆,使每个学生树起个性的旗帜,才能达到教育的理想境界。

主要参考文献

1. 萧宗六.学校管理学(第五版)[M].北京:人民教育出版社,2018.
2. 袁振国.当代教育学[M].北京:教育科学出版社,2004.
3. 刘茗.当代教学管理引论[M].北京:教育科学出版社,1997.
4. 吴志宏,冯大鸣,魏志春.新编教育管理学[M].上海:华东师范大学出版社,2008.
5. 冯大鸣,吴志宏.教育管理学教学参考读本[M].上海:华东师范大学出版社,2002.
6. 教育部基础教育司.走进新课程与课程实施者的对话[M].北京:北京师范大学出版社,2002.
7. 高俊.教育探微:一位践行者的求真之旅[M].合肥:安徽教育出版社,2020.

致 谢

本书是新时代下对教学管理工作的探索,也是我多年来从事教育教学管理实践的总结。

感谢我的爱人园园对我一直以来的鼓励和支持。

感谢华东师范大学出版社的彭呈军、朱小钗编辑为本书出版付出的辛劳。

感谢我的领导、好友和同事,给我鼓励包容,给我指点迷津,让我面对困难,坚守教育初心,在教育实践中不断前行,努力成为幸福而充实的追梦人。

高 俊

2021 年 12 月 28 日